LE

BATEAU-DES-SORCIÈRES

PROPRIÉTÉ DES ÉDITEURS

GUSTAVE TOUDOUZE

LE
BATEAU-DES-SORCIÈRES

ILLUSTRATIONS DE VULLIEMIN

TOURS

ALFRED MAME ET FILS, ÉDITEURS

M DCCC XCIX

A

LÉON DAUDET
AU DIGNE HÉRITIER DU GRAND NOM LITTÉRAIRE

En vénérée Mémoire

de son cher et illustre père

ALPHONSE DAUDET
mon Maître et mon Ami

Avec mon affection profonde et dévouée,
GUSTAVE TOUDOUZE.

LE
BATEAU-DES-SORCIÈRES

PREMIÈRE PARTIE

I

« Largue tout ! »

La voix du patron Danielou, jetant cet ordre bref, retentit nette et ferme, d'une énergie voulue, comme pour mieux braver une rude et sifflante reprise du vent, qui soufflait du sud-ouest, avec ses plus aigres, ses plus menaçants miaulements de bête mauvaise et colère.

Un des hommes, un vieux pensif, aux yeux laiteux à force de décoloration par les années successives, à la face sombre écrasée de résignation, se courbant vers les dalles glissantes de la cale inclinée, dénoua rapidement l'amarre, sans hésitation, sans une question, l'enroula d'une torsion du poignet et la lança de tout son élan, d'un bloc, en pesant anneau trempé d'eau salée, sur le plancher de la barque.

Il ajouta très bas, résolu et têtu :

« Il a raison, le patron ; faut en finir. Arrive qu'arrive !... »

Les autres, les mains solidement crochées dans les drisses saisies à pleins poings, hissaient vivement les deux voiles brunes, sous lesquelles les mâts plièrent, faisant piquer la barque du nez en pleine lame.

Le patron, le suroît enfoncé jusqu'aux yeux, retomba assis, la barre assujettie sous le bras droit, tenue comme dans un étau, les deux pieds calés contre une traverse de bois pour offrir plus de résistance, les muscles de son large dos tendus sous la capote de toile cirée qui le défendait des paquets de mer.

Depuis le matin qu'ils étaient là à attendre une embellie, bien amarrés à l'abri dans ce petit port de l'île de Sein, leur *Reine-des-Anges* ayant sa cale pleine à déborder de raies, de turbots, de homards et de langoustes, après la plus merveilleuse pêche qu'ils eussent encore faite de tout l'hiver, ils se dévoraient d'impatience et de chagrin de se voir immobilisés dans cet isolement désolé du Raz et de l'île de Sein, quand ils auraient déjà dû être rendus depuis le matin à Camaret, où ils étaient assurés de réaliser un si beau bénéfice.

Même entre eux, toujours d'accord et de bonne entente jusque-là, des paroles de colère ronflaient, le dépit, l'impuissance de s'en aller, une lassitude de ce tête-à-tête plus long que d'habitude, les dressant les uns contre les autres pour des petits faits insignifiants, des vétilles du métier, des paroles mal reçues.

Tous étaient également furieux du retard occasionné par ce vent de malheur, qui avait subitement commencé sur la fin de la nuit, avant le lever du jour, bataillant de plus en plus fort contre les vagues, au point de finir par envelopper l'île entière d'une telle ceinture d'écume, qu'on eût dit un champ de neige gagnant peu à peu la mer tout autour d'eux.

Ils connaissaient trop les terribles parages dans lesquels ils se trouvaient pour ne pas savoir que partir avec cette tempête commençante, c'était aller au-devant d'une mort certaine ; ils n'arriveraient même pas à franchir les récifs de Sein. Alors ils avaient

Ils hissaient vivement les deux voiles brunes.

attendu, se résignant à laisser passer cette première grosse fureur de l'ouragan et comptant sur l'accalmie qui ne pouvait manquer de se produire au moment de la basse mer.

Lentement, péniblement, les heures avaient passé, dans une oisiveté bourrue et malcontente, sans qu'ils se décidassent à quitter leur barque, afin d'être immédiatement prêts à saisir l'occasion et de pouvoir s'éloigner dès que le temps le permettrait.

Ordinairement peu intéressés, vivant au jour le jour, à la merci des événements, avec cette grande philosophie résignée et patiente que donne à la longue la continuelle existence sur mer, ils attachaient peu d'importance à un retard de vingt-quatre ou de quarante-huit heures passées même dans ce lieu d'éternelle désolation, dans cet asile dénué de toute ressource qu'est l'île de Sein. Mais voilà que cependant une certaine cupidité leur était poussée brusquement au fond de l'âme, en présence de cette pêche inattendue, supérieure à celle de leurs camarades les plus favorisés, avec tous les espoirs de jouissances matérielles et de satisfactions physiques qu'elle leur offrait en séduisant mirage, après le dur et long chômage des premières semaines d'hiver, après l'abstinence forcée.

Cette soif de bien-être, de plaisirs, s'avivait de la méchanceté même du temps, qui, à la suite d'une magnifique semaine passée dans un dur labeur, venait si brutalement de changer, au moment de recueillir le fruit de leur peine, quand ils faisaient leurs préparatifs de départ.

Ils ne cessaient de grommeler, de jurer contre cette mauvaise chance, qui les frappait à l'improviste, et arrivaient à en perdre toute mesure, toute pensée de prudence, dans l'excès de leur exaspération.

« Faut-il que nous en ayons tout de même de la misère, que ce satané coup de suroît nous tombe en plein dessus, à l'heure du réveil, et qu'il s'allonge, qu'il s'allonge, qu'on n'en voit plus la fin!... Ah! misère, misère! » faisait un tout jeune, grand gaillard robuste, à la mine fleurie, la peau duvetée d'une barbe naissante.

Il tendait vers le large son poing fermé, un dépit d'enfant contrarié mettant presque des larmes dans le bleu naïf de ses yeux.

« T'as pourtant ni femme ni enfants qui t'attendent en ton logis de Kermeur! Être ici, être là-bas, qu'est-ce que ça peut bien te faire au juste? » ripostait un autre, un barbu à peau tannée, à carrure solide d'homme ayant la pleine quarantaine, qui suçotait un bout de pipe, le fourneau renversé en dessous pour empêcher le vent d'éparpiller le tabac.

Il continua, bourru :

« Moi, j'ai toute la nichée qui espère après mon retour, rapport à la pâtée que je dois envoyer avec moi pour lui emplir le ventre. Ça crève la faim, tous ces pauvres petits goélands, quand je ne suis pas là !... Toi, t'as que ton bec à fournir, tu n'as pas besoin d'être chez toi pour ça ! »

Le patron, lui, ne disait d'abord rien, écoutant les uns, les autres. Il passait nerveusement d'un coup de langue rapide sa chique d'une joue à l'autre, les sourcils en barre sur le front, une grandissante mauvaise humeur faisant seulement flamber d'un éclat plus vif son petit œil clair enfoui sous ses paupières plissées, chaque fois que son regard tombait sur les amas de raies, sur le grouillement de homards et de langoustes emplissant toute la cale du bateau, débordant jusque sur le plancher, où ils s'entassaient sous les platsbords. Il semblait supputer en lui-même la grosse perte qui allait en résulter pour ses hommes, pour lui, s'il s'attardait encore à Sein.

Peu à peu des grognements sourds commençaient à s'échapper de ses lèvres, au fur et à mesure que la journée s'avançait, sans que la même grosse voix de tempête cessât ses hurlements, toujours là-bas, dans les vapeurs mystérieuses du sud-ouest.

Malgré son calme habituel, malgré son ordinaire empire sur lui, des gestes à demi retenus prouvaient les débats intérieurs qui remuaient son âme. Bientôt il ne put se dominer davantage; des syllabes jaillirent du fond de sa gorge, des mots, des phrases, où s'épanchaient sa rancœur, ses désillusions, sa souffrance morale, toute une obscure angoisse :

« Tout allait trop bien pour que ça continue, faut croire !... Si je n'amène pas mon poisson à Camaret, c'est autant à jeter à l'eau, et qui sait si on retrouvera ce coup de fortune !... »

Il s'agitait, ne pouvant tenir en place, se redressant à tout instant, une main en manière de visière au-dessus des yeux pour fouiller le large et mieux percer l'énigme de l'Atlantique.

Des découragements lourds le rejetaient sur son banc, avec la constatation douloureuse :

« Toujours pas de changement !... Ma pêche perdue, plus d'espoir !... Ça ne se recommence pas !... C'est ma barque vendue; c'est le loyer de ma maison encore impossible à payer ; c'est mon pauvre petit gars sans pain !... Ah ! tonnerre de sort !... La gueuse !... la gueuse !... »

Lui aussi, comme son plus jeune matelot, s'oubliait à la menacer du poing, cette Atlantique impitoyable; à l'injurier, cet Océan, dont il ne pouvait pourtant se passer, qu'il aimait et qu'il détestait de la même passion farouche.

A un moment il lui cria, furieux, à bout d'insultes :

« Tu veux donc ma peau, comme tu as pris celle de mon père, celle de mes grands fils, celle de tous les miens ?... »

Hou ou ou ou ou ou !...

Un sifflement terrible passa sur l'île comme une réponse lugubre et prolongée, balayant ses paroles, bousculant d'une rafale nouvelle les vagues révoltées qui venaient battre les assises du quai.

Il y eut un tel gémissement de vent, qu'il domina tous les autres bruits, plaintes, conversations ou cris de colère. Durant quelques instants on put croire que l'île entière, avec tout ce qu'elle contenait, ses sept cents habitants, ses maisons, ses bateaux, son église Saint-Corentin, son phare, son sol de granit, allait s'engloutir à jamais sous cette monstrueuse poussée des lames, accourues du grand large pour tout ravager, tout anéantir en raz de marée.

Danielou courba la tête, avec le léger frisson d'avoir imprudemment évoqué quelque redoutable et malfaisante divinité, et, sous cette même sensation, ses compagnons devenus muets, pensifs, cessèrent de se plaindre, de récriminer.

Puis, comme si elle avait atteint son maximum d'intensité, la violence de la rafale sembla faiblir, commença de décroître, diminua insensiblement, alla toujours s'adoucissant, jusqu'au moment où les plus hautes vagues s'aplanissant, les tourbillons neigeux se faisant plus espacés, il parut à tous que c'était bien la fin de cette bourrasque, partie maintenant pour bouleverser d'autres régions de la mer, pour aller remuer et tourmenter d'autres eaux tumultueuses vers le nord de la France. On éprouvait un soulagement, les respirations s'élargissaient.

Justement la marée, ayant atteint son point le plus bas, allait commencer à remonter ; c'était l'instant critique et décisif attendu depuis le matin.

Danielou, comme son plus jeune matelot, s'oubliait à la menacer du poing.

Le mousse observa, indiquant une mince ligne de varechs et d'herbes marines qui se soulevait déjà, cerclant les roches, soulignant d'une mouvante frange brune les assises du port :

« Voilà le flot, à c't'heure ! Il ne serait que temps de démarrer, des fois ? »

Il risqua un coup d'œil du côté du patron. Les autres sortirent de leur engourdissement, reprenant espoir et courage.

Le plus jeune des pêcheurs eut un sourire, un élan de confiance, son béret levé à bout de bras :

« Avec le vent qu'il fait encore, nous ne mettrons pas trois heures à gagner Camaret, plein vent arrière. Faudrait en profiter, que je dis !

— Oui, oui ! opposa un îlien tout marmottant, un vieux de Sein, qui se tenait immobile à les regarder, au bord du quai ; mais il y a les Tas-de-Pois que vous ne franchirez jamais avec une mer pareille, à moins que le bon Dieu ne vous emporte par les airs. C'est tout en lames de fond, après des coups de tempête comme celui qui vient de donner ; un trois-mâts n'y résisterait pas. C'est point avec votre méchante coquille de noix... »

Et des mots qu'on n'entendait plus s'étouffaient sous ses lèvres bougonnantes, tandis que ses yeux quêtaient l'approbation d'autres habitants de l'île, rassemblés à quelques pas de lui.

Des groupes, tout le long du quai, examinaient la mer, où des crêtes d'écume mettaient comme d'énormes et innombrables vols de mouettes à la surface de l'Océan, aussi loin qu'on pouvait voir, jusqu'à l'horizon, un horizon inquiétant, noyé de vapeurs épaisses qui masquaient les côtes les plus voisines, la pointe du Raz, le cap de la Chèvre, la pointe de Pen-Hir, la pointe Saint-Mathieu, et formaient une sorte d'infranchissable barrière tout autour de l'île, à une distance relativement assez faible, comme pour mieux l'enfermer, l'isoler de tout secours humain.

« Les Tas-de-Pois, qu'il prétend, l'îlien ! ricana le jeune Camaretois gouailleur ; nous les connaissons mieux que lui, pour sûr ! Il ne nous apprendra pas les passages, tout ancien qu'il est ! S'il parlait de son île, du Raz ou du Pont-des-Chats, on pourrait encore l'écouter, vu que c'est son pays ; mais les Tas-de-Pois, c'est le nôtre !... »

Autour de lui, sur la barque, il y eut des exclamations d'encouragement de l'équipage, qui avait oublié ses craintes, en voyant le ciel moins chargé de nuages, les brumes plus transparentes et la vague moins lourde.

Les hommes, impatients, tournèrent vers le patron des regards pesants de questions, des nez qui semblaient flairer sa pensée, et des bouches béantes qui interrogeaient muettement, attendant, réclamant un ordre de départ.

Peut-être, malgré tout, avec sa connaissance sérieuse des terribles caprices de la mer, après l'examen attentif qu'il venait de faire de toute la partie sud-ouest de l'horizon, d'une malveillante couleur plombée, particulièrement sinistre et menaçante, Danielou, un fin et avisé marin, en dépit de l'accalmie planant pour le moment au-dessus d'eux, n'eût-il pas osé prendre tout seul la responsabilité du retour en de telles conditions, s'il ne s'était ainsi senti harcelé de nouveau et comme poussé à tenter quand même l'aventure par cette attitude suppliante de son équipage.

Mais les hommes ne se contenaient plus, y compris le vieux, un pêcheur prudent cependant, et le mousse, un enfant encore, parfois craintif.

Las de ce séjour de plus d'une semaine dans les alentours de Sein, dévorés aussi de la hâte de toucher cette part de pêche qui leur promettait un gain inespéré, à l'une des plus mauvaises époques de l'année, quand tout le monde se plaignait de la dureté de la vie, ils n'avaient cessé depuis le matin de récriminer de telle sorte qu'il était à bout de résistance, de défense.

A chaque moment l'un d'eux, pour encourager les autres, citait quelque exemple de traversée accomplie par des mers plus grosses que celle de ce jour-là.

« Si Pierre l'Étoupe nous voyait, ce qu'il se moquerait de nous! faisait le jeune. Ah! ah! lui qui s'en vient, par tous les temps, en plein milieu des Tas-de-Pois, tout seul, dans sa *plate*, une planche tout bonnement!... Quand nous avons un solide bateau, nous autres, la *Reine-des-Anges*, quoi! et que nous sommes un équipage au complet, avec de rudes bras, on peut dire! »

Et ce qui dominait toujours, revenant en manière de refrain, c'était la même phrase rageuse, tournée, retournée, répétée à satiété par chacun d'eux, et frappant comme un reproche, avec un sifflement de coup de fouet, les oreilles du patron :

« Pour une fois qu'on aurait eu moins de misère ! »

Danielou lui-même se surprit à la penser, à la redire pour son propre compte, cette phrase, juste à l'instant où le flot accentuait son mouvement.

Alors, ses hommes enveloppés d'un suprême coup d'œil interrogatif, les voyant bien résolus, il se décida enfin à donner l'ordre de démarrer, de hisser les voiles, jetant son définitif et aventureux :

« Largue tout ! »

Immédiatement, comme délivrée, la *Reine-des-Anges*, saisie, embrassée par la vague, se trouva en une seconde à quelques encablures du quai, pendant qu'une rumeur de voix montait parmi ceux qui les regardaient partir, avec un mélange de surprise, d'admiration et de terreur.

Ils se sentirent un immense orgueil de leur propre hardiesse, une dédaigneuse pitié pour ceux qui paraissaient trembler sur leur sort : l'attirant vertige du danger les prenait.

Déjà ils étaient dans la grande mêlée des eaux tourbillonnantes, aveuglés d'embruns, étourdis de bruit, les paquets de mer battant avec un floc caverneux les flancs de la barque, qui coupait follement les lames, bien qu'ils eussent à peine de toile, ayant pris trois ris dans les voiles, de peur de voir les mâts casser comme des baguettes sous cette poussée du vent.

Par bravade ils avaient, tous ensemble, jeté une sorte de cri hardi et joyeux, en adieu aux habitants de l'île.

Malgré la distance, derrière eux, à travers les sifflements de la

Il semblait à Danielou que c'était lui seul qui soutenait encore la barque de sa main crispée sur la barre.

rafale et le gros tapage tonnant des brisants, des groupes entassés sur le quai, une phrase bien nette, adressée au patron, détachée des autres bruits par l'aigu d'une voix de femme, arriva jusqu'à eux, en suprême salut, annonçant, clameur d'épouvante, sinistre prédiction de prophétesse :

« Tu n'iras pas jusqu'à Camaret, Danielou ! »

Hou ou ou ou ou ou !

Le vent sembla de nouveau approuver, avec son même hululement sinistre.

Mais, sur la *Reine-des-Anges,* ils étaient encore dans la pleine griserie joyeuse de leur téméraire départ ; il y eut parmi eux des rires, des plaisanteries :

« De quoi qu'ils se mêlent, ces îliens ? En voilà des oiseaux de malheur !

— Ils ne connaissent donc pas les Camaretois, qu'on croirait ! Ah ! ah ! ah !

— Un peu de lame, ce n'est pas pour nous faire peur, au contraire !

— On est tous des bons goélands de tempête ! »

Un seul baissa la tête, comme subitement impressionné par les paroles jetées de l'île : ce fut Danielou.

Courbé de tout le poids de son corps sur la barre, pour l'empêcher de dévier, ses gros poings mordant à pleins doigts dans le bois, il grommela sourdement de manière à ne pas être entendu de ses compagnons :

« *Elle,* qu'on dirait ? Encore *elle !* C'est *sa* voix, pour sûr ! Je l'ai assez souvent écoutée pour la reconnaître ! *Elle !* Il n'y a qu'*elle* qui sache mon nom, de tous ceux qui sont là en ce moment ! J'aurais dû prendre son avis, car elle *sait les choses...* »

Il s'efforça de s'absorber dans la manœuvre, pour ne pas réfléchir, ne pas penser, pendant que les autres, cramponnés aux cordages, le corps tassé, les épaules hautes pour mieux résister, recevaient stoïquement la pluie salée que chaque vague leur crachait à la face, et s'efforçaient, à travers la brume épaissie, de distinguer devant eux.

Ils ne devaient pas encore être bien loin de Sein, et cependant, même en se dressant aussi haut qu'ils le pouvaient, ils n'apercevaient plus du tout l'île, à peine élevée de sept mètres au-dessus du niveau de la mer, indiquée seulement par une sorte de tourbillon de neige et paraissant avoir complètement disparu sous la rage de l'Océan démonté.

Devant eux, derrière eux, autour d'eux, une ondulante et mouvante muraille de vagues sombres, crénelées d'écume blanche, qui toutes semblaient se précipiter sur leur barque avec une croissante fureur de dévastation.

Parfois, quand la *Reine-des-Anges*, s'élevant à la lame, gravissait la rondeur polie de la vague et atteignait la cime culminante, où moutonnait la crête échevelée par le vent, ils pouvaient, durant une seconde, jeter les yeux un peu plus loin, essayer de voir en quel endroit ils se trouvaient, tenter de s'orienter.

A perte de vue, sous le ciel bas, couvert de nuées grises semées au-dessus de leurs têtes, ce n'était que le hérissement infini de semblables vagues d'un vert jaune; et, avant qu'ils eussent pu distinguer autre chose, déjà leur bateau glissait sur l'autre versant de la montagne liquide qui venait de les soulever, pour les replonger au creux du gouffre, d'un élan si terrible, d'une chute si troublante, qu'ils pensaient s'y engloutir pour toujours. Mais cette rapidité même de leur course les aidait à sortir de l'abîme, leur donnant la force de gravir le nouvel obstacle à franchir.

Avaient-ils dépassé le voisinage dangereux des terribles écueils qui hérissent toute cette partie de l'Atlantique, entre l'île de Sein, la pointe du Raz et le cap de la Chèvre? Il leur était impossible de s'en rendre compte.

Le vieux aux yeux ternes gronda :

« Pas moyen de se guider à ce jour! On serait sur la roche Tevennec elle-même avant d'avoir pu entendre la mer se briser contre elle, et être sur Tevennec, par le temps qu'il fait, c'est être au fond de la mer!

— Un rude fond, qu'on peut dire, ajouta un autre, quand on pense que l'extrémité occidentale du plateau de Tevennec, formée par la basse Moudenou, vers laquelle on irait sûrement se perdre, est un banc de roches à pic sur cent vingt pieds de profondeur. »

Cela jeta un frisson contagieux dans les âmes de tous, cette réflexion, et la même terreur les enserra soudain, glaçant leur courage.

Le plus jeune, si hardi au début, devenait soucieux, la parole tremblante, balbutiant en un aveu d'impuissance, en un rappel de piété :

« Sainte Anne ! sainte Anne ! C'est-y possible ? »

Des souvenirs de vœux faits dans les situations désespérées, de processions reconnaissantes, avec leur mirage papillotant de cierges aux flammes rousses, lui revenaient, hantant son cerveau de l'évocation sinistre des naufrages.

A tous, maintenant, la première ivresse de fanfaronnade, de gloriole bruyante des moments précédents déjà dissipée, le danger apparaissait, tel qu'il était, épouvantable, imminent. Ils commençaient à douter de jamais le revoir, cet humble petit village de Kermeur, en presqu'île de Crozon, sur la hauteur, entre Camaret et la plage du Veryhac'h, ce hameau dont ils étaient tous, excepté le patron Danielou, qui habitait le Lannic, une maisonnette un peu isolée, en retrait de la falaise du Beg-ar-Gac, au-dessus de Camaret. La folie de leur imprudence leur apparaissait tout à coup en présage de mort.

Chaque assaut de la mer devenait plus rude à supporter, plus difficile à vaincre, et, si peu qu'ils eussent donné de toile, c'était encore trop pour la violence de ce vent, qui de nouveau recommençait à se faire mauvais comme le matin, couchait presque complètement la pauvre *Reine-des-Anges* sur le flanc de tribord, de façon telle, qu'ils devaient se cramponner de toutes leurs forces aux moindres bouts de bois ou de cordages pour ne pas être balayés par-dessus le bord.

En une seconde de défaillance, les mots lui montant malgré lui aux lèvres, Danielou avoua :

« J'ai souvent vu mauvaise mer pour mes retours de l'île de Sein à Camaret, mais jamais comme à ce jour. Fasse le Ciel que ce ne soit pas le dernier ! »

Puis immédiatement l'énergie lui revint, cuirassant son cœur contre cette faiblesse qu'il venait d'avoir, lui rappelant qu'il devait donner l'exemple à ses hommes, en même temps que la vue du mousse éveillait sa pitié, le faisant ressouvenir de son propre fils à lui, qui attendait son retour, là-bas, à Camaret.

Il eut, à cette dernière pensée, un cri d'angoisse, de lutte, d'héroïsme :

L'effroyable masse d'eau s'abattit sur la *Reine-des-Anges* avec un bruit de cataracte.

« Et mon p'tit gars, à moi ! Pour lui il faut vivre, arriver quand même ! »

Justement l'enfant, qui, avec l'insouciance de ses douze ans, l'inconscience du péril, avait d'abord applaudi au départ, à présent, glacé par cette énorme avalanche d'eau froide, qui ruisselait sur eux sans arrêter, les inondant de la tête aux pieds, appelait à voix basse, étranglée de terreur, en un cri de détresse machinal et continu :

« Maman ! maman ! »

Dianelou se sentit froid au cœur ; en une seconde d'irrésistible et poignant remords, il bégaya :

« Sa mère, qu'il demande ! Pauvre petiot ! C'est vrai, je n'y ai pas pensé au départ, brute que je suis ! Oh ! la grande misère que c'est ! Nous n'aurions point dû quitter l'île ; pourquoi ai-je cédé ? »

Maintenant plus creuse, plus haute, chaque vague devenait un mur épais, mobile, qu'il fallait franchir de plus en plus péniblement. L'instant atroce était celui où la barque se trouvant au plus profond, on ne distinguait plus qu'un morceau de ciel noir, comme l'implacable couvercle d'une tombe refermé sur cette fosse remuante, et, une seconde, ils ne savaient pas si les deux murailles d'eau n'allaient pas se rejoindre subitement pour les engloutir.

Ils n'échangeaient plus une parole, n'osaient même plus se regarder, quand le moment critique arrivait, de peur de lire, dans les yeux de leurs camarades, la folle épouvante qui étreignait leur propre cœur et qui flambait dans leurs prunelles élargies par l'approche de la nuit suprême.

Seulement, lorsque le danger était passé, on entendait une sorte de soupir général de soulagement, de reprise d'espoir, et un murmure ronflant, un bourdonnement des lèvres ; sans doute des vœux secrets, des promesses aux saints et aux saintes dans lesquels ils avaient le plus de confiance se faisaient tout bas.

Parfois, plus haut, des bribes de phrases s'envolaient, saisies par la rafale, jetées vers le ciel, emportant des supplications pieuses, des fragments d'adoration, la croyance préférée de cœurs houleux d'effroi :

« Protégez-nous...

— Sainte Marie, mère de Dieu...

— Bonne madame du Roc-Madou, je fais vœu de...

— Vous en qui j'ai confiance et...

— Saint Rémi, patron de Camaret, je promets... »

Tout cela mêlé, confondu avec les rugissements de la tempête, le grondement de chaudière en ébullition de l'Atlantique, le grand vacarme solennel de toutes ces profondes masses d'eau tournoyantes et implacables, lancées les unes contre les autres en une fureur atroce de dévastation.

Déjà, à deux reprises, il y avait eu une sorte d'hésitation dans l'allure de la barque, au moment de gravir une nouvelle vague plus escarpée que les précédentes ; la *Reine-des-Anges* avait eu comme un tremblement sur place, une seconde d'inertie en face de la tâche à accomplir, et le patron, qui semblait faire corps avec son embarcation, tellement il la connaissait bien, avait pu constater, le premier, ce signal mystérieux.

Il conclut, comprenant l'aggravation soudaine du péril :

« Trop chargés que nous sommes ; c'est notre pêche qui fera notre malheur. La misère du ciel est bien décidément sur nous! »

Pour lui il n'y avait plus de doute, si la hauteur des lames ne diminuait pas, ils étaient perdus : la barque était lasse et ne pourrait lutter davantage. Elle avait eu ce petit frémissement révélateur du cheval depuis trop longtemps lancé à toutes brides, et dont les forces s'épuisent, qui est au moment de s'abattre sous son cavalier.

Il semblait à Danielou que c'était lui seul qui soutenait encore la barque, de sa main crispée sur la barre, soudée au gouvernail, et que sans lui elle aurait déjà sombré. Combien de temps pourrait-il encore la maintenir ?

Comme elle escaladait lourdement une nouvelle lame plus haute, du sommet de laquelle la vue s'étendait davantage, il eut le temps de promener un long regard devant lui.

Il jeta une faible exclamation, vite étouffée, un mot qu'il écrasa entre ses dents par un dernier effort de volonté :

« Perdus ! »

Il avait aperçu, accourant de loin à leur rencontre, une succession terrible de vagues monstrueuses, dépassant en hauteur et en épaisseur toutes celles qu'ils avaient rencontrées jusqu'alors.

Jamais la *Reine-des-Anges*, épuisée, tous ses bordages craquant, comme prêts à se disjoindre, ne pourrait tenir contre cette dernière attaque.

Encore une fois, deux fois, trois fois, la barque fragile surmonta les obstacles, d'une sorte d'élan de désespoir ; puis elle glissa sur la pente plus longue, plus inclinée d'une vague, ainsi que sur le versant, impossible à remonter, d'un précipice fermé par un roc à pic.

En véritable montagne barrant tout l'horizon, une lame immense, épaisse, d'un vert glauque, s'avança de la pleine mer vers eux, monta, monta toujours, avec, se jouant à son sommet, sa frange d'écume échevelée, éparpillée par la rapidité de la course et de la force du vent, en crête blanche de monstre marin.

Le tout jeune, tombant à deux genoux sur le plancher de la barque, joignit les mains, les yeux dilatés par l'horreur, et hurla :

« La fin ! la fin ! Jamais on ne pourra... Ah ! mon âme à Dieu ! Pardonnez-nous nos péchés, Seigneur !... Je ne reverrai plus... »

Il avait lâché l'écoute, sentant toute résistance inutile, renonçant à se défendre plus longtemps.

Le mousse terrifié recommençait sa plainte gémissante de petit enfant, se cachant la figure sous un morceau de prélart pour ne pas voir, comme il se fût blotti derrière la jupe de sa mère :

« Maman, maman, au secours ! Défends-moi ! Maman, à moi ! »

Le vieux se résignait, tête basse, et murmurait, songeant à toutes les traversées, à tous les voyages exécutés durant sa longue existence de marin, de pêcheur :

« C'est le dernier que je fais, bien sûr ! Selon votre volonté... »

Et une prière mourait sur ses lèvres, qu'un petit frémissement d'agonie secouait déjà.

Elle accourait, se rapprochant, se rapprochant toujours.

Ils eurent tout le temps de la voir venir du fond de l'Atlantique, s'enfler, d'abord muette et terrible, lentement, avec une sorte de majesté hautaine, puis plus vite, de plus en plus rapide, grondante maintenant, rugissante, le brisant de son écume bouillonnante frémissant là-haut, au-dessus d'eux, entre le ciel et la barque. C'était bien, cette fois, l'engloutissement définitif, inévitable, sans espoir.

Le père de famille, pensant à sa femme, à ses huit enfants, qui allaient rester seuls, fit, un peu amer, le cœur battant :

« La mort ! Allons, c'est bien ! Adieu !... »

Rien ne pouvait plus les sauver.

Danielou eut encore la force de se redresser debout, ne maintenant plus la barre qu'à l'aide de son genou appuyé contre elle, la tête haute devant le danger, en vaillant qui veut recevoir le coup en face, sans peur, sans lâcheté. Ses yeux, largement ouverts, contemplaient fixement la vague meurtrière, suspendue sur lui.

Soudain, ce qu'il revit, d'une vision très nette, entre cette muraille d'eau et lui, ce fut une maisonnette basse, accroupie pour offrir moins de prise au vent, écrasée sur le haut de ce bout de falaise qui domine la gauche du port de Camaret, du côté de Penhat, un pauvre toit aux ardoises scellées dans le plâtre, verdies par l'humidité, des filets accrochés aux murs, un étroit enclos de pierres sèches, où poussaient quelques pommes de terre, quelques légumes ; et, l'attendant, un petit être, son fils, un gamin de sept ans au plus, son Pierrik, qu'il aimait tant.

Tout à l'heure, dans quelques instants, une minute au plus, ce Pierrik allait être l'orphelin, sans père, comme il était déjà sans mère, sans frères ni sœurs, sans parents, sans personne, tout seul dans l'horreur de la vie !

Ce fut instantané, foudroyant, si parfaitement visible, si vivant en cette seconde de mort, que Danielou tendit les mains devant lui, de toute la longueur de ses bras, pour atteindre, pour toucher cette chère et douloureuse image.

Il appela, plaintif et très doux, de l'élan passionné de son affection de père :

« Pierrik ! mon Pierrik ! C'est donc toi, mon p'tit gars ? »

Il souriait, heureux, croyant le tenir, l'étreindre sur sa poitrine, le cœur tout battant à coups sourds d'espoir et de bonheur, transfiguré par la joie.

L'effroyable masse d'eau, avec sa formidable clameur d'épouvante et de massacre, s'avança, s'éleva plus haut, encore plus haut, comme pour escalader le ciel, s'abattit en volute immense, croula sur lui, sur la *Reine-des-Anges*, avec un tapage de cataracte, étouffant les cris de douleur, de désespoir, de colère, de miséricorde, qui tentaient de monter de la barque.

Elle souffleta Danielou de sa force géante, elle éteignit ses yeux illuminés par le mirage de tendresse, elle emplit sa bouche ouverte pour le baiser à l'être adoré, elle le renversa pêle-mêle avec ses compagnons, dans l'effondrement des mâts, des voiles, de la barque, et tout disparut à jamais, maison, enclos, vision d'enfant.

D'autres montagnes d'eau passèrent, comme pour effacer le crime, d'autres encore, d'autres toujours.

Un grand rugissement, où sonnait une sorte de râle de plaisir, d'assouvissement, gronda, emplissant tout l'espace, depuis les dernières lignes brumeuses de l'horizon jusqu'aux régions infinies et mystérieuses vers lesquelles glissait à pic, corps et biens, sous les nappes épaisses et successives, la *Reine-des-Anges*.

Plus rien que des vagues folles, des gerbes d'écume, une convulsion féroce et implacable des éléments, une danse frénétique des lames se roulant sur elles-mêmes en un maëlstrom vertigineux, le seul tumulte monstrueux et souverain des eaux puissantes, secouées, bousculées, bouleversées jusqu'aux plus grandes profondeurs de l'abîme, et une grosse voix de tempête hurlante, farouche, désespérante, implacable, sur le désert de l'Atlantique, tandis que la nuit commençait à ensevelir la nature de ses traînants voiles de deuil.

II

Océan d'hiver sous le ciel sans nuages, une mer de lapis-lazuli, une mer méditerranéenne, d'un bleu profond, dur, implacable, encore un peu remuée, semée de *moutons* blancs réguliers, lance ses lames pesantes et courtes à l'assaut des côtes de rude grès quartzeux au milieu desquelles s'échancre et s'enfonce la baie de Camaret, la baie du sauvetage et du salut, placée comme un lieu d'asile entre les fureurs du large et la terrible entrée du goulet de Brest.

C'est le vent du nord, un vent froid, sévère, qui a remplacé la chaude bourrasque du sud-ouest venant de bouleverser l'Atlantique durant près de deux mortelles journées.

Un glacial calme de tombe s'abat sur le pays, écrase la révolte fougueuse des flots, nivelle peu à peu l'immensité soulevée, tandis que les épaves de toute nature viennent s'échouer le long des grèves sablonneuses, s'enterrer à demi sous les lourds galets des plages, s'encastrer dans les fentes des rochers, s'enfouir au fond des grottes, s'accrocher aux noires aiguilles qui dentellent et hérissent cette pointe sauvage d'extrême Armorique.

Les deux voiles brunes d'une barque dépassent doucement la pointe du grand Gouin, dessinent une silhouette connue sur l'espace de mer enfermé entre la côte de Léon, l'entrée du goulet, les falaises escarpées de la presqu'île de Roscanvel et la jetée de galets, où se dressent Notre-Dame de Roc-Amadour et le fortin rouge de Vauban.

Le soleil franchit les lignes de Quelern, au-dessus de la plage de Trez-Rouz. Il fait tout petit matin ; on commence seulement à sortir des maisons rangées sur une double ligne le long du port à moitié endormi dans un paresseux sommeil d'hiver ; mille bruits isolés, indépendants, viennent rompre un à un le grand silence général de la nuit, se combinent, se complètent, s'agglomèrent et annoncent le réveil de l'humanité humble et miséreuse, abritée dans ce creux de roc, à l'est de la presqu'île de Crozon.

Face de cuir rouge, où tremblotait dans le fouillis obscur des rides la lumière demi-éteinte des yeux, un vieux, qui traînait péniblement une lourde masse de filets teints en roux, les épaules écrasées sous le fardeau, et qui, courbé en deux, butait à chaque pas du sabot contre les pierres du petit sentier courant au bord du Beg-ar-Gac (*pointe des Bavards*), derrière les toits de Camaret, dirigea vers le large ses prunelles vitreuses.

Il regarda un moment dans la direction du grand Gouin, puis cria, se tournant vers une pauvre masure enclose d'un mur de pierres sèches dominant ce point de la falaise appelé le Lannic (propriété) Christophe, ou plus simplement le *Lannic :*

« Y a du bon ! Hé ! le Pierrik ! Ton père qui s'amène à c't'heure, pour sûr ! Te voilà à la fin de tes tourments, mon fi !

— Fameusement en retard qu'elle est tout de même, à la traîne de toutes les autres, cette *Reine-des-Anges !* » appuya une femme d'une cinquantaine d'années, un baquet sous le bras, du linge en tas sur la tête, un battoir à la main, tout en continuant de se diriger

L'enfant examinait, attentif.

d'un mouvement rythmique des hanches vers le *doué*, qu'on apercevait, déjà garni de laveuses, le long du chemin gravissant la côte de Pen-hat.

Elle grommela encore :

« A croire qu'on ne la reverrait jamais, jamais, comme à ce jour où j'ai espéré ainsi la barque à Jean-Pierre, mon pauvre défunt, des jours et des jours, et qu'il n'est jamais revenu de retour, que son corps ne repose même pas en terre bénite! Bonne Dame du Roc, que de misère sur moi depuis ce temps! »

Elle soupirait d'un grand effort de sa poitrine oppressée, combattue entre l'espoir toujours vivace d'un secours lui arrivant d'en haut et le sentiment de l'éternité de souffrance pesant sur elle.

Elle conclut :

« Il n'y a pas plus dur que d'être la veuve d'un marin perdu en mer. C'est la grande misère des misères, à vie! »

Le vieillard philosopha :

« C'est qu'elle n'avait pas le patron qu'il fallait, la barque à ton Jean-Pierre, ma pauvre fille, un fin manœuvrier de toile et de gouvernail comme ce Danielou! Ah! celui-là, on peut dire, un vrai matelot, et prudent, et avisé, et connaissant nos mers comme pas un ! »

La femme murmura encore, en s'éloignant dans la direction du lavoir :

« Être seule, toujours seule! Pas même un enfant!

— Oui, oui, tante Angélique, diablement dure qu'elle est la vie! riposta l'autre en la regardant disparaître au bout du sentier.

— Bien vrai que c'est le père, tonton Noël? » demanda une voix claire, vibrante de joie contenue.

Au-dessus des pierres sèches, une mine de gamin se montrait, les cheveux d'un blond pâle embroussaillés, les joues pleines et rondes sous le hâle qui les brunissait d'une teinte uniforme, les yeux étonnamment bleus et limpides, mais un peu rougis et comme lavés de larmes récentes.

Le vieux pêcheur tendit le bras vers la barque que l'on distinguait nettement, toute seule, encore loin, à hauteur du Gouin :

« Si c'est pas la *Reine-des-Anges*, c'est que je n'y vois plus quasiment et qu'il me faut prendre ma retraite de dessus cette terre, comme je l'ai déjà prise du service même et de la pêche, vu que je suis trop ancien ! Pourtant j'étais un fameux parmi les gabiers de mon temps, toujours le premier, quand il fallait distinguer les rochers d'un nuage et crier : « Terre ! » J'y ai gagné plus d'un quart de vin, à l'époque ! »

L'enfant examinait, attentif, sa tête seule dépassant toujours le petit mur ; il observa, désappointé :

« C'est la voilure, et c'est pas les voiles ! »

Il expliquait :

« Je ne reconnais pas la grande, celle où il y avait un morceau plus clair, une pièce toute neuve, que Corentin Cosquer lui a posée la veille du départ.

— La voilure ! les voiles ! Est-ce que tu te connais mieux que moi en toiles, moussaillon ! grognait l'autre, clignotant des paupières pour mieux voir.

— Ce n'est pas le père ! Oh ! bien non, que je dis ! Si c'était le père, je le verrais. »

Il secouait la tête, d'un mouvement lent et obstiné, ses lèvres froncées en une moue de tristesse, ses prunelles bleu de mer pointées sur l'embarcation, dont on ne pouvait cependant lire ni le numéro ni le nom, et sur laquelle de minces silhouettes indiquaient seulement les pêcheurs.

Le vieux insistait, reprenant :

« Tout à fait sa figure, à la *Reine-des-Anges*, et sa manière de naviguer, qu'il n'y en a pas deux de Camaret à manœuvrer ainsi. Si c'est pas ton père, c'est que j'ai une damnée brume sur les yeux et que les mousses valent mieux que les anciens à l'heure d'aujourd'hui ! »

Dans la grandissante clarté du soleil montant, un soleil d'hiver qui ne parvenait pas à chauffer, mais qui donnait à tous les objets une netteté, une découpure de métal, la chevelure blonde du petit roula comme un champ de blé sous la rafale, et Pierrik continua de geindre :

« C'est pas lui ! c'est pas lui ! Il n'y a pas la pièce à Corentin Cosquer. Je sais bien, moi ! »

Il venait de se hisser tout debout, sur les pierres branlantes du mur, afin de mieux voir.

Un gros soupir souleva le maillot de laine tendu sur sa jeune musculature en formation, des pectoraux déjà bombés, pleins de promesses de force, de résistance, des épaules larges, charnues, sur une petite charpente solide, droite, un corps souple et mince, avec des reins carrés, taillés en vigueur pour une vie de batailles, de luttes redoutables.

Le pêcheur le contemplait attendri :

« Un rude petit gars pour ses sept ans ! Tout son père à cet âge, ma foi ! »

De la tristesse mouillait le bon regard des yeux du petit, détournés du large avec découragement, dans la certitude croissante que la barque en vue n'était pas, encore cette fois, la *Reine-des-Anges*, depuis plusieurs jours attendue.

Jamais jusqu'alors les voyages de Danielou à l'île de Sein n'avaient duré aussi longtemps; déjà presque toutes les embarcations parties en même temps que la sienne étaient rentrées, bien avant la tempête, ayant plus rapidement terminé leur pêche, ramassé leurs casiers à homards. On avait seulement raconté que la *Reine-des-Anges* paraissait en très bonnes conditions, que son équipage se montrait en joie, très favorisé par la pêche, ne faisant que jeter et que ramasser ses filets pleins de poissons; elle comptait rapporter une pêche splendide.

Mais ces renseignements remontaient à trois jours avant le coup de suroît tombé sur le pays, et si terrible que la mer en frémissait encore. Depuis, qu'avait-il bien pu se passer? Étaient-ils à Sein, à Audierne, en relâche quelque part? Personne n'avait su le dire. Ce qu'il y avait de rassurant, c'est que Danielou était un pêcheur prudent, que sa barque était excellente, et que ni le sémaphore de Pen-hat, ni celui des Pois, ni celui de la Chèvre n'avaient signalé de sinistre en mer.

Il n'y avait donc qu'à attendre patiemment.

La barque, ses voiles gonflées de ce bon vent du nord qui lui était favorable pour regagner la terre, piquait dans la direction de la pointe Tremet, n'ayant plus qu'un bord à courir, avant de venir s'amarrer à sa bouée d'attache au milieu du port.

On la voyait mieux, la tache claire du visage de ceux qui la montaient devenant de plus en plus nette, si bien que le vieillard dut avouer :

Pierrik dégringolait comme un chat l'escalier grossièrement taillé dans la falaise.

« C'est pas la *Reine-des-Anges*, le mousse a raison! »

Pierrik hocha la tête, et, ses claires prunelles brillant étrangement, ajouta :

« Je le *sentais* bien, moi, que le père n'était pas à bord; et puis il y avait la pièce qui manquait. »

Son interlocuteur le regarda de côté avec une certaine méfiance inquiète, grommelant :

« Tu *sentais*, que tu dis?... Ces Danielou, tout de même, de père en fils, qu'ils ne sont pas comme les autres!... Ils *savent* des choses *qu'on ne voit pas!*... Des croyances qu'ils ont à eux peut-être, comme les *pésants* de l'intérieur des terres. »

Il poursuivit tout haut, examinant la manœuvre de la barque :

« Lof pour lof qu'elle vient de virer! Il n'y a que Danielou ou Yan Cosquer pour avoir cette précision, je les reconnaîtrais entre mille, les maîtres du vent qu'ils sont, on peut dire! Ce serait donc l'*Etoile-Polaire* à c't'heure? »

Par une dernière auloffée, l'embarcation, couchée sur bâbord, accourait du fond de la rade, laissant derrière elle la pointe Tremet et la plage de Trez-Rouz; déjà on percevait le bruissement de ses voiles qui chantaient puissamment, comme des ailes d'albatros, en fendant l'air d'une vitesse foudroyante. La marée étant haute, au lieu de se diriger sur sa bouée, elle marchait droit à terre, traînant à sa suite un sillage d'écume frissonnante.

« Si c'est Yan Cosquer, il arrive de Sein, » remarqua l'enfant tout pâlissant et cloué à sa place par une émotion terrible.

Le vieux avait laissé tomber à ses pieds sa charge de filets, et ses regards ne quittaient plus l'embarcation, si près de Camaret maintenant qu'on pouvait plonger dans son intérieur; il marmottait de manière à ne pas être entendu de son compagnon :

« Un bout de mât brisé qu'on croirait qu'elle rapporte, et comme elle a les deux siens bien intacts,... alors... »

Il ne termina pas, glissant un coup d'œil oblique vers Pierrik toujours immobile, les yeux grands ouverts devant lui.

Celui-ci répétait, absorbé :

« Yan Cosquer! Yan Cosquer! »

Il se mit à énumérer les hommes montant la barque :

« Hervé Trémor, Yves Lagadec, Jean-Marie Cosquer, le fils à Yan, Le Fur, le mousse. Oui, je vois bien, tous ceux de l'*Etoile-*

Polaire, avec le patron. Ils sont tous revenus, eux, de là-bas!...»

Ses prunelles cherchaient à reconnaître quelque chose qu'il ne voyait pas bien, au milieu des paniers, des avirons, des objets de toute sorte entassés sur le plancher du bateau, et il se penchait tellement, que le vieillard, craignant qu'il ne tombât du mur, se rapprocha de lui, les bras tendus, interpellant :

« Oh! diable! Où vas-tu donc? »

Une pitié amollissait la brutalité voulue de sa voix, car il devinait bien ce qui attirait ainsi l'attention du petit, et il eût voulu essayer de le distraire, de l'empêcher de voir, grondant :

« T'es fou, à c't'heure, gamin! Tu vas te jeter en bas du Berar-Gac, si tu continues. Puisque c'est Yan Cosquer, tu n'as pas besoin... »

Il était trop tard déjà; Pierrik faisait, indiquant ce qui appelait impérieusement ses regards :

« La voile brune, là, là, tenez!... Oh! tonton Noël, c'est du malheur pour moi que je devine! Il y a un C, vous voyez, et puis, et puis, un numéro, le numéro... Je ne vois pas bien d'ici; mais je veux savoir, il le faut!... »

L'autre s'interposa, essayant encore :

« T'as pas ta raison, que je répète, mon fi! Tu vois mal à c't'heure! Ne cherche pas ainsi ta misère! Voyons, voyons, Pierrik, mon gars!... »

D'un bond, le petit venait de sauter du haut du mur, et à présent il dégringolait comme un chat l'escalier grossièrement taillé dans la falaise et aboutissant à la mer; il criait, terrifié :

« J'ai vu! J'ai vu 508!... C'est le numéro!... Pourquoi, oh! pourquoi?... 508, celui de la *Reine-des-Anges*?... »

Des pêcheurs, des femmes, sortis des maisons entassées sur le morceau de grève, très étroit, resté à sec entre Camaret et la mer, jetaient des questions au bateau qui arrivait, et dont un matelot attachait l'amarre à un anneau scellé dans une grosse pierre.

Tous avaient, du premier regard, aperçu le tronçon de mât, le lambeau de toile écussonné de la lettre C et du chiffre 508.

Une grosse voix triste lança du fond du bateau :

« C'est tout ce qu'on a retrouvé, le mât à Audierne, la voile à la baie des Trépassés !... Pas une planche, pas un cadavre ! »

Des gémissements de femmes commençaient à monter, pleurant le désastre, tandis que la nouvelle courait de maison en maison, en sinistre traînée de désespoir :

« Perdue corps et bien ! »

Mais un cri domina tous les autres bruits, une plainte si aiguë, qu'elle fut entendue de tous, grandit, s'imposant avec son appel lugubre :

« Papa ! papa !... »

Puis immédiatement, l'interrogation haletante :

« C'est-y vrai que notre *Reine-des-Anges* a péri ? »

Il questionnait, délirant, ne pouvant croire encore à un tel malheur, malgré ce débris de mât, ce lambeau de voile retrouvés, voulant conserver l'espoir que ce n'était pas la barque de Danielou, le bateau de son père, qui avait sombré.

Trémor, qui ramassait en cet instant la lugubre épave, releva la tête, reconnaissant la voix de l'enfant; il confirma, le cœur crevé :

« Tout seul que te voilà au jour d'aujourd'hui, mon pauvre petit gars ! »

Et Lagadec appuya, en écho fidèle de son camarade :

« La mer a tout gardé, hommes et barque; elle ne nous a rendu que cela. »

Pierrik Danielou, s'affaissant sur le bloc de rocher qui terminait l'escalier de la falaise, la tête tombée dans ses mains, bouleversé de

Les lamentations des femmes s'élevaient, stridentes.

douleur, appelait celui qui ne pouvait plus l'entendre, celui qui le laissait seul dans la vie :

« Papa ! papa ! qu'est-ce que je vais devenir ? »

Autour de lui, dans la rumeur des voix, l'apitoiement gagnait, faisant oublier la misère des autres pour cette misère particulière, tombée sur ce pauvre être sans défense, sans appui, sans ressources.

C'était en pays de Cornouailles, dans la presqu'île de Crozon, que ceci se passait, en des temps assez anciens de Camaret, d'un Camaret primitif et sauvage qui n'était pas encore le Camaret moderne, le joli petit port aux maisons bien alignées, au quai nettement dessiné, d'où les croyances bizarres, les superstitions et les légendes ont été balayées peu à peu par le grand souffle de civilisation venu de l'intérieur de la France, de même que la puissante brise de l'Océan accourant du plein large de l'Atlantique purifie et assainit le pays.

C'était à des époques où les habitants, rudes et braves comme maintenant, étaient en outre restés encore presque enfants, tout à fait Bretons à force de naïveté crédule.

Cependant c'est une histoire de tous les jours, un fait toujours aussi fréquent de ces terribles côtes de tempêtes et de grosses colères de l'Atlantique, qu'une barque de pêche se perdant corps et biens en revenant de l'île de Sein, entre la pointe du Raz, le cap de la Chèvre et la pointe des Pois.

A présent, quand la chose redoutable arrive, on dit que le patron a été imprudent ou trop pressé, qu'il a voulu partir lorsque la mer n'était déjà plus maniable et tout à fait démontée; on explique qu'une bourrasque menaçait; on attribue le naufrage à une saute de vent, à une voile pas assez tôt amenée, à un faux coup de barre, parfois même à l'alcool.

En ces temps primitifs bien qu'ils ne soient pas très loin de nous, on ne s'arrêtait pas à des explications aussi simples, aussi naturelles; on cherchait au delà, dans le mystère des êtres et des choses, dans le gouffre insondable du surnaturel.

Dès que la nouvelle apportée par Yan Cosquer et son équipage eut commencé à se répandre, tout un concert de malédictions gronda dans les groupes accourus pour discuter le malheur et en connaître l'étendue. Pas un cadavre n'avait été jeté à la côte; peut-être n'y reviendraient-ils jamais, emportés comme tant d'autres au large par les courants; peut-être quelque grosse marée les rapporterait-elle en épaves défigurées, hachées, sabrées par les pointes et les tranchants des rochers, demi-dévorées par les bêtes de l'eau.

Les lamentations des femmes, mères ou filles des naufragés, accourues de Kermeur, où la nouvelle était arrivée en quelques instants, s'élevaient stridentes, au milieu des explications, des conversations, des douleurs bouillonnantes, et, brusquement, Hervé Trémor, de Lescoff, près du raz de Sein, montrant le poing dans la direction du sud-ouest, souffla d'une aigre voix peureuse et colère :

« C'est encore cette Catouche de malheur qui a fait le coup ! »

Une sorte de stupeur paralysa un moment les gosiers, tandis que les prunelles des uns et des autres s'entrecroisaient, chargées de flammes, sous une vague et visible brume de crainte.

« Catouche !... Celle de Sein ? questionna une femme plus énergique ou plus affolée que ses voisines.

— Il n'y en a point d'autre, pour sûr ! » reprit Trémor, prenant peu à peu de l'assurance, une fois son insinuation lancée, en la voyant favorablement accueillie.

Yves Lagadec secoua la tête approbativement pour venir à son aide ; il ajouta, aggravant encore l'accusation en la complétant, lui qui était originaire de l'île même de Sein, tandis que son compagnon n'était que du cap :

« Oui, c'est la faute à ce damné *Bateau-des-Sorcières*, conduit par Catouche !... Le *Bag-Sorseurez*, que nous disons chez nous. »

De la foule, répétés par des voix rauques, les mots d'Armor

montaient, roulant leurs rocailleuses syllabes à travers les airs, avec une furie de lames râlant sur une plage de galets :

« *Bag-Sorseurez !... Bag-Sorseurez !... Bag-Sorseurez !...* »

Catouche ! Le *Bateau-des-Sorcières !* Cette double évocation remua dans la foule, avec une puissance sinistre, la fièvre latente des fables, allant réveiller les superstitions ancrées au fond des cerveaux, les rancunes anciennes de ceux de la grande Terre contre ceux des îles, les souvenirs endormis, mais inoubliés, inoubliables.

Les gémissements, cessant de se traîner pleurards, désolés, se gonflèrent en phrases de tempête, ramassant sur Catouche, sur le *Bateau-des-Sorcières,* toute l'indignation, toute la révolte de ces pauvres désespérées, qui réclamaient à l'impitoyable Océan leurs pères, leurs maris, leurs frères, leurs fils. C'était Catouche la coupable; c'était son bateau, l'énigmatique *Bateau-des-Sorcières,* la cause du malheur, la cause de toutes les catastrophes du même genre.

« Catouche ! »

Le nom fatidique, avec sa consonance étrange, roula, répercuté tout le long du port, en un grondement terrible et prolongé, qui sembla le mugissement de quelque lame énorme venant des profondeurs de l'Atlantique, accourant des brumeux alentours du raz de Sein pour s'écraser en plainte de mort, en menace sinistre contre les maisons de Camaret.

Puis, après cette première explosion irrésistible, déchaînée en bourrasque impétueuse, pendant quelques instants la puissance de l'invisible redoutable ressaisit la foule, pesa sur elle de tout son mystère, la plongeant dans la stupeur, éteignant les plaintes trop bruyantes, arrêtant sur les lèvres gonflées de violences les mots imprudents que déchaînait la douleur.

Subite, la contagion muette de la superstition, plus forte que la nature, suspendit les phrases comminatoires prêtes à sortir des gosiers étouffés de sanglots, dans la crainte d'une provocation à d'autres malheurs. Tout se tut, sous la terreur même de l'être évoqué.

Mais de nouveau le silence fut troublé ; une sanglotante voix de femme questionna encore, hachée de hoquets, plus hardie à cause de l'excès même du désespoir :

« Ce serait-il donc vrai, cette Catouche, que vous dites ? »

Et comme, autour d'elle, les yeux se baissaient craintifs, que les têtes se détournaient avec un mouvement poltron et houleux des épaules fuyantes, elle s'exclama, provocante :

« Que lui avons-nous donc fait, à la Catouche, pour qu'elle nous poursuive ainsi ? »

Celui qui parlait ainsi, c'était Yan Cosquer, le patron de l'Étoile-Polaire.

Lagadec, incapable de garder sa langue sur de pareils sujets, après un regard un peu inquiet vers les espaces, répondit d'un ton étouffé, en se penchant du côté de la désolée, une des nouvelles veuves de Kermeur, la malheureuse femme d'un des hommes de la Reine-des-Anges :

« Si c'est vrai, Seigneur ?... La Catouche !... Même que je la connaissais bien, avant qu'elle soit la Catouche, du temps que j'habitais l'île, à l'époque de mon enfance, ne songeant pas à m'installer à Camaret pour pêcher la sardine. J'aurais jamais cru qu'il arriverait d'elle ce qui en est arrivé. C'était certes pas une méchante femme au jour d'alors, vu qu'elle a épousé un bon mari, un fameux gars, que je l'ai eu en camarade, en matelot! Oui, mais voilà, depuis la mer l'a faite veuve, comme tant d'autres ! Et alors... »

Il s'arrêta, conservant un roulement lent de la tête, promenant sa chique d'une joue à l'autre du bout de sa langue, comme pour s'empêcher d'en dire plus long sur sa compatriote de Sein, semblant espérer qu'on le comprendrait à demi-mot, qu'on lui épargnerait le péril de s'expliquer plus clairement.

Il ajouta même, audacieux :

« A l'île de Sein, voyez-vous, il ne faut pas, pour une femme, devenir veuve ! C'est très mauvais, très dangereux ! Il y en a pour qui ça tourne mal ! »

Sa douloureuse interlocutrice insista, ardente, n'ayant plus de ménagements à garder, ne redoutant plus aucune catastrophe après celle qui l'avait atteinte et qui ne pouvait être dépassée :

« C'est-y donc une raison pour faire veuves les autres, celles qu'elle ne connaît pas et qui ne lui sont rien ?... D'être veuve cependant, elle doit savoir que, pour nous, c'est le malheur des malheurs.

— Bien sûr que non, ce n'est pas une raison. Seulement..., seulement... »

Et, plus bas, plus mystérieux encore, son gros doigt posé devant ses lèvres, avec un clin d'œil significatif jeté du côté de Pierrik :

« Pourquoi aussi que votre homme était sur la *Reine-des-Anges?* »

Elle eut une protestation surprise :

« Le meilleur bateau de Camaret avec celui de Yan Cosquer ! Tout le monde aurait voulu faire partie de l'équipage.

— Pas moi ! assura Lagadec avec un petit tremblement des joues.

— Moi non plus, aussi vrai que j'existe, et que si j'en avais été, pour mon malheur, je ne serais plus de ce monde, » compléta Trémor, les lèvres froncées par une moue soucieuse.

La femme les examinait l'un après l'autre, son chagrin un moment suspendu par l'étonnement; elle reprit :

« Un bateau que tous les pêcheurs d'ici et de partout en faisaient la louange, un bateau à tenir la mer par les plus gros temps, comme ceux de Douarnenez ! »

Yves avoua :

« L'embarcation, je ne dis pas ; je l'ai vue construire morceau par morceau dans le chantier du Styvel, qu'est un fameux ! On ne peut reprocher rien de rien à la *Reine-des-Anges,* vu qu'elle était parfaite, solide, point volage, étant lestée d'aplomb et qu'il aurait fallu plus d'un coup de vent pour la chavirer. »

Hervé, dévoré de bavardage malgré la terreur, observa, la face cendrée par la crainte :

« Il y avait le... le patron !... voilà ! »

La veuve s'écria :

« Danielou !... Hein? c'est pour rire !... Le meilleur pêcheur de Camaret, un marin sûr comme sa barque ! »

Décidément elle ne comprenait pas, ayant toujours entendu parler de Danielou en de tels termes d'éloges, qu'elle n'avait jamais eu d'inquiétude pour son mari embarqué à son bord, et qu'il fallait cette catastrophe pour ébranler sa confiance, pour qu'elle ne le défendît pas plus énergiquement.

Mais les deux pêcheurs, d'une attestation unanime, confirmaient ce qu'ils venaient d'insinuer ; Lagadec, le premier, assurant :

« Un fameux patron, un excellent homme, rien à dire sur son compte en tant que pêcheur et que matelot, Danielou; un camarade à risquer sa vie pour les autres, mais... un Danielou, quoi !... »

Trémor approuva :

« Oui, c'est ça : un Danielou !... »

Du fond de la barque amarrée, une voix nouvelle ajouta, venant les appuyer :

« Tous les Danielou ont péri ainsi ; pas un ne repose dans un cimetière, ni ici, ni ailleurs, ni nulle part sur toute la surface de la terre ! Les uns après les autres, grands ou petits, jeunes ou vieux, quand leur heure a été piquée sur la cloche de la mort, la mer les prend et les garde !... Les Danielou lui appartiennent, à la mer !... »

Celui qui parlait ainsi, levant vers la foule des pêcheurs et des femmes une face sévère et calme, de clairs yeux francs dans un visage boucané par le soleil et le sel de l'Océan, c'était Yan Cosquer, le patron de l'*Etoile-Polaire*, tout sec et solide, conservé comme un jeune homme par les années de mer ; il ne paraissait pas ses soixante ans, avec ses cheveux bouclés à peine grisonnants, son épiderme presque pas ridé, converti en cuir, sauf les plis autour des yeux, l'agilité robuste de ses mouvements, la même grande force de levier de ses muscles.

Il marmotta, semblant se parler à lui-même :

« Un vrai sort, quoi ! C'est toujours moi qui rapporte l'épave annonçant le naufrage, la perdition en mer, corps et biens, d'un de ces Danielou ! »

Il énuméra, d'un lent et mesuré travail de la tête et des doigts qui appelait sur lui l'attention de tous :

« Ça a commencé, à ma connaissance, avec le père au Danielou de la *Reine-des-Anges*, il y a des temps et des temps, le grand-père à ce pauvre petit gars, le dernier de sa race à ce jour ! »

Son menton relevé vers la base du Beg-ar-Gac indiquait Pierrik, affaissé sur la roche unissant à la grève l'escalier de la falaise, toujours sanglotant à petit bruit, insensible à ce qui se passait auprès de lui, aux paroles qui se disaient, aux gestes qui se faisaient, et noyé au plus profond de sa désolation.

Yan Cosquer reprenait, sentant autour de ses histoires l'intérêt des pêcheurs, des femmes, des enfants, et trouvant une sorte de plaisir âpre, lui déjà vieux, à réveiller le passé :

« J'étais jeune alors, et rudement vigoureux, avec des yeux à qui rien ne pouvait échapper, quand j'ai ramené le bout de planche de l'arrière du bateau, qui fut la seule chose retrouvée de ce désastre du grand-père Danielou !... Un fier marin cependant, lui aussi, comme ils sont tous, comme ils ont tous été, si jeunes qu'ils soient, au sortir de la coque, qu'on jurerait !... Vers Molènes que ça m'arriva, je me souviens toujours, au retour d'un gros coup de filet que nous avions été donner vers le Four, par delà la pointe de Corsen. Il y avait eu tempête deux jours avant. On n'en a jamais plus entendu parler dans la suite ; ni cadavres, ni avirons, ni mâts, rien que cette mauvaise planche hachée par les brisants, avec le nom de la barque : *la Louise*. Le gouffre avait tout dévoré, tout englouti, et personne ne revit jamais ce grand-père Danielou, que nous aimions, que nous connaissions tant ; nul ne le rencontra plus à Camaret, ni ailleurs ! »

Il eut un long hochement de sa tête grisonnante, en ajoutant, raisonneur, avec un soupir :

« Et ça n'a pas empêché le fils, notre Danielou d'aujourd'hui, qui se trouvait alors à son service à l'État, de reprendre la pêche à son retour, au lieu d'obtenir quelque bon poste de terrien, bien à l'abri, dans un port, le long de nos côtes. Il semblait, tant il était adroit, prudent et avisé, qu'il n'en serait pas de lui comme de son père. »

Des réflexions le saisirent, glaçant les paroles sur ses lèvres, immobilisant ses yeux sur cette vision du passé qui remontait en ce moment devant lui, qui arrachait à l'Océan, les uns après les autres, une pâle et lamentable succession de cadavres.

Puis il continua, comme malgré lui, saluant ce défilé d'ombres flottantes :

« Lui, ce fut d'abord son Alain, qu'il perdit mousse, noyé aux mers d'Australie, dans ce grand naufrage qui fit tant de bruit autrefois, et la nouvelle lui en est tombée ici à Camaret, tuant en coup de foudre sa malheureuse femme du choc de cette douleur ! Il y a de cela sept ans ; elle venait de mettre au monde son dernier, Pierrik. C'est moi qu'on avait chargé du papier contenant la chose de cette mort, une fichue commission que j'avais là !... Oui, je les revois tous, ceux qui restaient, réunis autour de ce maudit papier, ce chiffon de lettre, si léger au bout de mes doigts, si lourd de malheur, et que j'aurais voulu anéantir !... »

Sa voix sombra, voilée par la pitié qui lui embrumait la gorge :

« D'eux tous, la mère seule dort là-haut, sous l'herbe du cimetière, et, autour d'elle, rien que le nom des autres, mais pas leurs corps, pas leurs ossements ! »

Il soupira plus fort, attendri :

« C'est Alcide qui a suivi, Alcide Danielou, cette nuit de décembre, où il s'est perdu en plein goulet, au retour de Brest, avec quatre hommes et un mousse, au moment que mon *Etoile-Polaire*, qui naviguait presque de conserve, manœuvrait pour le joindre. Le coup de vent passé, plus rien sur la mer, redevenue calme après un gros flot de fond, rien que cette nouvelle à rapporter au père, qui attendait son grand fils, son orgueil, sa joie, par sa vaillance, sa force, sa conduite. Encore cette fois la mer n'a rien rendu, pas même un bout de bois, et les mois ont passé, passé, jusqu'au jour où ç'a été le naufrage lui enlevant son troisième enfant, disparu entre Ouessant et le Conquet, comme le grand-père, et dont la seule épave fut le corps d'un pauvre petit mousse qui l'accompagnait et que j'ai ramené à Camaret, avec l'annonce du malheur !... »

Il leva les bras, d'un grand geste de lamentation en présence d'une telle hécatombe, concluant :

« Voilà qu'aujourd'hui c'est lui qui va les retrouver, son père et ses enfants, tous ceux qui l'avaient précédé dans cette mort semblable, et que c'est encore moi que le Ciel a désigné pour rapporter l'épave, autant dire le billet de mort !... Un sort qu'il y a aussi sur eux, c'est sûr ! »

A l'écouter, lui, considéré comme un sage, comme un ancien, plein de raison et de jugement, les autres restaient muets, roulant en eux leurs pensées sur ces événements si étranges, sur cette extraordinaire succession de morts semblables ; la physionomie grave et inquiète, ils sentaient s'en confirmer leurs croyances, s'en exacerber leurs craintes.

Hervé Trémor revint à ses idées, donnant son opinion :

« C'est une famille plus éprouvée que les autres, oh ! oui, on peut dire ! Personne plus que ces Danielou n'est dans le malheur. Mais il faut reconnaître aussi qu'ils ont toujours eu confiance aux gens pas sûrs, à ceux qu'on ne voit pas, à ceux qu'on ne connaît pas, à ceux qui de nuit fréquentent la lande, les étangs, les Pierres-Grises, tous les mauvais endroits. C'était leur habitude à eux, — peut-être bien en manière de plaisanterie, ou de vrai que c'était, — de ne pas montrer de crainte de ce qui effrayait les autres, même les gens les plus sensés !... C'est des bravades mauvaises qu'on paye un jour ou l'autre !...

— T'as raison, Hervé, reprit Lagadec, approuvant son ami. Tu es dans le plein vrai, et toute la misère du patron de la *Reine-des-Anges* vient de là. Pour les autres, pour son père, naufragé en Ouessant, pour ses fils, péris ici ou là, en mer, je ne sais point, vu que je les ignorais un peu, mais pour lui je suis certain, sûr comme Catouche existe ! »

Yan Cosquer inclina la tête, semblant, lui aussi, comprendre et accepter comme vérité ce que son matelot voulait dire ; il fit brièvement :

« Il faut avoir les croyances. »

Mais, tandis que tous se pressaient autour du pêcheur, qui, satisfait de se voir écouté même après son patron, montrait par ses mines qu'il en savait long à ce sujet et qu'il pouvait raconter bien des choses, le petit Pierrik s'arrachait à sa torpeur.

Les yeux ouverts sous ses mains appliquées sur sa figure trempée de larmes, il avait entendu le nom bizarre déjà perçu dans le grondement de la foule, ce nom enveloppé d'imprécations terribles, venir le trouver de nouveau au milieu de sa douleur ; ce nom, qu'il ignorait complètement, on le rapprochait de celui de son père, comme étant la cause de sa mort : cela le frappa.

Il balbutia de ses lèvres tremblantes, comme pour mieux le retenir, s'en pénétrer :

« Catouche ! »

Ayant oublié ses terreurs superstitieuses, heureux de satisfaire sa passion de conteur, Lagadec pérorait :

« Tout ça, c'est bien le *Bateau-des-Sorcières* qui l'a amené ; cette fois, on a eu raison de le dire ! Et si Danielou s'est perdu, c'est pour ne pas s'en être suffisamment méfié, comme je ne cessais de le lui répéter, moi qui suis de l'île, et qui sais bien ce qui s'y passe, tout comme aux alentours du Raz, au Pont-des-Chats, à Tevennec, à la Vieille, des endroits habités par les invisibles. »

Mystérieusement, les prunelles rondes sous ses sourcils relevés en arches de pont, il souffla d'un ton d'angoisse épouvantée :

« Personne n'ignore, à Sein, le danger qu'il y a à rencontrer la nuit, aux abords de l'île, principalement entre le Pont-des-Chats et la roche Tevennec, un de ces bateaux qui n'ont d'autre équipage qu'une femme toute seule. On est sûr que ceux-là, ce sont les *Bagou-Sorseurez !*...

— Les *Bateaux-des-Sorcières*, oui, bien sûr, c'est connu, répéta Trémor. Tout par le travers du Raz, d'Audierne à la pointe du Van,

L'oreille tendue, Pierrik écoutait, croyant vivre dans un rêve.

jusque par le cap de la Chèvre même, on l'affirme. Mais Danielou n'était pas de ceux qui entendent raison sur ce sujet; il se croyait plus fort que tous, mieux renseigné, parce qu'il avait voyagé, étant marin... »

Une hésitation l'arrêta une seconde, avant qu'il ne reprît, trahissant ses défiances :

« Peut-être bien aussi qu'ils étaient trop amis, lui et *celle* dont nous causons trop à c't'heure, et dont il vaudrait mieux ne point parler !... »

Pierrik, atterré, en oubliait peu à peu son malheur, comme si une volonté impérieuse, toute-puissante, se fût substituée à la sienne.

Ses doigts s'écartaient insensiblement pour laisser passer ses regards, encore tamisés de larmes, qui se fixaient terrifiés et charmés sur le pêcheur. L'oreille tendue, tout le corps vibrant d'un étrange émoi, il écoutait, croyant vivre dans un rêve, arraché même à son désespoir par ces mots farouches, par ces allusions suspectes, et voulant apprendre, savoir quand même.

Il se répéta lentement, l'esprit illuminé de tout le merveilleux jaillissant pour lui de ces mots :

« Le *Bateau-des-Sorcières !* »

L'autre poursuivait, la voix rendue plus rauque par l'effroi même de ce qu'il disait, par la vague crainte de se compromettre en parlant trop :

« Ce sont des veuves de l'île de Sein, seulement certaines qu'on ne sait pas au juste, qui montent ces embarcations fatales, et nos îliens assurent que celles-là ont le *mauvais œil*. Il n'y a pas plus redouté que leur rencontre, vu que ça tourne presque toujours à mal pour ceux à qui ce malheur arrive. Personne n'oserait, de son plein gré, les aborder; car, dans ce cas, la sorcière confie au patron, qui seul la voit, un *secret*, toujours terrible, un secret de mort. S'il parle de cette rencontre, que cependant pas un de ses hommes n'a pu remarquer; s'il dévoile, si peu que ce soit, ce secret, lui et son équipage sont fatalement engloutis la première fois qu'ils prennent la mer! »

Trémor souligna, sans donner d'autre explication :

« C'était le cas de ce pauvre Danielou. »

A cette révélation l'enfant faillit jeter un cri, murmurant :

« Papa!... Lui!... Un secret!... Le *Bateau-des-Sorcières!*... »

Une fièvre de magie éblouissait ses yeux, son cerveau, séchant les larmes sur ses joues humides, troublant ses pensées.

Ce fut au travers d'une sorte de vertige qu'il entendit Lagadec reprendre :

« Cette fois, paraîtrait que c'est Catouche, qui est la plus redoutable de ces veuves, la plus portée en sorcellerie. On m'a affirmé, — des gens qui ne mentent jamais, — l'avoir vue, avant que le soleil ne se lève, revenir de la *chaussée*, les vêtements trempés d'eau, pieds nus, rien dans son panier à goémons, preuve qu'elle n'avait pas pêché! »

Sentencieusement, balançant une main pesante devant son visage, il questionna autour de lui :

« D'où pouvait-elle venir à pareille heure, que pas une femme n'est encore dehors, au lieu d'être tranquillement à reposer chez elle, hein? »

Sa conclusion fut :

« Il n'y avait pas à s'y tromper : elle arrivait de la mer, où elle avait couru toute la nuit. »

D'une voix épouvantée il expliquait :

« Elle a son moyen à elle, qui est de transformer son panier en barque, de changer son bâton à varech en mât et de faire une voile de son tablier. »

Il chuchota, les yeux tout ronds :

« Je me suis laissé dire que Danielou l'avait vue, qu'il lui avait parlé, qu'ils étaient bien ensemble. »

Trémor confirma, dans un besoin de s'associer aux révélations de son camarade :

« Elle lui aura dit son secret, et, au lieu de le garder pour lui, il l'aura répété. C'était aller à la mort avec tous ses hommes à sa première sortie en mer. Vous voyez que ça n'a pas manqué, preuve que c'est vrai ! »

Yan Cosquer jeta à terre le mât brisé et la voile en lambeaux, avec son numéro encore visible, 508. Il fit, la poitrine oppressée :

« Pauvre Danielou ! »

Surmontant l'engourdissement qui le tenait immobile, partagé entre la stupéfaction et la douleur, Pierrik se redressa comme pris de folie ; il courut à ces tristes épaves, se jeta à corps perdu sur la toile souillée d'eau de mer, mise en pièces par les rochers, sur le fragment de mât auquel s'était peut-être longtemps accroché son malheureux père avant de s'engloutir pour jamais, et appela désespérément :

« Papa ! papa ! »

Puis, tandis qu'on s'empressait autour de lui, en une reprise de cet apitoiement général qui faisait oublier les misères personnelles de chacun pour cette épouvantable douleur de l'orphelin, il balbutia plus bas, songeant à ce terrible bateau, cause du désastre, à ce bateau de la peur, fantôme de mort, entré d'une manière si tragique dans sa mémoire, dans son imagination, pour n'en plus sortir, comme s'il devait toujours peser sur lui :

« Catouche ! Le *Bateau-des-Sorcières !* »

III

« Pas possible qu'il y ait plus malheureux que nous à c't'heure, mon pauvre Misère ! »

Sous le ciel uniformément gris, dans la solitude muette du désert sablonneux de landes étendu entre les dernières maisons, les derniers moulins de Camaret et le sémaphore de Pen-hat, un gémissement plaintif et doux, presque humain, répondit à cette phrase désespérée que venait de prononcer Pierrik Danielou.

Seul autre bruit perceptible, au milieu du silence de tombe qui l'enveloppait, un grand râle traînait par instants, là-bas vers l'ouest, un mugissement sourd, profond, prolongé, arrivant porté par le souffle violent du vent.

L'enfant sentait alors près de lui, sur lui, l'invisible palpitation de l'Atlantique, la respiration majestueuse et rythmée de l'Océan battant à intervalles réguliers les falaises de dur quartzite qui, du cap de la Chèvre au Toulinguet, hérissent toute cette côte, arrêtant l'immense lame accourue sans obstacle depuis l'Amérique.

C'était aux premières heures d'une triste et sombre matinée de mars, quelques instants après qu'il eut dû quitter pour toujours cette maison du Lannic, sur le Beg-ar-Gac, maison où il était né, maison où il avait toujours vécu avec son père, celle dans laquelle, après son malheur, par charité, par pitié, on l'avait, durant encore de longues semaines, laissé se réfugier chaque jour, se blottir chaque soir, sans paraître savoir qu'il n'avait plus aucun droit à l'habiter.

A la longue la charité s'était épuisée, la pitié s'était émoussée, détournées forcément de l'orphelin par d'autres calamités plus récentes, par d'autres souffrances plus grosses, par toutes les nécessités de la vie de chaque jour, qui écrase impitoyablement, sous sa lourde meule, les existences humaines, les choses, et jusqu'au souvenir de ces êtres et de ces choses.

Son malheur, sur cette côte de continuels naufrages, de désastres presque quotidiens en ces mois noirs, était devenu seulement un de ces souvenirs, une de ces fleurs de deuil du passé, sur lesquels s'entasse si vite la poussière d'oubli, lugubre cendre d'indifférence, d'habitude, de résignation, la même qui ensevelit, nivelle les tombes du cimetière, comble les lettres creusées dans les pierres sépulcrales et efface celles qui sont peintes sur le bois ou sur le fer des croix.

Depuis la perte de la *Reine-des-Anges*, qui avait surtout atteint le village de Kermeur, Camaret avait eu des naufrages plus retentissants, touchant le port même de plus près, en frappant parmi ses habitants, faisant plus de victimes, ajoutant d'autres veuves, d'autres orphelins, à tous ceux qui pleuraient déjà tant de leurs chers disparus en mer, et Pierrik Danielou avait cessé d'être le dernier, celui dont on s'occupait particulièrement.

Dans la masse des préoccupations de toute nature qui tenaillaient l'existence de chacun, soucis intimes, luttes matérielles, travaux de mer ou travaux des champs, on avait pris l'habitude de voir aller et venir le fils de Danielou, en oubliant peu à peu la catastrophe qui l'avait frappé et l'immense isolement dans lequel la mort de son père l'avait jeté.

Puis il n'était pas absolument abandonné ; on savait que des âmes charitables s'occupaient de lui. Ses voisins les plus proches, le vieux Noël Le Menn, la veuve Angélique Brézellec, d'autres aussi, qui, durant la semaine passée par son père dans les parages de l'île de Sein, subvenaient à ses besoins, lui donnant régulièrement à manger soir et matin, avaient continué de pourvoir à sa nourriture quand il fut devenu orphelin, n'ayant pas à s'inquiéter de le loger, puisqu'il continuait d'habiter la maisonnette du Lannic.

Mais les derniers naufrages avaient cruellement atteint le propriétaire de cette humble maison; celui-ci, ayant à peine de quoi vivre, n'ayant plus rien à espérer de Danielou à jamais disparu, n'avait pu continuer à loger indéfiniment l'orphelin, en perdant un loyer qui lui devenait indispensable. Il avait dû finir par accepter les offres de location qui lui étaient faites par un ménage de pêcheurs, jusqu'alors installé à Kerbonn, vers la pointe des Pois, et qui désirait se trouver plus près du port.

Pierrik ne pouvait plus y rester. Ce fut seulement à ce moment qu'il se rendit exactement compte de l'horreur de sa détresse.

Après bien des atermoiements, le jour fatal venait d'arriver, où il devait céder la place aux nouveaux occupants, se mettre en quête d'un autre logis. Personne n'avait songé à lui en cette occasion, pas plus que lui-même n'avait jamais envisagé la possibilité de quitter une demeure qu'il s'était depuis si longtemps habitué à considérer comme la sienne, que, dans son cerveau d'enfant, il croyait et avait toujours cru qu'elle appartenait à son père.

« Il te va falloir chercher un autre gîte, mon pauvre gars, » lui avait annoncé le matin même, au réveil, le nouveau locataire de la maison.

Celui-ci arrivait avec tous les siens et une charrette chargée de meubles, comme Pierrik ouvrait la porte, encore engourdi de sommeil, tout étonné de la brusque apparition chez lui de cet homme de Kerbonn, auquel il n'avait jamais parlé, le connaissant seulement de vue.

Cette apostrophe avait donc stupéfié le petit; il ne s'attendait nullement à un pareil événement, auquel on ne l'avait pas préparé, et, ne comprenant pas ce qu'on lui voulait, ce qu'on réclamait de de lui, objecta :

« La maison de papa !... Ce n'est pas à vous, ici, c'est au père !... »

Il avait fallu de longs raisonnements pour le convaincre que le nouveau venu était dans son droit, que rien même de ce qui se trouvait en meubles et ustensiles de pêche dans cette pauvre demeure ne lui appartenait, car cela devait servir à payer les dettes de son père, les loyers en retard dus par le malheureux Danielou. Il quitterait la place, ne possédant plus rien, n'emportant que les vêtements qu'il avait sur le corps, sans savoir où il pourrait coucher le soir.

Ce fut la révélation brusque de tout un grossissement de misère se ruant sur lui.

La stupéfaction de l'enfant avait été telle, que le pêcheur, dans un moment d'attendrissement, lui offrit de rester auprès de ses enfants, jusqu'à ce que Pierrik eût trouvé quelqu'un qui voulût bien le recevoir. Le nouveau locataire du Lannic avouait cependant que ce ne serait qu'un asile provisoire, car sa famille était trop nombreuse ; il avait lui-même une trop lourde charge d'existences, pour lui continuer longtemps cette hospitalité.

Pierrik, une fois l'étendue de son malheur bien mesurée, avait eu un accès de fierté et de honte qui l'avait empêché d'accepter la proposition de ce brave homme. Le cœur déchiré, la poitrine secouée de sanglots, il avait refusé, balbutiant :

« Non, non, jamais !... Je ne suis plus chez moi !... Je n'ai plus de chez moi !... »

Sans même songer à remercier le pêcheur ahuri, sans penser aux voisins charitables qui l'avaient secouru jusqu'à ce jour, chassé par un désespoir atroce, qui ravivait le souvenir aigu de la mort de son père, il était parti au hasard, les yeux voilés de larmes, les jambes trébuchantes, la tête vide, sans idées, sans pensées, se voyant plus seul encore, plus misérable, plus perdu, que le jour où il avait appris la disparition, corps et biens, de la *Reine-des-Anges*. Cette fois c'était la fin : où aller? que devenir?

Comme c'était l'heure où toutes les barques étaient au loin en mer, parties pour la pêche avec la marée de nuit, personne n'assista à son départ de la maison paternelle, personne n'eut connaissance du drame affreux qui se passait pour lui.

Machinalement il descendit l'escalier abrupt taillé dans le Beg-ar-Gac et conduisant au port, en une hâte de ne plus voir le Lannic, de ne pas assister à l'emménagement des nouveaux locataires, de fuir n'importe où.

La grève était encore déserte, quelques portes, quelques fenêtres commençant seulement à s'entre-bâiller, à s'ouvrir sous la poussée de ménagères matineuses. On était d'ailleurs si habitué à le voir aller et venir, soit avec

Il alla, gagnant la route qui sort du Styvel.

les enfants de son age dont il partageait les jeux, soit tout seul, si un certain goût d'isolement, qui le tenait déjà depuis l'enfance, l'incitait à ne pas se mêler aux ébats de ses camarades, qu'en le voyant passer ainsi dès le petit jour au ras des maisons d'un pas mal assuré, nul ne songea à l'interpeller, à lui en demander la raison.

Il alla, gagnant la route qui sort du Styvel pour monter vers le sémaphore de Pen-hat, et s'enfonça dans le vallonnement accidenté des dunes, des landes, que hérisse une herbe courte, rase, semée d'immuables immortelles, et que cette fin d'hiver faisait mornes, désolées, sauvages, complices des grandes et inconsolables douleurs.

Il continua de marcher jusqu'à ce qu'il eût disparu entre les plus profonds, les plus creux de ces monticules de sable fin balayés par le vent, jusqu'à ce qu'il ne vît plus rien de Camaret, plus une maison, pas même la mer.

Là, se sentant loin des regards de tous, loin des objets, seul, absolument seul, comme perdu à jamais dans l'immensité de quelque désert de ces terres inconnues, dont il avait parfois entendu parler par d'anciens marins, il se jeta contre le sol, la face dans les mains, et se mit à sangloter désespérément.

Sur lui le ciel triste étendait son suaire de plomb; autour de lui soufflait un vent aigre, avec une sorte de chanson lugubre et monotone qui semblait dire l'universelle désolation de la nature, et lentement, à petit bruit de gravier tombant au creux d'une fosse de cimetière, le sable, soulevé par la continuité de la bourrasque, glissait en frôlant les herbes, les racines, et venait jusqu'à lui comme pour l'ensevelir peu à peu, s'entassant doucement le long de ses membres étendus.

Il était là depuis longtemps, inconscient de la fuite des heures, insensible au froid, à la faim, plongé dans sa souffrance avec une telle amertume, un tel sentiment de cette souffrance, qu'il souhaitait la mort comme une délivrance délicieuse, balbutiant parfois en une exaltation :

« Papa! papa!... Pourquoi n'étais-je pas avec toi sur ta *Reine-des-Anges*? Pourquoi ne m'as-tu pas emmené, cette fois-là, moi qui te l'avais toujours tant demandé? »

Puis, tout sombre, en sa soif d'oubli, de fin dernière, si étrangement anormale chez un enfant :

« Au moins nous serions ensemble, et si, si heureux ainsi ! »

Il répétait entre deux crises de larmes :

« Tout au fond de la mer, tout au fond, pour toujours, que je serais !... comme toi, mon papa ! »

Cela lui semblait le seul apaisement possible à l'aigu de cette torture, qui affinait son âme, le seul souhait qu'il pût à présent formuler, en même temps que l'épouvantable vision de son malheureux père lui emplissait ses yeux d'enfant de ce cauchemar d'un corps flottant entre les algues, les goémons, enlacé par les herbes terribles du fond de l'Océan, mangé par les poissons, par les crabes, par les mille habitants voraces de la mer.

Jamais, jusqu'à ce jour, son imagination ne lui avait présenté ce terrible spectacle, même quand on lui avait appris la catastrophe, même quand il avait arrêté sa pensée sur elle, les jours suivants.

Il avait fallu que l'idée de mort l'atteignît lui-même, se joignant à sa faiblesse physique du moment, à son découragement, à cet accès de désespoir provoqué par l'idée d'être sans asile, pour que, le souvenir d'une lugubre épave humaine vue sur la grève de Penhat après une tempête lui revenant, il revit son père tel qu'il devait être, à l'heure actuelle, dans son affreuse sépulture mouvante, tel qu'il souhaitait d'être lui-même.

Il essayait de fuir cette horreur en se disant :

« On ne sent plus rien, on ne souffre plus ; on est comme quand on dort ! »

Mais tout de même l'idée des bêtes marines dévorant les noyés, telles qu'il les avait vues sur le naufragé de Pen-hat, le poursuivait, effroyable, pleine de frissons.

Un contact humide et tiède sur sa figure, une sensation qui

n'était plus celle des larmes ruisselant de ses yeux, l'arrachèrent à l'absorption maladive de ce désespoir.

Détourné de ses pensées, après ce trop long isolement avec lui-même, qui ne pouvait se prolonger davantage, il se redressa un peu sur ses coudes, relevant la tête d'un sursaut intrigué.

Tout contre lui, comme rapproché pour se réchauffer, un chien de moyenne taille, une sorte d'infortuné barbet aux côtes saillantes et décharnées, au poil gris souillé de boue, la queue remuée en signe de contentement, lui léchait le visage.

En sentant le mouvement de l'enfant, en n'entendant plus le hoquet de ses sanglots, l'animal eut un petit jappement étouffé, doux, une plainte joyeuse.

Pierrik s'exclama, étonné :

« C'est toi, Misère ? »

La bête fit sur place un léger bond de plaisir, ondulant de tout le corps, agitant frénétiquement le maigre panache de sa queue, puis s'éloigna de quelques pas pour revenir en toute hâte, avec le même timide essai d'aboiement, moitié gémissement, moitié manifestation de plaisir.

« Ah ! Misère ! mon bon Misère ! Toi, c'est donc toi ! Et tu n'y vois pas pourtant, tu n'as plus tes pauvres yeux pour te conduire, pour me retrouver. Tu ne m'as pas abandonné, au moins ! Tu t'es souvenu ; tu es le seul qui m'aimes !... »

Assis maintenant, l'enfant avait saisi entre ses bras le chien, qui se laissait faire, disant sa joie par de petits abois courts, répétés, comme des réponses à ce que lui contait son compagnon.

Arraché aux dangers de sa solitude, il le caressait, sans répugnance pour sa laideur, pour sa saleté, pour son infirmité, lui prodiguant les noms de tendresse, de douceur, qui montaient de son cœur à ses lèvres, en une débordante soif d'affection, en un besoin impérieux d'avoir quelqu'un à qui confier ses peines, ses douleurs.

Il se jeta contre le sol, la face dans les mains, et se mit à sangloter désespérément.

Il le pressait contre lui avec une sorte de passion violente, comme un camarade chéri, tout à coup retrouvé, le seul en cet instant qui pût vraiment le comprendre, partager son chagrin et apprécier l'acuité de sa souffrance.

Le traitant en ami, en être humain, il lui raconta comment, après cette terrible douleur d'être devenu orphelin, il venait de subir cette aggravation de se trouver désormais sans abri, sans foyer, et termina par ces paroles de désespoir :

« Me voilà comme toi, Misère ! C'est nous deux, bien sûr, les ceux les plus à plaindre de tout Camaret. »

Et, après avoir recommencé à plusieurs reprises l'énumération de tout ce qui s'était abattu sur lui dans ce court espace de temps, il redisait avec un accablement désolé :

« Pas possible qu'il y ait plus malheureux que nous, à c't'heure, mon pauvre Misère ! »

Celui-ci paraissait réellement comprendre, jappant plaintivement, remuant la queue, dressant les oreilles, semblant faire savoir ainsi par cette mimique expressive que nul mieux que lui ne pouvait s'associer à un tel écrasement des choses.

Pierrik, pour le remercier, embrassait à toutes étreintes le déshérité, dont l'infortune égalait la sienne, et qui tendait vers lui son museau quêteur de caresses, ses mornes prunelles à jamais voilées par une implacable cécité.

C'était un ami retrouvé, au moment précis où il désespérait de tout, un compagnon venant à lui quand tous semblaient s'en écarter, et cela lui rappelait des souvenirs, provoquait des comparaisons attendries dans le cœur de l'orphelin.

Peut-être avant, en son ignorance de ce qu'était au juste le malheur, en sa belle indifférence d'enfant joueur n'ayant aucun souci, aucun chagrin, n'avait-il jamais songé qu'il pourrait arriver à choisir un pareil compagnon. C'était le sentiment de la souffrance, de l'abandon, qui les avait rapprochés, réunis, alliés, pour une affection et une protection communes : isolés, ils étaient sans force contre les attaques ; unis, ils sauraient se défendre.

Dans les premières heures si effroyables de son malheur, dans sa détresse d'orphelin n'ayant plus ni père ni mère, sans frères ni sœurs, sans parents d'aucune sorte, tout à fait sans famille, ne voyant plus autour de lui que des indifférents ou des gens blasés, endurcis sur la misère des autres, à cause de leur propre vie rude et misérable, il s'était rapproché de ce chien perdu, de ce chien sans maître, dont pour la première fois le sort, un sort qui avait quelque similitude avec le sien, lui parut pitoyable.

Ç'avait été machinalement, d'instinct plutôt que par suite de raisonnement, qu'il était allé à la bête aveugle, misérable d'une telle infortune, dans l'idée de tous, même de ceux qui la repoussaient et la rudoyaient, que ce nom de *Misère* lui en avait été donné d'une sorte de commune entente par la voix publique, et qu'on n'eût pas su au juste à qui attribuer la première idée de ce baptême.

Misère, venu on ne savait d'où, sans doute abandonné par quelque chemineau, quelque porte-besace de passage à Camaret, était la victime préférée des mauvais gamins du pays, le souffre-douleur de tous ces petits êtres de race rude, durs au mal et cruels de naissance, comme le sont presque tous les enfants, sans pitié pour la souffrance des animaux.

Leur grande joie consistait surtout à attirer le chien aveugle jusqu'à l'extrême bord de quelque cale à pic sur la mer, au moyen de gourmandises, de tromperies d'appels, de caresses sournoises, pour le voir, trahi par son infirmité, emporté par son élan, tomber dans l'eau, si la marée était pleine, s'abattre cruellement dans la vase, sur les cailloux aigus, les tessons de vaisselle, aux marées basses.

La souffrance de petit abandonné de Pierrik Danielou alla à cette souffrance, que désormais sa douleur comprenait.

Ce fut un jour, subitement, que cela se déclara.

Les autres enfants, las de toujours soumettre Misère aux mêmes supplices, curieux d'expérimenter sur lui un raffinement de cruauté, de jouir de son agonie, l'avaient entraîné à l'aide d'une corde jusque auprès du phare, à l'extrémité de la jetée qui protège le port. Là, après maintes caresses destinées à amadouer, à tromper plus complètement leur victime, ils l'avaient placé sur le parapet surplombant la mer, en cet endroit d'une très grande hauteur, et sans le toucher, par leurs excitations, leurs inflexions de voix, essayaient de l'obliger à se diriger de lui-même du côté qui surplombait un bloc de rochers en ce moment à fleur d'eau, la mer achevant son mouvement rétrograde.

C'était la mort assurée pour le chien, soit qu'il s'écrasât sur les pointes du roc, soit qu'il s'engloutît dans la mer, d'autant plus que le courant l'emporterait aussitôt vers le large et qu'il ne pourrait jamais regagner la plage; dans tous les cas, il souffrirait longtemps et ne mourrait pas trop vite.

Aussi la joie était-elle grande, une joie ardente, féroce, qui mettait pour un moment, dans tous les yeux de ces petits, la flamme de torche qui avait dû briller autrefois dans les prunelles de leurs grands aïeux, les pilleurs d'épaves, les jours de naufrage, le long des côtes armoricaines.

Un bout de filin roulé sur un carré de liège à la main, Pierrik se trouvait justement là, occupé à pêcher de petites vieilles et autres menus poissons qui fréquentent la base du phare; souvent il avait vu Misère tomber de quelque cale, sans se sentir autrement ému.

Au milieu des rires et des plaisanteries, un gémissement très doux de la bête martyrisée avait appelé son attention; il vit, en bas les aspérités des roches, le mouvement puissant des lames courant vers la pleine mer, en haut le chien aveugle, hésitant sur ses pattes tremblantes, comme s'il avait eu l'intuition de quelque danger plus terrible que tous ceux qu'il avait jusqu'alors affrontés.

Sa plainte avait été accueillie par un redoublement d'éclats de rire, de plaisanteries cruelles, d'apostrophes doucereuses :

« Sûr qu'il y est cette fois, et pour de bon !

— Allez, allez, le beau chien ! Allez, le bon Misère !

— Pour les Amériques qu'il se trouve en partance, oh! diable! »

Ce fut comme une flamme brûlant le cœur de Pierrik. Jetant filin et liège, il fut d'un bond auprès du chien, le saisit dans ses bras et l'emporta avec lui, se dirigeant vers Camaret.

Il y eut une stupeur, une colère de tous ces enfants à qui on arrachait leur jouet; mais Danielou, sentant derrière lui la galopade de ceux qui le poursuivaient de leurs huées et de leurs injures, s'arrêta brusquement, très résolu, plaça l'animal derrière lui, et, se campant en face des bourreaux de l'animal, affirma :

« Le premier qui le touche aura affaire à moi, et je crocherai dur dedans, foi de Danielou! »

Très robuste pour son âge, taillé en force avec ses épaisses épaules, sa poitrine développée, Pierrik n'était

Pierrik, ayant étreint le chien contre sa poitrine, l'embrassait tendrement.

pas un adversaire à dédaigner, même pour les plus âgés que lui; plus d'un le savait par expérience parmi ceux qui s'étaient lancés à sa poursuite. On le laissa aller, se contentant de l'accabler, de loin, de railleries au sujet de son accès d'attendrissement et de son nouveau camarade.

De ce jour il devint l'ami de Misère, veillant sur lui, le disputant, chaque fois qu'il le fallait, aux autres enfants, l'arrachant aux supplices qu'on voulait lui faire subir, le protégeant de ses poings déjà solides, de sa vaillance révoltée, de sa force reconnue, incontestée. Comme, après tout, il était plutôt aimé de ses camarades, ceux-ci finirent par les laisser tranquilles, lui et Misère.

Il fallut peu de temps pour en faire des inséparables. Le chien le devinait, le sentait, si loin qu'il fût de lui, et, dans son malheur d'infirme, suppléant à sa vue perdue par un flair extraordinaire, jamais en défaut, savait toujours aller le retrouver pour l'envelopper de ses caresses, de ses aboiements de fête, joyeux de pouvoir rencontrer un refuge, un repos auprès de ce défenseur inespéré. On eût dit qu'il savait que l'enfant lui avait sauvé la vie.

Tous ces derniers temps, il avait encore fidèlement partagé le logis de ce nouveau maître qu'il s'était donné, et il avait fallu, ce matin-là, l'excès même du malheur pour que, l'esprit troublé, Pierrik l'eût un moment oublié, quand il était parti au hasard, désespéré, se croyant seul au monde et abandonné de tous.

La pauvre bête, devant l'invasion de la maison par des êtres qu'elle ne connaissait pas, avait dû comprendre qu'il se passait quelque chose d'extraordinaire; elle s'était mise à la recherche de Pierrik, avait su le retrouver avant que personne autre ne se fût encore occupé de sa disparition et le consolait à sa manière.

Et voilà que peu à peu, dans la douceur de cette consolation inespérée, il en oubliait, le malheureux petit, ce qui venait de lui arriver, et ne songeait plus qu'il ne savait même point où aller désormais.

Rien n'existait plus pour lui, en cet instant, que Misère et lui, comme s'ils eussent été absolument seuls au monde, en quelque lieu d'oubli, de profonde quiétude.

Ayant étreint le chien contre sa poitrine, il l'embrassait tendrement, tandis que celui-ci, heureux, relevait de temps en temps la tête pour lui balayer le visage d'un coup de langue reconnaissant, effaçant les dernières traces de ses larmes.

« Eh bien ! mon pauvre petit gars, c'est donc jusque par ici qu'il faut venir pour te trouver ? »

Un peu chevrotante, un peu cassée, mais pleine de maternelle tendresse, une voix apitoyée l'interpella, troublant sa solitude.

L'enfant eut un léger sursaut, comme arraché par un brusque réveil à un rêve de douceur, d'oubli, et attristé de rentrer dans la réalité si rude, si menaçante. Le chien cependant n'avait pas fait un mouvement, pas même grogné, faisant ainsi pressentir à Pierrik la présence de quelqu'un de bienveillant.

Sur le sommet de l'un des monticules, une femme aux cheveux demi-grisonnants sous la coiffe blanche, aux traits laminés par le malheur encore plus que par l'action du temps, se tenait, les plis de sa jupe grossière balayés par le vent, les mains emboîtant les hanches d'un mouvement de lassitude, un peu penchée vers lui :

« Avec ton ami Misère que tu es, mon Pierrik ! »

Elle remua deux ou trois fois la tête, songeant tout haut :

« Il n'y a pas meilleur gars que toi, bien sûr ! C'est pas des habitudes d'ici, ni de ton âge, d'avoir pitié des animaux comme tu as eu pitié de cette bête ! Faut que tu aies ça dans le cœur, oh ! oui ! »

Danielou reconnut celle qui lui parlait. C'était la veuve qui, le matin du retour de l'*Etoile-Polaire,* s'entretenait avec le vieux Noël Le Men, sur le Beg-ar-Gac, l'une des âmes pitoyables qui s'occupaient de temps à autre de lui. En montant à travers la lande, au sortir du doué, pour étendre les pièces de linge qu'elle venait de laver, elle avait tout à coup découvert le petit dans sa retraite.

« C'est vous, tante Angélique ! »

Elle le regardait de ses yeux usés, dont la pure lumière bleue, devenue grise, était à jamais troublée par la trop grande quantité de larmes versées, comme une eau autrefois limpide rendue limoneuse par la violence des pluies tombées, mais gardait son habituelle expression de tendresse communicative.

Il répétait, consolé, heureux d'avoir cette joie que ce fût elle la première qui le vît après son camarade Misère :

« Tante Angélique ! »

Elle poursuivit doucement, avec une légère moue de reproche dans le pli de ses lèvres pâles :

« Oui, c'est moi. Depuis ce matin, dès la première nouvelle de ton nouveau malheur, je suis à t'espérer, pour te demander de venir avec moi. »

Il ne comprenait d'abord pas, questionnant :

« Venir, que vous dites ? Où ça ? »

Les vieilles mains desséchées, meurtries par le travail, couturées de cicatrices superbes par la rude vie menée depuis tant d'années, se tendirent d'un beau geste de maternité vers l'orphelin :

« Pour te demander d'être mon petit gars, à moi qui n'ai plus personne à aimer, comme toi tu n'as que ton Misère ! »

Il eut une exclamation sourde :

« Il y a donc encore du bon monde sur la terre ! »

Puis un élan de tout le corps, un cri de joie profonde, d'émotion vive, la face soudainement trempée de larmes jaillissantes, comme d'une source nouvellement découverte :

« De moi que vous voulez bien, tante Angélique, de moi ?

— Puisque nous sommes seuls tous deux ! » fit-elle simplement.

Il se leva, gravit en quelques sauts la pente du monticule et se jeta en sanglotant dans les bras de la vieille femme.

Celle-ci ajouta, hochant tristement la tête :

« Deux misères ensemble que ça fera !... C'est pas la richesse que je t'offre là, mon pauvre gars ; mais il y aura toujours bien assez à la maison pour que nous ne mourions pas de faim et de froid !... J'ai mon travail de blanchisseuse... »

Pierrik balaya ses larmes du dos de la main, et fit, très grave :
« Et moi je travaillerai, tante Angélique !... Je suis fort, allez ! Vous verrez ! »

IV

« Allons, les enfants, le Fur, Jean-Marie, Lagadec, Trémor, un peu d'huile de bras, à c't'heure, et de la meilleure !... S'agit de la rendre la plus coquette, la plus belle du port, notre *Étoile*, que le commissaire puisse s'y regarder la portraiture en grand, des galons de sa casquette aux clous de ses souliers, et que le syndic se fasse la barbe devant sa coque, si l'idée lui dit !... Ah ! ah !... »

Il riait de bon cœur, l'âme en joie douce, le patron Yan Cosquer, suant, soufflant, grattant deci, nettoyant delà, dans une telle ardeur, avec une si robuste agilité de mouvements, qu'on ne lui eût pas donné la trentaine.

Sur sa barque échouée, maintenue droite par de solides béquilles posées d'aplomb sur le fond de roches, vis-à-vis de la petite falaise du Beg-ar-Gac, il allait d'un bord à l'autre, jeune, infatigable, l'œil à tout, en maître consciencieux qu'il était, donnant un ordre, un conseil, toujours avec la même bonne humeur placide, veillant aux moindres choses.

Comme c'était jour de repos, un dimanche, et que, au matin, la marée était tout à fait basse, la mer se retirant jusque par delà la chapelle de Notre-Dame de Roc-Amadour, à hauteur à peu près du fortin de Vauban, tout le port se trouvait à découvert, permettant presque de passer à pied sec, en certains endroits, entre Camaret et la jetée.

Alors on avait profité du beau temps et de ce que, ne pêchant pas, les barques étaient là, pour les faire échouer sur les galets, sur les roches plates, sur la grève, afin de procéder à la toilette complète, recalfater les joints suspects, réparer les mille petites avaries inhérentes au métier, repeindre et regoudronner les coques abîmées par l'eau de mer, par les coquillages.

Échelonnés régulièrement, à de petits intervalles les uns des autres, juste de quoi travailler sans se gêner, assez près pour pouvoir s'interpeller gaiement à l'occasion, sur tout le pourtour du port depuis les maisons du Styvel jusque devant le Notic, la partie marine par excellence de Camaret, les pêcheurs s'empressaient après la coque et le gréement de leurs embarcations.

Les uns allumaient de grands feux de brousses sèches pour flamber les parties qu'ils voulaient gratter et passer au goudron; les autres faisaient fondre le coaltar dans des marmites de fonte, manœuvrant la brosse à long manche enduite de liquide noir et brillant; quelques-uns repeignaient avec de la peinture blanche les lettres et les chiffres un peu trop effacés, sur les bordages, sur les voiles.

Autour de l'*Étoile-Polaire* c'était donc une animation bruyante, grand nettoyage complet par les hommes de son équipage, sous la direction de Yan Cosquer, le pêcheur le plus respecté, le plus capable du petit port.

Il s'activait fort en ce moment à surveiller la besogne, tant il était fier de son bateau, qu'il voulait le plus beau, le plus resplendissant, en vue de l'inspection que le commissaire de la marine et le syndic de la mer allaient passer, quelques instants plus tard, vers les onze heures, quand la mer commencerait à remonter.

Admirablement secondé par ses hommes, il manifestait son contentement par d'amicales admonestations :

« Suifez-moi ça, les garçons, qu'on puisse la croire neuve,

notre vieille *Etoile,* qui en a cependant tant vu et tant supporté déjà !... Souquez dur !

— Le fait est qu'elle avait besoin d'un fameux coup de pinceau, oh ! oui ! riposta Trémor, qui de la brosse humide de coaltar frottait les flancs, préalablement flambés, grattés et nettoyés, de la barque.

— C'est pas les plus anciennes qui sont les moins bonnes, pas vrai, patron ? » interjeta Lagadec.

Yan Cosquer approuva, expliquant avec une modestie mélancolique :

« Oh ! diable, non ! Et on peut le dire, depuis que la *Reine-des-Anges* n'est plus là, l'*Etoile-Polaire* n'a plus trouvé son égale, ni pour la joute, ni pour la pêche ; mais aussi que c'est un peu son équipage qu'est cause, n'est-ce pas, les gars ?... »

Il souriait, heureux de les unir à lui dans ce compliment adressé à sa barque, et sachant que rien ne pouvait leur faire plus grand plaisir que cet éloge mérité.

Auprès d'eux, et tout le long de l'anse enfermée entre la jetée et le port, on travaillait partout avec la même énergie, les uns chantonnant quelques-uns de ces airs du pays, au bourdonnement monotone et ronflant, dont se bercent indéfiniment les Bretons, les autres sifflotant, bavardant, discutant, avec un entrain joyeux, qui disait les cœurs paisibles et les âmes satisfaites des plus humbles joies.

Vers le milieu du port, dans la vase, au milieu de l'épaisse chevelure des herbes vertes et des algues brunes, dans les flaques, les trous d'eau laissés par la mer en se retirant, et jusqu'à l'extrême limite de la marée descendante, des masses d'enfants aux cris aigus s'ébattaient, avec des jeux tapageurs, des appels assourdissants, tandis que des pêcheurs, certains même entrés dans la mer jusqu'à mi-corps, poussaient devant eux des haveneaux, qu'ils ramenaient pleins de crabes, de crevettes, poursuivis dans leurs cachettes, sous le goémon.

« M'est avis que c'est Pierrik qui s'envoie par nos côtés, que je crois? fit tout à coup Lagadec, s'interrompant dans son ouvrage, une main en abat-jour au-dessus de ses yeux, et désignant un des enfants qui paraissait s'éloigner du groupe tapageur pour venir vers les barques.

— Bien sûr qu'il nous a encore découverts, le moussaillon, et que, suivant son habitude, il va chercher à tendre ses filets dans nos parages, à seule fin que nous crochions dedans, répondit Trémor d'un air d'entente.

— Ça a plus de malice que ça n'est gros, qu'on jurerait, vu qu'il a son idée, le gars, et qu'il ne la quitte guère, autant dire pas du tout! »

Et, comme son compagnon hochait muettement la tête :

« Oui, oui, je m'entends aussi bien que tu t'entends, Hervé! Tiens! guette voir un peu? Le voilà qui a remarqué que nous nous causions, rapport à lui ; il tire un bord, histoire de ne pas paraître piquer droit sur nous. Parions que, dès que nous aurons baissé le nez sur notre ouvrage, il y sera en grand, toutes voiles dehors, quand on ne s'y attendra plus et qu'on ne pourra plus aviser, ni faire ouf!... »

Les deux hommes se regardèrent, en clignant des yeux, avec l'air d'en savoir long sur ce qu'ils voulaient dire, et ils restaient immobiles, bras ballants, guignant la manœuvre de l'enfant, lorsque du haut de la barque des mots tombèrent gouailleusement :

« Hé bien! hé bien!... Qu'est-ce que vous avez à rester ainsi en panne?... C'est-y que c'est calme plat, à l'heure d'aujourd'hui? »

Du bout de sa brosse à coaltar, Lagadec indiqua l'enfant :

« C'est le Pierrik Danielou qui met le cap sur nous, sans en avoir l'air. Alors, comme ça, Trémor et moi, comme nous savions

Yan Cosquer s'activait fort, en ce moment, à surveiller la besogne.

bien de quoi il retourne et ce qui va arriver, nous disions... »

Yan Cosquer avait jeté les yeux dans la direction indiquée par le pêcheur; un léger pli entre les sourcils, il haussa lentement les épaules, interrompant :

« Vous disiez,... vous disiez!... Pauvre petit gars, c'est pourtant assez naturel qu'il cherche à connaître ce qu'il ignore.

— Naturel, naturel!... grommela Hervé à mi-voix. Pas que je trouve, moi!... Il veut trop apprendre aussi dans les choses,... des choses qu'on ne peut pas, des choses qu'on ne doit pas dire!...

— Comme son père, quoi! » appuya Lagadec avec une moue de méfiance, les yeux comme subitement rentrés, renfoncés au creux des orbites, sous la protection des paupières tendues devant eux.

Trémor reprenait, appuyé des deux mains sur le long manche de l'instrument avec lequel il était en train de travailler :

« Quand on pense, tout de même, cette tante Angélique!... »

Cosquer interrompit encore, déclarant :

« Une brave créature, une femme du bon Dieu! Sans elle que serait-il devenu, le malheureux gars!... Une vraie sainte!... Elle a donné l'exemple de ce qu'on aurait dû faire, et si elle n'avait pas été si vite, que personne n'a pu arriver avant elle, je sais bien que moi... »

Il n'acheva pas, grommelant tout bas des mots qui ne parvinrent point jusqu'aux oreilles de ses auditeurs.

Le pêcheur continua :

« Une rude femme qu'il faut que ce soit, la tante Angélique, et pas craintive!... Recueillir un Danielou, après tout ce qui est survenu par ces Danielou, depuis des temps!... Un Danielou!... Lui donner le manger, le gîte, en faire tout comme son enfant, qu'on penserait!... »

Le patron, un sourire approbateur plissant à demi ses yeux, affirma, roulant en lui des pensées secrètes qu'il n'avouait pas, mais qui se trahissaient d'elles-mêmes :

« Une bonne action qu'elle a faite là, à nous donner honte, à nous autres hommes; on ne peut pas dire le contraire!... »

Mais Trémor arrondissait davantage ses yeux effarés, la méfiance l'emportant chez lui sur l'admiration :

« Et elle ose encore aller, venir par les landes, aux heures du soir, après que le soleil est tombé derrière les Pierres-Noires, ou au petit matin, même avant qu'il se soit montré au-dessus de Quelern!... J'y passe point volontiers, moi qui suis taillé solidement cependant!... Mais quoi! il n'y a pas à faire le malin avec ces gens de la brume, qui n'ont ni visage ni corps comme nous!... Oh! diable! Elle ne craint ni l'étang de Kerloc'h, quand elle va jusqu'à Crozon, ni les grèves désertes, ni le Château-de-Dinan, ni le voisinage des Pierres-Grises! Et le Seigneur, ainsi que la Bonne-Dame du Roc, savent si c'est mal habité, dès qu'il fait nuit!... »

Sa voix s'éteignit en souffle, comme s'il eût redouté, même par ce grand soleil du matin, même en plein milieu du port, d'évoquer par ces simples paroles toutes les visions fantasmagoriques entassées dans sa cervelle superstitieuse.

Lagadec le comprenait; il confirma, revenant à l'orphelin:

« Tout gentil qu'il est, et travailleur, et ne boudant pas à l'ouvrage dans la *friture* à sardines, où on l'emploie, et plaisant en grand, vu qu'il est tout en manières douces et complaisantes, à toujours rendre service aux êtres, aux bêtes mêmes, jusqu'à ramasser ce Misère de malheur, dont personne ne voulait, — pas moins vrai que c'est un Danielou, tout comme ceux qui l'ont précédé dans sa famille. »

Il expliqua, se tournant vers Cosquer toujours pensif:

« Il ne nous aborde pas une fois, Trémor et moi, sans nous taquiner d'un tas de questions plus ou moins embarrassantes, à cause que nous connaissions son père, que nous étions ses camarades. Et c'est ceci, et c'est cela... Oh! diable! si on répondait à tout!... »

Il s'interrompit sur ces derniers mots, qui semblaient, à son sens, renfermer les plus terribles dangers.

« Vouloir savoir, c'est sa maladie, quoi! reprit Trémor. Une maladie qui mène au fin fond de la mer, lorsqu'on ne sait pas à temps faire un double nœud à sa langue, comme l'a trop bien vu défunt Danielou, son père!... »

Bien qu'il y eût déjà plusieurs mois que la vieille femme avait recueilli l'orphelin, tout était prétexte aux gens du pays pour revenir sur cet événement, qui prenait les plus singulières proportions dans certains esprits, particulièrement dans celui de ces deux inséparables amis, Yves Lagadec et Hervé Trémor, dont l'imagination fantaisiste s'enflammait immédiatement dès que la conversation les amenait sur ce sujet, qui leur tenait fortement à cœur.

Rien ne les avait plus émerveillés que la conduite de tante Angélique, comme on appelait familièrement la veuve Brézellec; mais s'ils admiraient ce qu'elle avait fait en cette délicate circonstance, c'était plus encore pour le courage moral montré en recevant définitivement chez elle Pierrik Danielou, que pour l'œuvre de charité, de pitié, accomplie en donnant un asile, un foyer, une famille au pauvre enfant abandonné.

Chez eux, tout braves cœurs qu'ils fussent, comme chez les autres, à peu près sans exception, il y aurait eu une certaine hésitation à prendre l'enfant à demeure, à cause de la mort, si enveloppée de mystère, du père, à cause de ce terrible naufrage de la *Reine-des-Anges*, qui avait entraîné tout l'équipage dans la même catastrophe, sans qu'un seul homme pût en réchapper, à cause enfin de ce renom de malheur pesant lugubrement sur les Danielou et de l'atmosphère surnaturelle qui les entourait.

Deci delà, même les plus timorés lui avaient bien donné la nourriture, tant qu'il avait eu son habitation distincte, bien à part, la maisonnette isolée du Lannic; mais il ne fût venu à l'idée de personne de le loger; on aurait cru que cela devait infailliblement porter malheur, de le faire entrer pour toujours dans sa maison; de même, pas un pêcheur n'avait osé lui offrir une place sur sa barque. Sur lui pesait comme une fatalité l'évocation sinistre de Catouche.

Aussi la conduite d'Angélique Brézellec avait-elle été, était-elle encore l'objet de bien des bavardages, de bien des réflexions, d'un étonnement admiratif auquel se mêlait une certaine frayeur de ce qui pourrait en résulter, par la suite, pour la punir de cette témérité.

Puis quelqu'un avait fait observer que, en somme, seule comme elle se trouvait, n'ayant ni enfants, ni mari, ni famille d'aucune sorte, si malheureuse déjà qu'elle ne semblait pas pouvoir arriver à plus de misère encore, elle ne courait vraiment pas grand risque et bravait presque impunément le sort.

Tante Angélique.

On en était ainsi arrivé peu à peu à comprendre qu'elle unît sa propre infortune à cette infortune immense de l'orphelin, que tous, sans l'avouer tout haut, sans le montrer ouvertement, avaient eu un moment la crainte de voir chercher un refuge chez eux.

Il y avait eu un véritable soulagement dans le pays à la nouvelle, vite répandue, de la décision qui faisait désormais vivre ensemble la veuve désolée et plaintive, Angélique Brézellec, et l'orphelin Pierrik Danielou.

Nul ne s'était non plus étonné de leur voir prendre pour compagnon cette malheureuse bête aveugle, le chien Misère, qui avec son nom significatif, avec sa navrante infirmité, devint comme le vivant emblème, le symbole désespéré de cette maison de deuil, de l'éternelle douleur.

C'est alors que, fidèle à l'engagement qu'il avait pris vis-à-vis d'Angélique Brézellec, Pierrik avait énergiquement insisté pour avoir sa part des charges du ménage, pour gagner autant que possible sa vie et ne pas apporter à la veuve, par sa présence, un surcroît de misère.

Pendant que celle-ci, blanchisseuse de son état, passait ses journées au doué, à laver du linge et des vêtements, lui était parvenu, malgré son jeune âge, à se faire recevoir dans l'une des plus importantes usines à sardines de Camaret, dont il avait intéressé et apitoyé le patron.

On lui avait trouvé un emploi de manœuvre à la chaufferie, auprès des soudeurs de boîtes et de ceux qui faisaient bouillir l'huile dans laquelle on plongeait le poisson, préparé et vidé par les ouvrières. Il faisait office de charbonnier, passant toutes les journées, parfois les nuits, quand l'ouvrage pressait et que la pêche donnait, toujours dans cette même atmosphère ardente de fourneaux en grande marche qu'il fallait activer, entretenir, dans ce contact perpétuel avec le charbon, d'où il sortait inondé de sueur, souillé de la tête aux pieds, méconnaissable sous la couche épaisse de poussière noire collée à son visage et à ses mains.

Cela c'était la torture pour Pierrik, qui n'avait jusque-là vécu qu'à l'air libre, dans le parfum doux des landes, les poumons rafraîchis par les souffles du large.

Mais, tout en souffrant de cette existence renfermée, de cette vie au milieu des demi-ténèbres de l'usine, dans la vapeur empestée de l'huile chaude, des brasiers en marche, des détritus de poisson, lui qui ne rêvait d'autre vie que celle passée en mer, sur une barque, il ne se plaignait pas. Il était heureux de rendre service à celle qui avait eu la charité de le recueillir, de le sauver de son propre désespoir, de lui faire connaître la douceur ignorée d'une affection féminine, de la maternité; il ne se trouvait jamais plus joyeux que les jours de paye, quand il rapportait à sa bienfaitrice ce qu'il avait gagné, avec la délicieuse sensation d'acquitter une dette sacrée.

Cependant, bien que, depuis sa plus petite enfance, il fût habitué à vivre assez durement, même du temps de son père, sa nouvelle position d'orphelin, sans autre appui que cette pauvre vieille, qui n'était pas même une parente, seulement une mère adoptive, sans grande force, sans active autorité vis-à-vis des autres pour le protéger et le défendre, l'exposait à bien des déboires, à bien des souffrances physiques.

Dans son pénible métier, constamment en butte aux brutalités inconscientes de gens naturellement peu tendres, qui ne se faisaient pas faute de le rudoyer, s'il n'accomplissait point sa besogne à leur idée ou s'il n'exécutait pas assez rapidement un ordre, il avait eu parfois des heures de véritable désespoir, des moments d'angoisse farouche, contre lesquels d'abord rien ne semblait pouvoir le soutenir, rien ne lui venait en aide.

Puis, peu à peu, dans sa nature même, par suite de cette mélancolie, de forme toute spéciale, qui était la caractéristique de sa famille, des Danielou, il avait fini par trouver, contre les instants de lassitude, de découragement de cette existence amère, un refuge où nul ne pouvait le suivre.

Ce refuge, c'était le Rêve, c'était la Légende, qui lui permettaient d'échapper, dès qu'il le désirait, à ce dur contact avec la vie, une vie dont il se sentait si vivement blessé.

Plus le temps passait, plus il avançait en âge, habitué à une certaine concentration sur lui-même d'essence tout armoricaine, plus il enfermait sa joie dans ces fuites idéales, ces vols de son âme vers le Surnaturel, un surnaturel où, à côté de fantômes qui l'épouvantaient, comme celui de cette terrible Catouche, cause de la mort de son père, se trouvaient aussi d'autres fantômes qui l'attiraient, le charmaient, le consolaient en lui faisant oublier ses maux physiques.

Ceux-là, c'était dans le milieu même où il travaillait qu'il en avait eu la première révélation.

Un matin que les soudeurs l'avaient envoyé vers les friturières pour les prévenir que l'huile était chaude à point et qu'elles devaient se hâter d'apporter les paniers de fil de fer tressé à jour sur lesquels sont disposées régulièrement les sardines que l'on plonge ainsi toutes ensemble dans le bain servant à les cuire, il arriva au moment où la plus jeune, douée d'une voix nette et pure, chantait.

Il resta là quelques secondes inaperçu, comme en extase, écoutant; et tous les vers de la chanson se gravèrent aussitôt dans son cerveau, l'initiant à la mystérieuse histoire du petit Loïk, enlevé par un korrigan, histoire qui se termine par le retour, dans son berceau, de l'enfant disant à sa mère stupéfaite :

« Hé! mère, j'ai dormi bien longtemps! »

Le rythme cadencé du chant, les paroles merveilleuses du sône cornouaillais, avaient frappé Pierrik d'un tel ravissement, que les friturières l'avaient trouvé immobile à la même place, les prunelles devant lui, comme rivées sur quelque vision absorbante.

Il avait fallu les rires bruyants, les bourrades familières et la lourde gaieté de cette bande joyeuse et tapageuse pour l'arracher à cette espèce d'hallucination ; il n'en était sorti que pour leur adresser question sur question, avide de se familiariser avec tout ce merveilleux qui le subjuguait, curieux de cette mythologie particulière des brumes et des côtes de l'Océan.

Depuis, chaque fois que son travail lui donnait quelque loisir,

Les friturières.

qu'il pouvait se dérober à la surveillance du contremaître, aux taloches des ouvriers soudeurs, il se glissait vers la grande salle où, tout le long des auges pleines de sel, les friturières, actionnées à leur besogne au point de ne point le remarquer, manœuvraient les couteaux de bois avec lesquels elles enlèvent si habilement, si rapidement, la tête et les entrailles des sardines jetées à pleins paniers devant elles.

Tout à leur ouvrage, toujours debout, elles ne cessaient de chanter, reprenant en chœur les refrains, ou de se conter quelqu'une de ces inépuisables légendes qui fleurissent le pays de Bretagne, innombrables comme les immortelles, les églantines, les mauves, les ajoncs d'or parsemant les landes.

Danielou écoutait, le cœur battant de ravissement, l'âme émue.

Là, c'étaient surtout de gracieux récits, d'amoureuses choses, de tendres et mélancoliques histoires, toute une floraison de contes enchantés qui promenaient son imagination enfiévrée dans un pays de douce et merveilleuse magie, où il se perdait, insensible aux choses de la terre.

Cela le reposait à la fois de ses fatigues du jour, de ses longues tâches de la nuit, en même temps que cela le changeait des sinistres légendes, des contes d'épouvante et de cauchemar que lui narraient les « tam-pillou », marchands de chiffons, les mendiants aux infirmités hideuses, les porte-besace aux plaies épouvantables, si avidement questionnés par lui chaque fois que l'un d'eux traversait le pays.

C'était toujours avec une souffrance presque physique, tellement le changement lui paraissait pénible, qu'il se trouvait rappelé à la réalité par l'apostrophe furieuse d'un ouvrier survenant à l'improviste, en criant :

« Encore là, moussaillon de malheur !... Espère un peu, que je croche dedans ta peau !... »

Il esquivait à grand'peine la correction dont on le menaçait, et cependant, dès que l'occasion s'en représentait, il retombait dans la même faute.

En effet, pour lui, pauvre petit, seulement environné de grossièretés, de rudesses, habitué aux coups, aux chocs blessants, à ce heurt constant contre les éléments, contre des hommes aussi brutaux que les éléments, la Légende, avec ses douceurs impalpables, ses apparitions de figures fines, nuageuses, de fées semblables à des ombres, avait un attrait irrésistible, capable de lui faire tout braver.

Il se délassait ainsi de la vie si plate, si peu attrayante qui l'enveloppait étroitement, et s'arrachait pour quelques instants, parfois pour quelques heures, à toute cette misère pesant sur lui.

Sous cette bienheureuse influence, il oubliait qu'il avait faim, il oubliait la dureté de son lit, il oubliait les coups, les injures, il oubliait le froid, le fouet cinglant des semaines d'hiver, la pluie ; seule l'apparition évoquée emplissait ses yeux, le rendant insensible à tout.

En écoutant ces récits de béatitude, il ne lui semblait plus être lui-même, l'orphelin, le pauvre être sans père ni mère ; il se sentait tout à coup transporté loin de ce sol de douleur, loin de la vie. Dans tout ce noir qui enfermait son âme, la Légende était une lumière dans la nuit.

Aussi cette passion, il n'avait pu la cacher, il l'avait laissée voir à d'autres qu'aux friturières, aux mendiants, aux pillaouers.

Peu à peu le bruit s'était répandu que Pierrik Danielou, lui également, comme son grand-père péri en mer, comme ses frères péris en mer, comme son père péri en mer, — par leur propre faute, assurait-on tout bas, et à cause de leur savoir suspect, — était bien de cette même race des Danielou, qui n'avaient que l'Océan pour tombe, et dont aucun ne reposait en terre bénite, sous l'herbe d'un cimetière.

On racontait couramment que, en vrai Danielou, comme eux, il avait l'âpre et incessante curiosité des choses de mystère, d'inconnu, qu'il questionnait sans cesse pour savoir ce qui concernait les Pierres-Grises, ces blocs géants semés çà et là dans la campagne, pour connaître la vérité sur les lavandières nocturnes des marais et des doués, pour apprendre l'énigme des grottes fréquentées par les invisibles.

Une friturière, interrogée sur lui, avait affirmé :

« Le Pierrik ?... Il est fou de légendes à en perdre quasi le boire et le manger !... Pour lui, il n'y en a jamais assez !... »

Pendant un certain temps, soit que les autres lui eussent jusqu'alors suffi, soit pour toute autre raison, il n'avait pas paru vouloir s'adresser à Lagadec et à Trémor, les deux pêcheurs de l'équipage de l'*Etoile-Polaire*. Ceux-ci cependant passaient pour les plus savants, les plus croyants de tout Camaret en matière de légendes, surtout en ce qui concernait leur pays à eux, la pointe du Raz, l'île de Sein, toutes les côtes, tous les écueils de cette partie du Finistère.

Puis un jour, à la sortie de la *friture*, encouragé par un bonjour qui lui avait été lancé amicalement par Trémor, il s'était rapproché d'eux, avait bavardé. La conversation, assez insignifiante d'abord, n'avait pas tardé à arriver à cette question des apparitions, des intersignes, du peuple d'invisibles qui fourmille dans les solitudes bretonnes ; avec les deux pêcheurs il n'en pouvait être autrement.

Ce fut Lagadec qui commença, objectant à l'enfant se plaignant de son isolement :

« Tout seul que tu es, que tu dis ?... On n'est jamais seul, même quand on se promène sans camarade en plein milieu de la lande, même quand on ne voit rien ni personne !... »

Trémor avait ajouté, la voix un peu frissonnante :

« Surtout quand on est tout à fait seul ! »

Pierrik avait alors questionné, avide, passionné, et fatalement, malgré la grosse peine qu'il en ressentait toujours, malgré les mois écoulés, il avait parlé de la mort de son père, rappelé ce qu'il avait entendu dire sur le quai, ce qu'il avait saisi des conversations, au milieu de sa douleur, de ses larmes.

Le nom de la fameuse veuve de l'île de Sein avait jailli de sa bouche, en une interrogation brûlante :

« Catouche !... Vous la connaissez ? »

Depuis le naufrage de la *Reine-des-Anges*, c'était la première fois qu'il osait en parler ouvertement. Mais il s'était aussitôt arrêté devant la mine gênée de Lagadec, la bouche plissée en col de bourse de Trémor, une bouche décidée au silence.

Certainement ils ne voulaient rien dire sur ce sujet ; leur bavardage s'était brusquement tari, ne coulant plus comme auparavant. Les pêcheurs s'étaient ensuite regardés d'un air d'entente indécise, semblant se consulter, se montrer l'enfant, qui les guettait du coin de l'œil, intrigué à la fois et averti par leur pantomime suffisamment expressive.

Yves Lagadec avait fini par grogner, oubliant volontairement ses demi-révélations d'autrefois, ses aveux aux veuves de Kermeur, lors de la catastrophe :

« Catouche, que tu nommes ?... Oh ! oh ! une mauvaise connaissance, la pire que puisse avoir un homme bien portant, s'il tient à sa peau et à ses os !... Bien sûr que non, je ne la vois pas !... »

Trémor appuya, sourcils joints en une défense de tout son être révolté à l'idée d'accointances possibles avec la dangereuse personne :

« Pas à connaître, oh ! diable !

— Mais alors le père, lui, la connaissait ? »

Pierrik avait dû rester là, bouche encore ouverte pour interroger.

Les deux pêcheurs, comme s'ils s'étaient donné le mot, avaient tourné ensemble les talons, lui jetant de loin un adieu précipité. Le terrain devenant trop brûlant pour eux, ils préféraient s'éloigner, crainte de trop parler, de se laisser entraîner à quelque révélation inconsidérée, dangereuse pour leur tranquillité, pour leur vie.

Mais tout ce mystère auquel il se heurtait constamment n'avait fait qu'irriter la curiosité de Pierrik, lui suggérant des ruses pour arriver à son but, pour surprendre la confiance ou provoquer les révélations des pêcheurs.

Comment son père connaissait-il cette redoutable Catouche, que tous se défendaient si énergiquement de fréquenter ? Surtout quel était ce secret, ce terrible secret qui, suivant Lagadec, suivant Trémor, suivant la plupart, avait causé la mort de Danielou ?

Une fois son attention éveillée, attirée sur ce point, avec sa logique d'enfant il s'était dit que, puisque son père était mort, englouti par l'Océan avec tout son équipage, pour avoir révélé le secret à lui confié par Catouche, c'est que quelqu'un d'autre le connaissait aussi, ce secret.

On avait bien cherché à lui persuader que Danielou ne l'avait dit qu'à ses compagnons, et que tous avaient également subi son fatal destin, emportant l'énigme au fond des grandes eaux de l'Atlantique, déjà gardiennes de tant de mystères. Il n'y ajoutait foi qu'en partie.

Pour lui, à son idée, à cause de la manière embarrassée dont ils s'en défendaient, il n'y avait, parmi tous ceux de Camaret, que Lagadec et Trémor qui pussent être au courant de tout. Bien sûr, en raison de l'amitié assez étroite qui les unissait à Danielou, ils avaient dû, au même titre que les hommes de l'équipage de la *Reine-des-Anges*, recevoir sa confidence. La peur seule les empêchait de parler.

Le poursuivant nuit et jour, cette pensée fixe le poussait constamment à chercher quelque moyen habile de les amener à une indiscrétion : c'était en vain.

Sur tout autre sujet de croyances surnaturelles, ils se montraient volontiers prolixes, interminablement éloquents, ne tarissant point, expliquant même ce que personne ne peut expliquer, traduisant à leur façon les moindres phénomènes de la nature, en faisant toujours intervenir le mystère. Les nuées, les brumes, les feux, les ombres, les ténèbres, tout était pour eux matière à légendes étranges ; aveugles, têtus, bavards, pleins d'effroi de leurs propres paroles, ils étaient la superstition même.

Ce dimanche-là, quand Pierrik, après maints détours, se fut enfin suffisamment rapproché de l'*Étoile-Polaire* pour pouvoir entrer en conversation avec ses deux amis, il ne fallut pas longtemps pour que le nom de Catouche tombât entre eux. C'était fatal et prévu ; même lorsque la chose ne provenait pas du fait de Pierrik, elle était amenée par l'un des pêcheurs, incidemment, sans qu'il le voulût.

Cette fois ce fut Trémor, qui, impatienté, après avoir difficilement évité à l'aide de réticences, de réponses ambiguës, les embûches que celui-ci lui tendait, lança à l'enfant, en une apostrophe de dépit :

« Bavarder avec toi, c'est quasi bavarder avec Catouche ; il y a autant de péril ! »

Lagadec répliqua avec l'intention d'effrayer le petit :

« Catouche !... Toujours Catouche !... Ah ! certes, pas bon de causer avec elle, pour sûr !... point même de parler sur elle, ainsi... »

Ils étaient lancés sur ce sujet, rien ne pouvait plus les retenir. L'enfant, qui l'avait remarqué, se taisait malicieusement, les laissant aller, écoutant avidement, avec l'espoir que, dans l'ardeur du bavardage, quelque indice désiré leur échapperait.

Trémor, allant au-devant de ses questions, expliqua :

« Ça n'a pas profité à ton pauvre père de révéler le secret qu'il avait reçu d'elle. »

Pierrik balbutia, haletant :

« Le secret ? »

Jamais jusqu'alors, dans une causerie avec lui, ils ne s'étaient laissés entraîner jusqu'à prononcer ce mot. Ne se serait-il donc pas trompé ? Savaient-ils ? Sa convoitise curieuse brilla dans ses yeux ; car, même sous leur terreur si visible, il devinait une soif de parler, de tout dire.

L'autre poursuivait, tout en frottant de coaltar les flancs du bateau :

« Oui, le secret !... Paraît qu'il l'a révélé aux hommes de son équipage !

— A ceux-là seulement ? » questionna doucement Danielou, les paupières demi-closes pour dissimuler l'ardeur de son désir.

Hervé ne parut pas entendre, concluant en glas funèbre :

« Ils en sont morts avec lui, et le secret, à c't'heure, est au fin fond du Raz, par des brasses et des brasses de fond !... »

Son camarade insista encore, comme pour s'encourager à la discrétion :

« La mer a tout englouti, hommes et secret ! Personne ne le saura plus jamais, ce fameux secret !... »

Yan Cosquer, penché sur le bordage de sa barque, les deux coudes au plat-bord, le menton dans les mains, écoutait les causeurs ; il eut encore son bon rire, et ajouta, avec un clignement de ses yeux à l'enfant :

« A moins d'aller le demander là-bas, à l'île de Sein, à Catouche elle-même. »

Une forte hilarité secoua les deux hommes, qui s'arrêtèrent un moment dans leur besogne, pris d'une grosse gaieté à ces paroles, dans lesquelles ils voyaient une joyeuse plaisanterie.

Lagadec, qui n'avait pas remarqué l'expression toute particulière des prunelles de Cosquer, gouailla :

« Tu as entendu le patron, petit ? »

Trémor, lourdement, appuya :

« C'est un ancien, mon fi ! un homme de bon conseil ! Faut toujours l'écouter. »

Mais Pierrik Danielou, rêveur, le sang plus vif dans les veines, murmura :

« Aller là-bas, à l'île de Sein ! »

V

« Demander à Catouche elle-même !... Aller à l'île de Sein !... »
En s'éloignant de l'*Etoile-Polaire,* tout pensif sous le rire brutal des pêcheurs, Pierrik Danielou se répétait ces mots, qui semblaient lui dicter une règle de conduite.

Était-il croyable que Yan Cosquer eût voulu ajouter une plaisanterie de plus aux railleries de ses hommes? Avait-il au contraire parlé sérieusement ? Ce n'était pas un moqueur, celui-là ; il n'avait pas l'habitude de jeter une phrase au hasard, pour s'amuser, dans le simple but de provoquer l'hilarité.

Le petit cherchait à s'expliquer l'expression du regard tout particulier qui lui paraissait avoir accompagné les mots ainsi prononcés, sans doute avec quelque intention cachée, dans quelque dessein qu'il ne devinait pas.

Il poursuivit sa pêche, très préoccupé, et le soir, aux côtés d'Angélique Brézellec, surprise de son attitude, demeura silencieux, s'occupant à peine de Misère, qui jappait vainement à petit bruit pour appeler son attention.

La nuit, il en rêva : l'île était prodigieusement escarpée, impossible à aborder, tellement il y avait de brisants ; Catouche se dérobait, sans visage humain, mêlée aux brumes flottantes. Au réveil il ne trouva plus rien de précis, rien que la phrase de Cosquer, nette, détachée, inoubliable, avec son conseil séduisant comme un danger mystérieux.

Voilà que ce désir s'ancra dans le cerveau de l'enfant, mordant ainsi qu'en plein fond de roches, pour toujours ; voilà que toute sa vie se riva sur cette unique pensée, pivot de toutes ses actions, de toutes ses réflexions, et que la hantise de la mer le reprit plus violente.

Jusqu'à son entrée dans l'usine à sardines, amenée par la mort de son père et la volonté de rendre service à sa bienfaitrice, la vieille Angélique, il avait eu la même manière de vivre que les autres enfants des pêcheurs, que tous les petits Camaretois.

Dès leurs premiers pas, avant de savoir s'exprimer, de pouvoir parler, c'est vers la mer qu'ils se dirigent; ce qui domine chez tous, c'est le même goût naturel, impérieux, pour la mer.

Alors ce sont les initiales tentatives d'imitation des marins, avec toutes leurs conséquences, chutes du haut des cales, plongeons dans l'eau ; ce sont les promenades dans le port, à la godille, à l'aide de quelque canot momentanément dérobé, les baignades d'été, les jeux de bateaux grossièrement taillés, avec un mouchoir pour voile, dans les flaques d'eau à marée basse, les imprudences sur les barques de pêche, dans la mâture des navires à l'ancre, les essais de pêche, toute une poussée continue, irraisonnée, vers l'Océan qui les dévorera probablement plus tard.

Cet Océan, ils coulent vers lui, depuis leur naissance, comme un fleuve, au sortir de sa source, malgré toutes les barrières, malgré tous les obstacles, et finissent toujours par y aboutir, s'y perdre.

Pierrik Danielou, après avoir été comme les autres, avait dû cesser en partie, s'interrompre, essayer de ne plus songer à la grande ensorceleuse; mais voilà que la phrase de Yan Cosquer avait réveillé plus vive, plus pressante, la passion d'autrefois, l'amour de l'Océan, et que c'est avec une fougue d'autant plus violente qu'elle avait été plus contenue, que tous ses désirs le lançaient de nouveau vers la mer.

Désormais les jours, les semaines passèrent, sans que jamais il ne renouvelât auprès de Lagadec et de Trémor ses précédentes tentatives.

Il semblait avoir renoncé à savoir, ne questionnait plus sur ce sujet, causant avec eux de tout autre chose, quand il les rencontrait, et feignant de ne pas remarquer l'étonnement dans lequel les jetait ce changement de conduite de sa part.

Mais au fond de lui, secrètement, le besoin de savoir restait le même; seulement le moyen d'apprendre était changé, et cela grâce à Yan Cosquer. Au lieu de questionner les autres, c'est par lui-même qu'il s'informerait, c'est avec ses propres yeux qu'il chercherait à voir.

Dans ses artères, le sang de sa race aventureuse, imprudente et hardie, après avoir été engourdi quelque temps, comme endormi, roulait de nouveau, de plus en plus vif, de plus en plus ardent, le lançant à la recherche des choses inconnues, mystérieuses, sans lesquelles son cœur et son âme ne sauraient connaître de joie complète, d'assouvissement véritable.

Alors s'accrut jusqu'aux explosions de larmes, jusqu'aux plaintes perdues, jetées aux espaces, sa souffrance d'être enfermé dans cette usine empestée, derrière les murs de laquelle, aux jours de tempête, il écoutait avec une joie avide gronder la mer, dont les vagues battaient la plage voisine, les lourds galets du Coréjou. Alors grandit son désespoir de vivre dans cette atmosphère chaude, malsaine, quand tout son être aspirait à la liberté illimitée des landes, à l'indépendance infinie du grand large, aux périlleux hasards de l'Océan.

Tout cela il le ressentait sans le comprendre, sans pouvoir se l'expliquer, comme une de ces maladies vagues dont on ne saurait indiquer exactement le siège.

C'est à peine si les chansons et les légendes des friturières parvenaient à apaiser par moments l'acuité de cette blessure, en endormant un peu son cerveau, en y versant le bienfaisant engourdissement de leurs paroles de rêve, de leurs miroitants et hallucinants mirages.

Il devint sauvage, fuyant la société, échappant avec bonheur, avec fougue, à la promiscuité forcée de l'usine, chaque fois qu'il le pouvait.

Les pêcheurs Trémor et Lagadec.

Sa grande joie maintenant, en dehors des moments où il se livrait encore aux jeux accoutumés avec ses camarades, en dehors des heures consacrées à des luttes folles ou à d'endiablées parties avec les enfants de son âge, c'était l'isolement.

Il partait pour de longues courses solitaires sur les falaises, en côtoyant l'abîme, par les grèves, en frôlant l'ourlet d'écume de la dernière vague, et n'emmenait avec lui que Misère, son chien aveugle, un compagnon qui ne voyait pas, qui ne lui prenait rien du spectacle étendu devant lui, ce qui permettait à ses prunelles extasiées de se perdre seules, éperdument, sans limites, sur l'infini des vagues, sur le mystère des horizons, dans l'énigme des brumes.

Autour de lui, sans famille, sans parents comme il l'était, personne ne se fût inquiété du développement de ce goût, qui restait ignoré de beaucoup; mais Angélique Brézellec l'avait remarqué, elle, et s'en préoccupait, sa tendresse se faisant de jour en jour plus forte, plus maternelle, pour le petit être qu'elle avait recueilli.

Pierrik partait pour de longues courses solitaires.

Il lui semblait à présent si bizarre, si différent des autres, si différent d'elle-même, que plus d'une fois en l'examinant, en essayant de comprendre ce qui pouvait se passer dans son âme, elle en avait eu tout bas cette remarque :

« C'est un Danielou, qu'ils disent tous ! Peut-être bien qu'ils ont raison ! »

Un soir qu'il revenait d'une course lointaine avec Misère, et que le chien, fourbu, la langue pendante, s'était abattu près de la vieille femme, comme rendu de fatigue, elle s'était exclamée :

« D'où viens-tu donc comme cela, mon pauvre gars, que ton Misère en est quasi mort ? »

Pierrik avait jeté insouciamment :

« De nulle part, tante Angélique, de voir la mer.

— La mer !... la mer !... avait-elle riposté, secouant la tête. Ne la vois-tu donc pas assez en face de nous, dans le port, sans aller la chercher par là-bas, où elle est le plus méchante ? »

Il y avait une sorte de reproche dans cette phrase, comme si elle n'eût pas pu comprendre qu'il trouvât quelque plaisir à contempler cette Atlantique perfide, qui lui avait pris son père, tous les siens, comme elle avait pris son Jean-Marie Brézellec, à elle, et tant d'autres de sa famille.

Mais aussitôt, dans la crainte de l'avoir blessé, elle ajoutait :

« Encore si c'était avec des amis, des camarades ; mais tout seul que tu es toujours.

— Tout seul !... Non ! jamais ! »

Cette riposte était partie sans qu'il y songeât, instinctivement. Pour lui, en effet, ce n'était jamais la solitude, car son cerveau peuplait tout ce qui l'entourait, car ses yeux voyaient ce que nul ne pouvait voir ; et le nuage, et l'eau, et le brouillard, et le sol même lui montraient les personnages qu'il appelait, les invisibles qui flottent, libellules énigmatiques, dans l'air, autour des humains, les frôlant de leurs ailes de songe.

Tout ce qu'il entendait conter par les friturières, dans les laborieuses veillées de l'usine, alors que la nuit enserre les murs, les choses et les êtres, toutes ces figures gracieuses ou terribles, que décrivaient les chansons anciennes, les vieilles légendes bourdonnées en chœur pendant le travail, et qui pénétraient invinciblement en lui, soit par l'effet du rythme musical, soit par les descriptions pittoresques et colorées de la phrase, sitôt dehors, à l'air libre, il les retrouvait.

Il les apercevait, effleurant du pied les bruyères, les ajoncs, les plantes parfumées de la lande ; il les distinguait, formant des rondes légères autour des Pierres-Grises ; il les voyait, auprès du doué, endormies sous la lumière d'acier de la lune ; il les reconnaissait dans la volute grondante des lames s'écroulant interminablement sur le sable, battant les galets sonores, s'enfonçant à grand bruit sous l'ombre luisante des grottes marines.

Et cela le consolait un peu de cette existence prisonnière entre les murs, lui qui n'avait de joie que la contemplation de l'immensité, d'aspiration que vers l'Océan.

Angélique l'avait regardé d'une manière si subitement inquiète, lorsqu'il avait répondu qu'il n'était pas seul, jamais seul, qu'il avait aussitôt compris qu'il devait compléter sa réponse, et qu'il avait ajouté, souriant :

« Jamais..., puisque Misère m'accompagne toujours. »

Puis, saisissant le chien dans ses bras, appuyant son visage contre le museau de ce camarade :

« N'est-ce pas, Misère ?... Et que nous causons, encore, que nous nous racontons mille choses.

— Avec un chien ! s'était écriée la veuve, quand tu as tes compagnons de jeux !... Causer avec un chien ! Ah ! bien ! en voilà un goût ! »

C'était une explication, à la vérité, mais une explication qui ne la satisfaisait qu'à demi, lui semblant presque ridicule.

Ce qu'il n'avouait pas, ce qui eût tout à fait épouvanté la veuve, ç'aurait été de savoir qu'il racontait, en effet, tout à ce pauvre chien, qu'il en faisait le confident de ses peines, de ses rêveries, de tout ce qui lui passait par la tête ; il se rendait bien compte qu'avec celui-là il n'avait aucune indiscrétion à redouter, et il avait un irrésistible besoin de parler, de dire à un être animé ce qu'il ressentait.

Que de fois il s'était entretenu avec la bête aveugle du grand mystère de la mort de son père, demandant chaque fois :

« Hein ! Misère ! Tu la devinerais, toi, cette Catouche ? »

Le chien, comme s'il eût compris, à la seule intonation de son maître, très particulière dans ces occasions, faisait entendre un doux gémissement plaintif, et Pierrik, ravi, continuait :

« Toi seul comprends, toi seul peux savoir, mon bon Misère ! »

Il en était arrivé à croire, tant le lien était devenu étroit entre eux, que personne n'aurait mieux su deviner ce qui se passait en lui, ni interpréter plus intelligemment ses sentiments.

C'était à la même époque qu'il avait cessé de poursuivre Lagadec et Trémor de ses questions, et qu'il avait commencé ses stations solitaires le long des falaises. C'est que aussi, de tous les points de cette côte, depuis le Toulinguet jusqu'au cap de la Chèvre, l'île de Sein et la pointe du Raz restaient toujours en vue, aimant fascinateur qui appelait ses yeux, qui retenait son âme et dont ses regards ne pouvaient plus se détacher.

On était toujours sûr à présent, à ses heures de liberté, de le trouver sur quelque point de la haute muraille de quartzite, blotti dans une anfractuosité de rocher ou étendu sur la grève de Penhat, sur la plage du Veryhac'h, dans d'immobiles contemplations de l'Atlantique, avec Misère accroupi près de lui, ses prunelles mortes tournées dans la même direction que les prunelles vivantes de Pierrik Danielou.

Une fois, comme il était ainsi couché à plat ventre dans les dunes de Penhat, avec son fidèle compagnon, et que, les coudes enfoncés dans le sable, le menton appuyé sur ses deux mains aux paumes ouvertes, contemplant les monstrueuses lames qu'une violente bourrasque de l'ouest lançait en longues barres d'écume à l'assaut de la grève désolée, il semblait, à force de fixité, vouloir fouiller l'Atlantique jusque dans ses profondeurs, une sorte de glas lointain courut sur les grandes eaux soulevées, puis vint expirer en frémissant murmure jusqu'à son oreille, l'enveloppant d'une musique d'airain.

Il se redressa, questionnant :

« Hein ? Qu'est-ce que cela ? »

Le chien avait grogné d'une manière plaintive ; Pierrik le regarda, faisant :

« Tu as entendu, toi aussi, Misère ? »

Il les distinguait, formant des rondes légères autour des Pierres-Grises.

Plus rien que l'éternel bris des mêmes volutes d'écume s'écrasant avec un rugissement barbare sur le sable, contre les rochers ; et brusquement, dans un moment d'accalmie, encore ce glas.

Il murmura :

« La cloche !... Elle demande du secours, on dirait ! »

Il croyait entendre l'appel de quelque mystérieux bateau-fantôme perdu dans le tumulte des vagues furieuses ; et aussitôt, son idée fixe le poursuivant, il se dressa pour mieux voir, pour chercher dans l'étendue bouleversée de cette mer, où l'on ne voyait, aussi loin que possible, pas un mât, pas une voile, et conclut :

« Le *Bateau-des-Sorcières !*... »

Pour lui c'était la seule explication possible de ce bruit étrange arrivant de la pleine mer, de l'endroit où il n'y avait en ce moment pas un être vivant, en dehors des mouettes, des goélands et autres oiseaux de tempête voletant dans les tourbillons du vent, entre le ciel et l'Océan.

« La *Vandrée* qui chante à c't' heure ; signe de gros temps au large ! »

Une voix derrière lui l'arracha à son absorption.

Il tourna la tête avec une sorte de colère de voir son rêve troublé par cette sensation de réalité, protestant d'instinct :

« J'écoute le bateau qui appelle, le *Bateau-des...* »

Mais il ne pouvait déjà plus affirmer, sentant s'envoler l'illusion caressée devant le sourire du gardien du sémaphore de Penhat, qui, debout, montrait le large en poursuivant :

« Tu l'avais donc encore jamais entendue faire sa musique, petit? C'est en 1816 qu'on l'a reconnue, cependant !... Eh bien ! c'est ainsi, toutes et quantes fois qu'il y a un coup de suroît, et nous connaissons assez sa voix à cette *Vandrée,* ici, à Penhat. »

L'homme, une tête énergique et fine de vieux matelot, avec sa face tannée, d'une uniforme couleur de cuir sec, avec ses yeux tranquillement bleus, à la perçante pupille de fouilleur des étendues marines, avec ses cheveux blancs et courts, son épiderme soigneusement rasé, ses lèvres minces, regardait au loin, sans même se rendre compte de la rêverie qu'il venait de faire envoler.

Tout à son sujet, sur lequel il s'étendait complaisamment, heureux de se délasser de son constant mutisme d'être vivant toujours à peu près seul, depuis des années, grâce à son métier de sémaphoriste, il poursuivit :

« Un peu une compagne pour nous, la Vandrée! Ah! il y a plus d'un qui n'aime pas à l'entendre, bien sûr, quand il se trouve dans son voisinage. L'entendre de trop, c'est être presque dessus, et dame! se trouver dessus, c'est quasi marcher à sa perte! »

Devant le silence de l'enfant, il continuait d'expliquer ce qu'était cette bouée flottante, placée en pleine mer pour indiquer un bas-fond redoutable à cause de son peu d'étendue, et munie d'une sorte de trompe, d'une sirène, dont les ondes sonores et prolongées glissaient sur l'élasticité des vagues, se répercutant de proche en proche, pour semer, autour de ce péril caché, l'annonce du mortel danger, le glas du naufrage.

Tout en l'écoutant, Pierrik, revenant à sa préférence poétique, protestait tout bas :

« Le *Bateau-des-Sorcières*, que c'est! »

Il croyait la voir, là-bas, l'énigmatique barque de Catouche, sonnant la mort, perdue au milieu des lames creuses.

Cela lui semblait tout aussi naturel que la bouée solitaire, abandonnée, dont parlait son interlocuteur, cette sirène dont il avait pour la première fois la révélation, ce qui, au lieu de lumière, mettait de la nuit dans son cerveau, en détruisant l'échafaudage des rêves créés par son imagination.

Il s'était, en effet, peu à peu habitué à causer avec la mer comme avec une amie redoutable, dont le râle déchirant le doux sanglot des beaux temps, la plainte âpre des jours de colère, lui apportaient des récits étranges, des révélations bizarres, en conformité avec le mystère inexploré de ses profondeurs, de ses caprices, avec le monde presque fantastique des poissons qui vivent en elle et par elle.

Dans sa tête rêveuse, les idées les plus extraordinaires, toutes se rapportant aux légendes entendues, se déroulaient, lorsqu'il voyait ces choses de la mer, qu'il écoutait ces bruits du large, joints à l'infinie variation du ciel, à la mobilité de l'Océan, au bruit énigmatique et menaçant de l'Atlantique, s'écroulant éternellement sur le sable des plages, battant les rochers, creusant le dur quartzite des falaises.

Pour lui, ces spectacles, ces rumeurs finissaient par avoir une signification, par lui justifier et lui compléter les histoires qu'il avait entendu conter.

Que venait-il donc lui dire, ce gardien de sémaphore, avec sa sirène de la Vandrée, avec sa bouée pour la protection des navires, quand c'était si lucide, si étincelant, ce mirage de barque-fantôme glissant sur la mer et sonnant son tocsin fatal !

Il eut un mouvement de mauvaise humeur contre celui qui le renseignait, et il levait la tête vers lui, prêt à de mauvaises paroles, lorsqu'il rencontra son œil loyal, son sourire de brave homme, et qu'il l'entendit annoncer :

« Un ami de ton père et de ton grand-père que j'étais, Pierrik Danielou ; veux-tu que je sois également le tien ? »

Les paroles de douceur et de bonté, par cela même qu'il en avait toujours été sevré, trouvaient immédiatement le chemin de son cœur ; il n'y résistait jamais. Il répondit, désarmé, allant à cette affection nouvelle qui venait à lui :

« Je veux bien ! »

Le gardien de sémaphore, se tournant à demi, désigna sur la hauteur la maisonnette aux signaux, avec son télégraphe aérien, avec son mât semblable à un mât de navire, servant à hisser les pavillons pour correspondre avec les bâtiments naviguant autour du Toulinguet, soit pour entrer ou sortir du goulet de Brest, soit pour passer au large :

« Tu viendras nous voir là tant que tu voudras ; je t'enseignerai le jeu des signaux, si tu veux, et tu pourras regarder à ton aise dans la longue-vue, toi qui me parais si curieux de ce qu'on aperçoit au loin. Tu verras les Pierres-Noires ou le raz de Sein, comme je te vois, autant dire !...

L'enfant ne pouvait se détacher de la longue-vue.

— Sein?... L'île de Sein?... »
Toute sa curiosité s'éveillait, plus avide, plus dévorante. Ce

serait presque aller à Sein, que de pouvoir contempler l'île dans tous ses détails avec la lunette d'approche. Il eut un mouvement de joie, un cri :

« Je peux maintenant?

— Quand tu voudras, j'ai dit!... Justement le temps est tout en beauté, malgré la bourrasque, clair comme de l'eau de roche. Si tu veux faire un petit tour à l'île de Sein, par les yeux s'entend, comme de juste, ce qui sera moins dangereux que par mer, te voilà tout porté, mon petit gars. »

Plein de joie, Pierrik suivit Mathieu Rozec, le vieux gardien du sémaphore, qui, avant de venir prendre le poste de Penhat comme chef, avait déjà fait en sous-ordre la plupart des postes de la côte, depuis Audierne, et même servi de gardien dans les phares perdus en mer.

Ce furent des minutes délicieuses que celles que l'enfant passa dans le sémaphore, à examiner toute l'installation si curieuse de la machine à signaux, les pavillons de toutes formes et de toutes couleurs.

Mais ce dont il ne pouvait se détacher, c'était de cette longue-vue, braquée par un trou rond pratiqué dans le carreau, et qu'il ne détournait pas de la direction du Sud-Ouest, murmurant à mi-voix :

« L'île de Sein! »

Il la distinguait, si plate sur l'eau, plus basse que les écueils qui se trouvent ses voisins, avec la lanterne de son phare que parfois un rayon de soleil faisait étinceler, avec le groupement de ses maisons au centre, se découpant sur l'horizon débarrassé des vapeurs accoutumées, des éternelles brumes.

Il songeait alors que c'était quelque part de ce côté que son père avait péri, englouti, qu'il dormait à jamais, enlacé par les longues algues, au fond des eaux profondes; une émotion grandissante montait en lui, exaltant sa sensibilité, ramenant plus vivement la douleur de la perte qu'il avait faite. A chaque moment un voile de larmes glissait sur ses prunelles, noyant les objets qu'il contemplait, replongeant dans les brouillards l'île funèbre.

Il avait oublié et l'endroit où il se trouvait, et Mathieu Rozec, perdu dans ses souvenirs, tout à ce mirage aperçu, quand le bruit de gens causant tout près de lui traversa sa rêverie; quelqu'un venait d'entrer, qui bavardait avec le gardien, d'un son de voix qu'il retrouvait vaguement sans essayer de chercher à en reconnaître le possesseur.

Il répéta encore, et à haute voix sans s'en douter :

« Aller à l'île de Sein !... Mais comment?

— Si je t'en donnais le moyen, qu'est-ce que tu dirais, petit gars? »

Ces mots frappant ses oreilles, il les entendait sans répondre, ne pouvant croire qu'ils lui fussent adressés.

On redit plus fort :

« Oh! diable! Pierrik, tu serais devenu sourd, des fois? »

Il se retourna brusquement, s'exclamant :

« Hein?... C'est bien à moi?... Ah! Yan Cosquer, tonton Yan !... »

Il venait de reconnaître le patron de l'*Etoile-Polaire*, qu'une promenade amenait au sémaphore, et qui, ayant entendu le désir exprimé tout haut par l'enfant, demandait, un sourire caché dans les plis volontairement froncés de ses lèvres ramassées en moue questionneuse et bourrue :

« Alors, tu veux courir la mer? »

Puis, se retournant un peu vers Lagadec, Trémor, qui l'accompagnaient, et Rozec, assis devant les roues du télégraphe :

« Le sang des Danielou, qu'il a, le petit; du vrai sang de matelot !... Ça grouille dans tout son corps, qu'on croirait le voir lever en lames de fond, pas vrai? »

Pierrik, rayonnant, s'écria :

« La mer!... la mer!... »

Déjà Yan Cosquer sérieux, ses prunelles dans les yeux étonnés et joyeux de l'enfant, ajoutait :

« Voici la chose, que je vas te larguer tout en grand!... Veux-tu quitter ton usine, ton charbon? »

Le petit jeta un cri de bonheur, de délivrance :

« Oh! oui, oui!... »

En présence de cette naïve explosion de joie, le patron eut son bon sourire habituel :

« Mon mousse vient de me quitter pour commencer son service à l'État; veux-tu naviguer avec moi, être désormais mon mousse?

— Sur votre *Etoile-Polaire*, que je serais, moi!... Vous voudriez bien de moi, que personne n'en veut cependant!... »

Il jetait des regards craintifs du côté de Lagadec et de Trémor, que la surprise rendait muets, et dont la physionomie exprimait un ahurissement mêlé d'une certaine terreur vague.

Lagadec balbutia :

« Avec nous qu'il irait de conserve, Bonne-Dame du Roc! »

Trémor, les bras abattus de chaque côté du corps en une pose d'écrasement, fit :

« Un Danielou à notre bord, si on pouvait penser!.. C'est des aventures pour nous! »

Cosquer, impératif, rectifia :

« A mon bord..., où je suis le seul maître après Dieu! Ceux qui ne sont pas contents n'auront qu'à le faire connaître; il ne manque pas de pêcheurs dans le pays qui seraient heureux d'entrer dans mon équipage et n'auraient pas peur d'aller en mer avec cet enfant. »

Grommelant encore quelques mots mâchés entre les dents, les deux marins baissèrent la tête d'un commun accord, acceptant, bien que de mauvaise grâce, le compagnonnage forcé que leur imposait le patron.

Après tout, ce n'était en effet qu'un enfant, ce Pierrik Danielou, et son père avait navigué des années sans avarie, avant la catastrophe qui lui avait coûté la vie. La seule précaution à prendre serait d'empêcher le mousse de trop s'adonner à ses goûts pour le mystère; ils se chargeaient de lui faire la leçon, de manière à le dégoûter à jamais de tout désir d'accointances avec les sorcières et leurs secrets.

Yan questionna encore :

« Ainsi c'est entendu? Lagadec, Trémor, à dater du jour d'aujourd'hui, Pierrik Danielou est porté comme mousse sur le rôle de l'*Etoile-Polaire*.

— On est paré à le recevoir, patron, » grogna Trémor.

Lagadec termina :

« C'est un bon petit gars, après tout; on sera donc camarades; mais faudra qu'il renonce à ses idées de savoir, de connaître ce qui ne le regarde pas. »

Intérieurement l'enfant songeait :

« J'irai à l'île de Sein!.... Je verrai Catouche!... »

VI

Ce fut un jour d'hiver, en décembre, par un temps gris, de ce gris ardoisé qui est comme l'avertisseur des prochaines brumes, des ciels pesants, des interminables déploiements de nuages de deuil et de naufrages, apportés par les souffles sauvages du sud-ouest, que

Yan Cosquer, la saison de la sardine terminée, annonça à son équipage, pour la première fois depuis près d'un an que Pierrik en faisait partie, qu'on allait jeter les filets et poser des casiers à homards dans les parages du Raz et de l'île de Sein.

Le rêve du jeune mousse allait se réaliser.

Il n'en laissa rien voir, contenant sa joie, ses espoirs, ses craintes, tout ce qui s'agitait d'obscur, de douloureux, d'éblouissant aussi, dans le mystère de son âme, dans le gouffre de son cœur.

A partir du moment où il avait été définitivement engagé dans l'équipage de l'*Étoile-Polaire*, une transformation complète s'était produite dans le caractère de Pierrik Danielou, transformation aussi radicale que son passage de l'étouffante atmosphère de la *friture*, où il s'étiolait, à l'air libre du grand large, où ses poumons buvaient la force et la santé.

Son goût de solitude disparut; il ne chercha plus, comme par le passé, à s'isoler, à fuir ses camarades, reprenant goût à la vie sociale et active, depuis qu'il jouissait de l'existence si longtemps désirée.

Comme ce n'était pas l'époque de la pêche à la raie, que le maquereau donna fortement d'abord, puis que, en mai, vint le passage de la sardine, avec son retour en octobre, durant des mois, presque une année entière, Yan Cosquer ne quitta pas trop les parages du goulet, de Roscanvel, du Grand-Gouin, de Bertheaume, du Toulinguet, poussant des pointes, à l'ouest vers les Pierres-Noires, le large; au nord, vers Molènes, le Conquet, Ouessant; au sud, vers le cap de la Chèvre, l'anse de Dinan, mais sans jamais prendre la direction de l'île de Sein.

Cette île resta donc la constante obsession de Pierrik et conserva pour lui son mirage, moitié redoutable, moitié féerique; seulement il avait appris à mieux dissimuler son désir, à faire patienter son envie, maintenant qu'il avait la certitude d'aller, un jour ou l'autre, à Sein.

Les mois avaient donc passé après les mois, sans qu'il y fît même allusion ; il en avait profité pour apprendre son métier à fond, se faisant merveilleusement à la pêche, si actif, si zélé, si adroit dans toutes les manœuvres, que Yan Cosquer, ravi de l'acquisition d'un pareil mousse, déclarait :

« Un fameux marin qu'il fera, le Pierrik, vous verrez ça ! »

Il se frottait les mains, satisfait d'avoir bravé l'opinion de la plupart, d'avoir même surmonté un vieux fond de superstition inhérent à sa propre nature, en décidant cet enrôlement.

Lagadec lui-même, revenu de ses premières craintes, en reconnaissant que l'enfant semblait avoir beaucoup changé, avouait à Trémor :

« Ça a du bon tout de même, cette race des Danielou, pas vrai, Hervé ? »

Celui-ci, la joue éternellement gonflée d'une chique, grommelait :

« C'est matelot dans le fin fond de l'âme, on ne peut pas dire le contraire, vu que ce serait une menterie ! »

Puis, se grattant la tête, avec une mine de restriction, par crainte de trop s'engager :

« Enfin on verra, on verra. »

Ils étaient maintenant si accoutumés à leur nouveau compagnon, qu'ils eussent énergiquement refusé de le laisser partir et de le changer pour un autre, si on le leur avait proposé. Comme un vol d'oiseaux de passage, leurs idées de terreur superstitieuse avaient disparu, emportées au loin, et ils ne songeaient même plus que la présence de Pierrik, à bord du même bateau qu'eux, pût leur porter malheur ou faire courir des dangers à *l'Étoile-Polaire*.

Du reste, il n'était pas de prévenances, de complaisances, de gentillesses que le mousse n'eût pour les deux compagnons, dont il avait su se faire spécialement bien venir, à cause de l'attention qu'il apportait toujours à écouter leurs histoires, et de la confiance absolue qu'il semblait avoir dans leurs affirmations, même les plus étranges.

A la longue aussi, à force de vivre en sa société sans en ressentir aucun mal, aucun mécompte, ils se rassuraient tous les deux, le capiste Trémor, l'îlien Lagadec, se disant entre eux que sans doute les malfaisantes influences finissent par s'user, voire même par disparaître complètement.

Il n'était pas bien sûr, en ce cas, que le petit eût hérité de cette mauvaise chance, de cette sorte de mauvais œil qu'avaient eu ses ancêtres, et qui, à la vérité, avait surtout porté malheur à eux-mêmes.

Ce qui les confirmait dans cette idée, c'est que, depuis qu'il vivait avec eux, Pierrik Danielou semblait avoir absolument renoncé à les accabler, comme autrefois, de questions sur le naufrage de son père et surtout sur cette dangereuse Catouche, et qu'il n'avait pas une seule fois amené la causerie sur l'île de Sein.

Du reste, pour le détourner de cette pensée trop fixe, de cette légende unique, où il s'absorbait auparavant, ils n'avaient rien imaginé de mieux que de faire devant lui, pour lui, un véritable assaut de légendes, de vider à son intention leur sac de conteurs, un sac inépuisable, un sac que la plus légère occasion, que le moindre prétexte faisaient s'ouvrir tout grand, versant à flot les merveilles, les folies, les épouvantes.

A force de lui narrer leurs histoires, ils pensaient que l'enfant finirait par oublier la seule qui le préoccupât autrefois.

Il leur parut, en réalité, que chez Pierrik le souvenir de Catouche reculait peu à peu, s'enfouissait sous l'amas des aventures extraordinaires, derrière le voile de plus en plus épais des traditions de toute sorte, accrochées par eux et par les superstitieux de leur espèce à chaque rocher, à chaque écueil, à chaque manifestation de la terre, du ciel ou de la mer, si bien que l'immensité de l'Atlantique ne suffit plus à contenir l'invisible population flottante qui la peuple.

L'enfant, ravi, semblait absolument débarrassé de ses premières hantises, se passionnant pour chacune des révélations nouvelles qui lui étaient ainsi apportées.

Il écoutait sans fatigue Lagadec et Trémor, heureux d'apprendre toutes ces choses de rêve, en vivant ainsi en plein Océan, au milieu de cette mouvante atmosphère, enveloppé du tourbillon de ces invisibles, dont il s'imaginait sentir passer sur lui la caresse au moindre frôlement de la brume glissant autour de la barque, au contact de la bise lui fouettant la figure ou sous la pluie salée de l'embrun craché par les vagues.

La tête penchée, le mousse resta immobile.

Grâce à cette existence nouvelle, il grandissait, enforcissait, de plus en plus robuste, et à treize ans déjà découplé comme un novice, bien que n'ayant encore que la petite âme d'un enfant.

Après le passage des Tas-de-Pois, quand le cap fut mis directment sur l'île de Sein, Lagadec et Trémor se regardèrent, le front barré de rides, s'étudiant de l'œil, avec de significatifs regards lancés dans la direction de Pierrik, qui, tout en sifflotant, paraissait entièrement absorbé par un travail de réparation dans un filet pour les raies.

Depuis qu'on avait quitté Camaret, le mousse n'avait pas dit un mot qui eût trait à l'endroit où on allait. Avait-il réellement oublié le passé? N'allait-il pas de nouveau être repris par ses curiosités d'autrefois?

Là-bas, vers le sud-ouest, la pointe du Van, la pointe du Raz grossissaient, se rapprochant insensiblement, tandis que Yan Cosquer, pesant sur la barre, conservait à l'*Étoile-Polaire* son invariable direction sur le phare de l'île, pris comme amer.

« Dans la mauvaise mer que nous entrons! grogna Trémor, regardant autour de lui en secouant la tête.

— Trop habitée! » souligna Lagadec.

Puis, le mousse ne paraissant pas faire attention à leurs paroles pleines de sous-entendus, il crut devoir ajouter pour piquer sa curiosité :

« Il y en a qui y ont eu connaissance du *Fanalik ar goal amzer*.

— La lanterne du mauvais temps! expliqua Trémor. Oh! diable! C'est cette lueur qu'on aperçoit tout à coup en haut du grand mât, qui descend, fait le tour du bateau, s'arrête sur l'agrafe du gouvernail à l'arrière, sur le collier du mât à l'avant. Méchante affaire, si on la voit! il n'y a plus qu'à filer au port, car le vent ne tarde pas à suivre. »

Lagadec fit, très grave :

« Pire que ça; si on y allume sa pipe, on tombe mort. C'est arrivé à un de l'île, que je connaissais. »

L'enfant n'écoutait rien; et ils purent encore parler des lutins avec lesquels il faut lutter sur le plat-bord, si on a eu le malheur de les appeler en passant près des grèves, où ils se débattent; du bateau de nuit, le *Bag noz*, qui mène au danger sur mer, comme le *carrik Ankou*, le chariot des Morts, sur terre. Il semblait désintéressé de tout.

Mais, comme on avait dépassé la hauteur du cap de la Chèvre et qu'on se rapprochait des rochers qui avoisinent Sein, brusquement Pierrik Danielou se redressa son béret à la main, les yeux mouillés de larmes; il se tourna vers le patron, en indiquant la mer autour d'eux :

« C'est ici, n'est-ce pas? »

Ses regards semblaient vouloir fouiller les profondeurs glauques, comme s'il eût espéré y retrouver la trace du disparu.

Troublé, Trémor murmura :

« Il n'a pas oublié. »

Lagadec eut un geste du front :

« A son père qu'il pense, pauvre petit gars !... Cinq ans au moins qu'il y a de cela, cependant !... C'est presque du vieux temps ! »

Yan Cosquer, ému, répondit, avec un geste un peu incertain indiquant vaguement l'espace :

« C'est par ces parages, à ce qu'on nous a dit à l'époque, entre Tévennec et l'île, que la *Reine-des-Anges* a dû périr avec tous ceux qu'elle portait !... »

Longtemps absorbé, la tête penchée, les deux mains jointes abandonnées devant lui, le mousse resta immobile, envahi par les pensées, cherchant à se figurer le drame qui s'était passé, et tentant de reconstituer les traits déjà effacés de son père, si troubles, si indistincts, que c'était, après ces cinq années écoulées, comme s'il les eût aperçus sous les masses énormes et mouvantes des profondeurs d'eau qui le séparaient à jamais de lui.

Un ordre du patron l'arracha enfin à cet engourdissement : on allait accoster.

Alors le saisit tout entier la curiosité de cette île ; mais il éprouva une désillusion en face de cette étendue plate, de ce rocher un peu plus grand que les autres, plus bas que Tévennec et la Vieille, dominé seulement par l'église, par le phare, et que balaye impitoyablement le vent du large.

Ce fut en vain qu'il promena ses regards parmi les groupes errant çà et là aux abords du port; c'étaient des pêcheurs, des pêcheuses, ayant à peu près la tournure, la physionomie, la bonhomie rude des gens de Camaret. Il y avait loin de ce qu'il s'était figuré, avec son imagination toute flambante de légendes, à ce qui se trouvait devant lui.

Certainement, il n'y avait là ni sorcières ni êtres extraordinaires, et même, un moment, il se demanda si cette fameuse Catouche, dont le fantôme l'avait si longtemps persécuté, existait ailleurs que dans les récits fantastiques de ceux qui l'avaient probablement inventée.

Ce fut si vif, si pénétrant, cette impression, qu'il eut honte en cet instant d'avoir cru à son existence, et qu'il n'osa plus s'informer d'elle, surtout après tout ce temps écoulé, de peur de se faire moquer de lui.

Du reste, c'est à peine si l'équipage descendit à terre, et lui, personnellement, dut rester à la garde du bateau. Puis, les filets étant prêts, l'*Étoile-Polaire* reprit le large, à la recherche des points fréquentés par le poisson, et les jours se suivirent, tous semblables, sans amener rien de nouveau.

La veille du jour fixé pour le retour à Camaret, Pierrik Danielou, dont la présence à bord n'était pas nécessaire, obtint la permission de parcourir l'île pendant quelques heures, et Yan Cosquer lui dit avec une certaine malice, visible dans le plissement augmenté des angles externes de ses yeux :

« Tu l'as assez désirée, ton île de Sein ; fais une bonne fois connaissance avec elle, et tu en auras vite assez ! Elle n'est d'ailleurs

C'était une fillette d'une dizaine d'années au plus.

pas longue à voir ; un petit tour de promenade, et tu en auras une idée pour la vie, et pas plus envie de recommencer que moi à c't'heure !... »

Ainsi que l'en avait prévenu son patron, Pierrik eut rapidement fait de visiter l'île.

Désœuvré, tout à fait désillusionné, n'ayant rien trouvé de ce qu'il espérait, il se dirigea distraitement vers la mer, du côté qui regarde le sud, côté opposé à celui par lequel il avait débarqué.

Au nord, c'était ce qu'on appelle la mer gauche, *ar mour glei;* de ce côté sud, c'était la mer droite, *ar mour deo,* toutes deux mises en communication par ce bras de mer de deux lieues de large, le Raz de Sein, entre l'île de Sein à l'ouest, et à l'est la pointe du Raz, *ar Straon,* l'étrave de la terre !

Un peu las d'avoir marché, il venait de s'asseoir dans une anfractuosité de rocher, et là rêvait, engourdi dans une demi-somnolence, quand, relevant les yeux, il aperçut subitement, tout près de lui, quelqu'un qu'il n'avait pas entendu approcher et qui semblait comme jailli de la mer.

Deux prunelles noires, luisantes comme deux gouttes de coaltar, pesaient sur lui, le dévisageant avec un étonnement sauvage, tandis que le pli ironique des lèvres donnait une sorte de gaieté à cette figure pâle, brune, hâlée par le soleil, au front bas sous une masse de cheveux noirs épandus sur les épaules, dans le désordre où les jetait le souffle assez rude du vent ; pour vêtement une chemise couverte d'un corsage en pièces, une jupe d'une grosse étoffe de laine, que dépassaient deux jambes nues, fines et maigres.

C'était une fillette d'une dizaine d'années au plus, plutôt étrange que jolie, avec l'effronterie tranquille de ses yeux et l'espèce de sourire laissant voir ses dents blanches.

« Qui es-tu, toi ? » questionna-t-elle, dès que les yeux bleus de Pierrik rencontrèrent les siens.

Il eut son bon rire d'enfant en ripostant :

« Pierrik Danielou, de Camaret. »

Cela lui semblait tout drôle d'être ainsi interrogé, de ce tutoiement familier, par cette maigrichonne et bizarre fillette.

L'autre continuait de le dévisager paisiblement, mais quelque chose semblait avoir passé dans ses prunelles sombres à la réponse du mousse ; un voile les ternit une seconde, comme si elle se fût repliée sur elle-même, fouillant un moment ses souvenirs ; puis elles reprirent leur singulier brillant, tandis qu'elle faisait :

« Danielou, que c'est, tu dis ?

— Pierrik Danielou, de Camaret, » répéta complaisamment l'enfant, qui se sentait déjà attiré, prêt à une sorte d'instinctive tendresse pour la singulière créature.

Celle-ci cherchait, articulant lentement :

« Danielou !... Camaret !... Danielou !... Toi, qui es déjà venu ici, alors ? »

Il protesta, avec un étonnement souriant :

« Jamais ! jamais !... C'est la première fois au jour d'aujourd'hui !... Moi, qui en avais envie depuis longtemps, ça c'est vrai !... »

Elle secoua autour d'elle ses boucles noires et rudes d'un air de doute :

« Comment que je sais ton nom alors, moi ?... Danielou, Camaret, j'ai entendu déjà.

— Oh ! diable ! c'est pas les Danielou qui ont manqué, pour sûr, et des Danielou de Camaret comme moi ; mais tous ceux-là ont péri, et je suis le seul maintenant. »

Les gouttes de noir goudron des prunelles tombèrent sur lui, si perçantes, si ardentes, qu'il crut en sentir le contact enflammé sur sa peau, sur ses yeux, et que, par un effet étrange, en désaccord avec cette sensation de feu, un frisson léger courut sur son épiderme.

Elle répéta d'une voix si bizarre, qu'on eût cru entendre une voix de cauchemar, une voix de l'autre monde, une phrase aux paroles mystérieuses, dont les premiers mots grondaient incompréhensibles, sauvages et rauques, au fond de sa gorge et dont la fin seule était distincte :

« Camaret... Danielou... ou... ou... ou... ou !... »

Cela tenait de la plainte sinistre du vent soufflant par un jour de tempête, et se prolongeait, indéfinissable, sur les lèvres de l'enfant, à la fois bourdonnement et sifflement lugubre.

Pierrik en ressentit un tel malaise, qu'il ne voulut pas rester sous une pareille impression. Honteux et colère d'être aussi profondément troublé par une gamine dont la tête ne lui arrivait pas aux épaules, et dont l'aspect chétif, misérable, eût dû faire plus de pitié que de peur, il riposta d'une voix qu'il s'efforça de rendre rude et moqueuse :

« Et toi, mauvais petit crabe de roche, comment que tu te nommes, dis voir un peu ? »

Il eût été difficile de savoir si elle était froissée de cette apostrophe, car sa physionomie resta la même, avec un léger pli de gaieté ou d'ironie aux lèvres, une curiosité aussi ardente des regards, pendant qu'elle répondait, sans la moindre vibration de colère :

« C'est Marine Gadouna, que je suis.

— Marine !... Bien vrai, Marine ?... Ah ! le joli nom !... Un nom de mer, un nom qui me va, tout en grand !... »

Danielou n'avait pu conserver son ton de moquerie, saisi à l'improviste par tout ce que ce nom inattendu lui apportait de charme et de séduction.

C'était réellement quelque chose comme la satisfaction de son rêve sur l'île de Sein, ce qu'il éprouvait en ce moment.

L'enfant mièvre, fluette, debout devant lui, dans l'encadrement des rochers, se détachant si grêle, presque fluide, sur l'horizon illimité, sous ce ciel sombre, parmi ces brumes, prenait la grâce d'une figure de légende, d'une de ces fantaisies ailées et impalpables qui hantaient son cerveau depuis sa toute petite enfance.

Puis voilà que ce nom de Marine, jeté ainsi tout à coup, réveillait en lui tout ce qui s'y agitait d'inassouvi, d'espéré. Marine ! un nom qui était comme la mer elle-même, cette mer dont il avait la passion, dont il ne saurait jamais se passer : cette fille de l'île lui sembla en cet instant la mer rendue humaine, personnifiée.

Ses regards avouaient une telle joie, une telle admiration, après l'interpellation railleuse qu'il avait précédemment lancée à la petite, que celle-ci, malgré sa jeunesse, en eut la sensation et qu'il parut qu'elle désirât encore accroître, par un instinctif et féminin sentiment d'orgueil, cette louange muette du mousse.

Elle s'efforça de conserver la gravité de sa physionomie, et levant la main droite, comme pour forcer l'attention de celui qui l'écoutait, ajouta :

« La fille à Anne Gadouna !... »

Sans doute elle comptait beaucoup sur l'effet de ce qu'elle venait de dire, car il y eut une sorte de désenchantement dans toute son expression quand Pierrik Danielou se fut contenté de répéter d'un ton tout naturel :

« Anne Gadouna, ta maman que c'est !... Moi, je n'ai plus de maman. »

La petite insista gravement, les yeux durs et luisants :

« Anne Gadouna, la veuve !... »

Mais le jeune Camaretois ne vit dans ces mots qu'une manière de lui apprendre que son père était mort ; il fit mélancoliquement :

« Moi aussi qui n'ai plus mon père !... Péri en mer, qu'il est, comme le tien probablement ? »

Marine eut un lent mouvement des épaules, une moue dépitée au bord des lèvres.

Déjà, rapproché d'elle, Pierrik l'avait gentiment prise par la main, demandant :

« Veux-tu, nous serons amis, n'est-ce pas ? Tous les deux seulement, et personne ne le saura. »

Elle le regarda quelques secondes ; puis, renonçant à conserver plus longtemps l'attitude un peu raide qu'elle affectait depuis l'instant où Danielou l'avait aperçue, elle sourit doucement, acceptant :

« Je veux bien, moi !... »

Et immédiatement, avec toute la vivacité étourdie de l'enfant si jeune qu'elle était :

« Nous jouerons ensemble. »

Malgré l'espèce de petite honte vaniteuse qui lui était montée en bouffée de sang au visage à cette idée de jouer avec une pareille gamine, lui, le mousse de l'*Étoile-Polaire*, il céda au charme émané de la fillette et répondit :

« A tout ce que tu voudras, c'est dit ! »

Ce fut presque avec des larmes, une fine et transparente buée sur le poli de ses yeux, qu'elle expliqua :

« Je joue toujours seule, moi !... Personne ne veut venir avec moi !...

— Ah ! personne !... A quoi donc tu joues ?... »

Une certaine défiance faisait hésiter les questions sur les lèvres de Danielou, car il songeait à l'étrange effet que lui avait d'abord produit Marine Gadouna.

Pourquoi n'allait-on pas avec elle ? Était-ce à cause de sa pauvreté ? Elle semblait, en effet, bien misérable, avec sa pauvre loque de robe, mal rapiécée, ses cheveux flottants en désordre, ses jambes et ses pieds nus, l'air de souffrance de ses traits, lorsqu'elle ne s'observait pas, comme en cette minute d'abandon confiant.

Son apitoiement s'en accrut, et il reprit :

« A quoi jouerons-nous ?

— A des jeux de bateau, » fit-elle.

Il reprit très vite, amusé :

« Tiens ! C'est les jeux que je préfère, moi aussi ; j'aime la mer plus que tout. »

Puis, mordu de défiance, demanda :

« Comment que ça se fait que tu aimes les jeux de bateau ? C'est pas fait pour les filles, bien sûr ! Par chez nous, à Camaret, il n'y a que les garçons qui s'amusent avec les bateaux ; les filles, c'est leur place à terre. »

Elle sembla éteindre un moment sous le voile de ses cils la lumière vive de ses yeux, disant d'une voix sourde :

« Ici non plus, les garçons ne veulent pas des filles sur les bateaux ; mais il y en a qui y vont tout de même !... Moi, toutes les fois que je peux ! »

La fin de la phrase sonnait sauvagement, comme une sorte de défi, de menace.

Le mousse eut un léger et instinctif mouvement de recul, considérant avec un peu d'étonnement l'expression ironique et farouche qui crispait les traits de la fillette. Vaguement il songea à Catouche, murmurant :

« C'est d'*elle* qu'elle veut parler ! Elle sait peut-être, elle ? »

S'il la questionnait ? Une seconde il hésita, cherchant une manière d'aborder le terrible sujet sans en avoir l'air, mais ne pouvant se décider à prononcer les noms qui grondaient en lui avec un bruit de chaudière en ébullition.

Elle lui semblait si étrange en ce moment, la misérable fillette, qu'il n'était pas très éloigné de voir en elle une sorcière, une de celles dont Lagadec et Trémor assuraient que les parages étaient remplis. D'où pouvait-elle être venue ainsi, à l'improviste, sans qu'il l'eût entendue arriver, sans qu'il l'eût précédemment aperçue ? Peut-être de la pleine mer, de cette étendue noyée de vapeurs, où l'œil ne pénétrait pas.

Il questionna, craintif, bégayant à demi et montrant l'Atlantique :

« De là que tu viens ? »

Elle tourna la tête pour regarder l'endroit qu'il lui désignait, n'aperçut rien que l'immensité gonflée de lames lourdes roulant de distance en distance une mince crête d'écume, qui s'éparpillait et fondait comme une neige légère dans la masse des eaux.

« Non, dit-elle, je viens de par ici. »

Elle indiquait quelques aiguilles de roches accidentant la côte, et, se dirigeant de ce côté :

« Suis-moi, tu verras. »

Demi-rassuré, Pierrik Danielou s'achemina derrière elle.

Ils arrivèrent à une sorte de petit cirque d'écueils noirs, au milieu desquels s'étendaient plusieurs flaques d'eau larges et assez profondes.

Déjà la petite fille, courbée sur l'une de ces mares, au fond desquelles rampait et vacillait toute une végétation sous-marine de longues herbes brunes, de fleurs bizarres, d'anémones de mer rouges, blanches, violettes, atteignait un petit panier et un bâton, dissimulés dans un creux :

« J'étais ici, tu vois, » montra-t-elle.

Avant qu'il eût réfléchi, poussé par une force secrète à la vue de cet attirail, assimilant à ces objets tous les récits autrefois entendus, les paroles jaillirent des lèvres de Pierrik, qui demanda avidement, l'esprit plein de ce *Bateau-des-Sorcières*, dont on lui avait tant parlé, dont on lui avait si exactement décrit l'origine, la transformation :

« Tu fais de ton panier un bateau, de ton bâton un mât, de ton tablier une voile, n'est-ce pas ? »

Elle le dévisageait curieusement, tandis qu'il prononçait ces mots bizarres, et rien dans sa physionomie ne montrait qu'elle y attachât un sens particulier ; elle s'exclama toute rieuse :

« Oh! moi qui irais au fond de l'eau si je prenais mon panier comme bateau!... Ah! ah! ah!... Tu es drôle, toi!... »

Le rire de Marine était si franc, si naturel, si enfant, que Pierrik resta tout décontenancé de ce qu'il venait de dire.

Que devait-elle penser, en effet, si véritablement elle ne connaissait point l'histoire de Catouche? Sans doute elle était trop jeune pour en avoir entendu parler.

Il ressentit un peu de remords et même une certaine honte de ses paroles, car il s'en défendit :

« C'était pour plaisanter ; je sais bien qu'on ne peut pas naviguer sur un panier, à moins d'être un saint, comme celui qui a traversé la mer sur une auge de pierre! »

Mais elle ne paraissait même plus l'écouter, faisant avec fierté :

« Moi qui godille bien, quand je peux attraper un canot!... Oui, mais ça qui est difficile! Des coups que je reçois, si les pêcheurs me prennent!... Des fois j'ai pu m'amuser, au tout petit matin, avant que personne soit encore dehors!... Et j'ai été mouillée, mouillée ; j'avais l'air de sortir de la mer!... »

Marine était là, devant lui, moqueuse et effrontée.

Pourquoi la vision de Catouche traversa-t-elle de nouveau la pensée de Pierrik?

Il lui semblait la voir telle qu'on la lui avait dépeinte, revenant de ses mystérieuses expéditions, avec ses vêtements trempés d'eau de mer, le panier d'une main, le bâton de l'autre, et la fillette grandissait, grandissait, se haussant à la taille d'une femme. Les yeux mi-clos, il la contemplait avec épouvante.

Un éclat de rire l'arracha à sa vision. Marine était là, devant lui, moqueuse et effrontée, le dominant du haut d'un bloc qu'elle venait d'escalader, secouant panier et bâton d'un air triomphant, en disant :

« Regarde comme je suis grande ! »

Il haussa les épaules, mécontent de lui-même, furieux contre la gamine :

« Je suis fou à c't' heure ! C'est toujours ce méchant crabe de roche ! »

Et tout haut, avec un geste d'adieu à l'enfant :

« Faut que je retourne à bord ; on jouera une autre fois, lorsque je reviendrai.

— A des jeux de bateau?... Et je te dirai quelque chose, une chose que personne ne doit savoir ! »

Son petit index allongé devant ses lèvres froncées en moue sérieuse, elle le fixait de ses yeux noirs, pénétrants, des prunelles qui avaient un regard de femme, une expression mystérieuse et inquiétante.

Il balbutia d'une voix qui s'étranglait légèrement au fond de son gosier :

« Un secret? »

Sous son maillot de laine le cœur lui battait avec une violence inhabituelle, envoyant à ses tempes des jets de sang qui troublaient son cerveau, le faisant passer sans transition d'une alternative à une autre, d'une idée à une idée différente.

Toujours, au moment où il s'efforçait de considérer Marine Gadouna comme un enfant ordinaire, où une phrase d'elle venait de trahir sa jeunesse, son insouciance, un autre mot, d'autres paroles ramenaient instantanément le souvenir dangereux, le mortel souvenir qu'il croyait chassé pour jamais, et cela le frappait d'inquiétude.

Le flot des réflexions heurtait alors son crâne avec la furie de la marée montante rencontrant la base des rochers.

En était-il des enfants comme des hommes? Y avait-il aussi pour eux des sorcières de leur âge, dont le secret révélé portait malheur?

Il se rappelait bien qu'on ne lui avait jamais parlé que des veuves de l'île de Sein, nullement des enfants, des petites filles; mais il songeait qu'il était, lui, un Danielou, que les choses ne devaient pas se passer pour lui comme pour les autres, et que ce qui lui arrivait là, avec cette fillette rencontrée par hasard, était tout à fait exceptionnel, ne ressemblait à aucune autre rencontre.

Il eut la sensation d'une sorte de véritable danger pour lui à prolonger cet entretien et renouvela ses adieux, avec autant de hâte de fuir qu'il en eût mis en présence de quelqu'une de ces menaces de la nature, bourrasque ou tempête, contre lesquelles il est inutile de tenter la lutte :

« Oui, oui, c'est cela, tu me diras un secret; mais... la prochaine fois..., plus tard! »

En reculant l'instant du péril, il lui semblait s'y soustraire pour toujours, et il était déjà à quelque distance, lorsqu'elle cria :

« A bientôt, Pierrik Danielou!... »

Encore perchée sur sa pointe de rocher, elle lui jetait de la main un baiser, sa figure mobile redevenue toute sérieuse, figée en visage de pierre, avec ses prunelles brillant comme du coaltar dans la pâleur dorée de sa peau.

Deux ou trois fois, tout en s'éloignant d'un pas rapide, il se retourna pour l'apercevoir, croyant entendre la dernière syllabe de son nom le poursuivre d'un hululement prolongé, funèbre :

« Ou... ou... ou... ou... »

Était-ce déjà le vent qui commençait à souffler plus dur, plus âpre, du sud-ouest, et qui se faisait lugubre en effleurant la cime des écueils et la crête des vagues? Était-ce la voix enflée, grondeuse et devenue formidable, de la fillette hurlant désespérément son nom?

La dernière fois qu'il s'arrêta pour regarder en arrière, elle avait disparu, comme fondue dans les vapeurs qui envahissaient peu à peu l'île, les nuées s'épaississant et s'abaissant de plus en plus.

Les ténèbres menaçaient de tout noyer, quand il atteignit le port où la coque de l'*Étoile-Polaire* grinçait contre les dalles du quai, à chaque montée nouvelle de la marée.

Trémor, courbé sur l'amarre qu'il larguait légèrement au fur et à mesure des progrès du flux, l'apostropha rudement :

« Te voilà, failli moussaillon!... Assez longtemps qu'on t'espère! On n'aurait pas tardé à partir, si ça avait continué!... Allons, embarque vite, houp là!... »

Lagadec amplifia :

« Tu pourrais pas rallier à l'heure, des fois?... Un peu plus, on t'y laissait à ton île de misère, mauvais cancrelat!... »

Yan Cosquer, lui, l'examina attentivement, sans dureté, comme s'il eût soupçonné, à voir l'air effaré et absorbé de l'enfant, que quelque chose d'important pour lui s'était passé durant son séjour dans l'intérieur de l'île.

Sans le fouetter de mots durs, il observa paisiblement :

« La marée, ça n'attend pas, tu sauras, petit!... Fais ton profit de cela pour quand tu seras au service.

— Aux fers qu'on te mettrait, pour t'apprendre le moment du flot! grommela Lagadec.

— A croire, des fois, que tu aurais fait la rencontre de la sirène de l'île de Sein! reprit Trémor insidieusement.

— La fille du roi Grallon, expliqua l'îlien; quand on la voit rôder autour des bateaux, la tempête n'est pas loin. Tu pourrais rencontrer mieux, bien sûr! »

Ils jouaient à faire manœuvrer quelque grossier morceau de bois taillé en forme de bateau.

Cette insinuation avait fait tressaillir Pierrik plus que les menaces précédentes. Il s'excusa tant bien que mal, objectant son ignorance des sentiers de l'île, de la configuration des côtes; mais à personne, pas même au patron, cependant si bienveillant pour lui, il n'osa avouer la véritable cause de son retard.

Il craignait de se faire moquer de lui, s'il racontait sa rencontre avec Marine Gadouna; il pensait aussi qu'il ne devait pas parler de la causerie qu'ils avaient eue, en même temps qu'une certaine fierté d'homme lui venait d'avoir son petit secret, que nul ne connaîtrait, un secret qui le liait comme par un fil invisible à l'île de Sein. Il lui semblait y laisser une partie de son être, tandis que la barque le remportait vers Camaret.

Telle fut la première visite de Pierre Danielou à l'île de Sein.

Il en garda un si ineffaçable souvenir, qu'il ne cessa plus d'y songer et que l'image de la petite fille se grava en lui d'une manière profonde, inoubliable, avec tous les détails de leur conversation.

Cela marquait une époque dans sa vie et faisait une transition avec le passé.

De l'attirance ressentie pour le pauvre chien aveugle autrefois recueilli, ce Misère qui avait été son compagnon des heures d'isolement et de désespoir, il était allé à la subite tendresse pour cette fillette inconnue, rencontrée si étrangement à Sein; c'était un degré franchi dans l'échelle de l'affection, une élévation de tendresse, issus de ce besoin d'aimer dont son cœur était dévoré.

Durant les mois d'hiver, de novembre à avril, l'*Etoile-Polaire* retourna plusieurs fois au Raz de Sein.

Chaque fois, durant les quelques heures de liberté qui lui étaient accordées au moment du retour à Camaret, Pierre Danielou, sous prétexte de promenades, se rendait le long de la côte sud de l'île, certain d'y rencontrer, à peu près aux mêmes endroits, sur des points convenus d'avance, son amie Marine Gadouna.

Leur temps se passait invariablement de la même façon, en causeries générales, en questions curieuses de la petite fille sur les Camaretois, les Camaretoises, Camaret, la presqu'île de Crozon, et aussi sur Brest, sur la vie qu'on y menait. Tout cela, pour elle qui n'était jamais sortie de l'île, c'était comme une existence magique, de rêve ou de légende.

D'autres fois ils jouaient dans les flaques d'eau, dans les creux de rochers, à faire manœuvrer quelque grossier morceau de bois taillé en forme de bateau, avec un mouchoir pour voile, ou bien cherchaient les coquillages bons à manger, les crabes, les petits poissons.

Toujours, à chacun de ses voyages, elle le charmait davantage par sa grâce sauvage de fleur marine poussée parmi les algues, cette fillette constamment seule, dont il n'avait jamais vu les parents et dont il savait seulement qu'elle était la fille d'une nommée Anne Gadouna.

Que lui importait, du reste! Ce qui lui plaisait, c'est qu'elle aimait tout ce qu'il aimait, c'est que tous deux au-dessus de tout ils mettaient le mer, l'Océan avec sa grosse voix, voix de douceur des beaux jours, voix de colère des jours de tempête, et ses fleurs vivantes, sa merveilleuse végétation, ses poissons d'argent, d'or, de pierreries. Pour eux aucun bijou n'égalait ces couleurs animées et frétillantes, aucune chose n'était plus belle que la mer.

Comme lui aussi elle aimait les légendes, elle en connaissait beaucoup, et gentiment, pour le remercier des fruits qu'il lui apportait, poires ou pommes, dont elle était friande, elle lui faisait cadeau de choses venues de la mer, plantes, coquillages, minuscules épaves.

Puis, l'heure du départ arrivée, ils se quittaient, avec la promesse de se revoir, et, pour se lier davantage par quelque chose d'irrévocable, ils s'étaient juré d'être plus tard mari et femme.

Pierrik cependant s'étonnait d'une chose, c'est que, entre eux, il n'avait plus du tout été question du fameux secret dont Marine lui avait parlé, la première fois qu'elle l'avait rencontré. Il n'osa pas la questionner sur ce point, finissant par croire que ce n'avait été là qu'une phrase insignifiante, sans portée; en outre, il craignait de ramener la conversation sur un sujet qui lui semblait cacher des dangers.

Vers la fin de l'hiver, l'*Etoile-Polaire*, faisant pour la dernière fois de la saison la pêche dans ces parages, se trouva retenue un peu plus longtemps que d'habitude par un banc de brume qui s'était soudainement abattu sur la mer et rendait la navigation périlleuse.

Cependant le vent, commençant à souffler, diminuait peu à peu l'épaisseur du brouillard; on avait connaissance des Tas-de-Pois, du cap de la Chèvre, si bien que Cosquer décida le retour.

Pierrik, le jour où l'on devait regagner Camaret, s'était dirigé vers le rendez-vous habituel, tout mélancolique à la pensée de la longue suite de mois qui allaient le séparer de son amie, quand il eut l'étonnement de ne pas la trouver à l'endroit convenu.

Il s'inquiétait déjà, lorsqu'il s'entendit subitement héler de la mer, du milieu des épaisseurs molles et blanches de la brume. Il ne voyait d'abord rien et croyait s'être trompé; mais ces mots arrivèrent, plus distincts, comme enveloppés de douceur par cette ouate flottante :

« Pierrik Danielou ! »

Il balbutia, encore incertain, n'apercevant toujours rien :

« Marine ?... »

Les vapeurs se déchirèrent, trouées par la pointe d'un petit canot. Debout à l'arrière, pesant sur la rame qui virait rapidement entre ses mains, Marine Gadouna godillait avec une adresse de matelot.

Dépassant une dernière pointe de rocher, elle aborda au fond de la petite anse naturelle où se tenait Pierrik, immobilisé par la surprise, sauta lestement sur le sable, et, amarrant son embarcation, fit d'un air de triomphe :

« Moi qui ai mon bateau, aujourd'hui ! »

Elle semblait toute changée, les yeux en flammes courtes et aiguës, les cheveux révoltés autour du front et des épaules, comme grandie, enforcie, avec un air étrange d'apparition surgissant des profondeurs infinies de l'Océan.

Une sorte de solennité se dégageait d'elle, en faisant une créature presque surnaturelle, une fille mystérieuse du grand large.

Le mousse eut un léger mouvement du corps en arrière, un craintif balbutiement, lourd de doute :

« C'est bien toi..., Marine ? »

Le rire de la petite éclata, vola par les airs comme un flocon d'écume craché par les vagues, s'éparpillant à l'infini :

« Ah ! ah ! ah !... ah !... Ah ! ah ! ah !... ah !... Je te fais peur, Danielou !... »

Marine godillait avec une adresse de matelot.

Un flot de sang sauta aux joues de Pierrik, enfla les veines de son front. Se raidissant rageusement contre l'inquiétude éprouvée, il essaya de rire comme autrefois :

« Méchant petit crabe de... »

Les mots moururent dans sa gorge ; il n'acheva pas, troublé malgré lui par l'expression moqueuse et incisive des traits de la fillette, et elle acheva de lui couper la parole d'un brusque :

« Pour nos adieux que tu m'appelles ainsi, mon Pierrik? »

Et d'une voix adoucie, presque plaintive de faiblesse féminine, de caresse tendre :

« Des mois, des mois qu'on ne se verra plus! Peut-être bien des années! Mais tu n'oublieras pas ce qu'on s'est promis, Pierrik?... Moi qui vais être seule!...

— Mari et femme, c'est juré! affirma le mousse, levant la main pour prendre le ciel à témoin. Après mon service à l'État, nous ferons le mariage, pour sûr!

— Dans des temps et des temps que ce sera! » fit-elle.

Elle secouait sa tête aux cheveux éplorés balayant ses épaules.

Leurs mains se rapprochèrent, unies, soudées ensemble, et, assis tout près l'un de l'autre, ils bavardèrent, entassant les paroles sur les paroles, les promesses, les infimes confidences, en un besoin de se dire beaucoup de choses, pour tous ces mois qui allaient les séparer.

Pierrik avait complètement oublié ses inquiètes sensations du début de cette dernière entrevue; Marine ne semblait plus songer à prendre ces poses bizarres et ces mines de sphinx qui troublaient tant le jeune Camaretois.

Le jour baissa. L'heure de la séparation approchait, impossible à reculer.

Tout à coup Marine Gadouna, en une sorte d'irrésistible élan, enlaça de ses deux bras le cou de son ami, approcha ses lèvres de son oreille, et d'une voix qui glissa comme un souffle de rêve :

« Puisque nous serons mari et femme, que c'est promis, tu dois savoir!... Je vais te dire, aujourd'hui..., le secret. »

D'un geste presque brutal des épaules, Pierrik essaya de se dégager, instinctivement :

Elle resserra son étreinte :

« Écoute, c'est des paroles vraies, qu'on m'a dites, des mots graves, tout graves!...

— Qui te les a appris? » questionna avec angoisse le jeune garçon.

La petite figure pâle devint subitement sérieuse, les prunelles noires se fixèrent, tandis que Marine déclarait :

« Quelqu'un qui sait : Anne Gadouna.

— Ta mère?... La veuve!... » s'exclama successivement Pierrik, repris d'inquiétude, d'effroi.

Marine poursuivit avec une gravité étrange, une main levée devant elle en manière d'appel à l'attention :

« Ma dot que ce sera, pour mon mariage qu'elle a dit!... Écoute! »

Détachant chaque mot, tandis que ses sourcils se fronçaient un peu dans l'effort de la recherche des mots, s'étudiant à ne rien oublier :

« *Ta fortune... est... dans... le sable.* »

Elle chercha encore, puis ajouta :

« Et aussi : *Trez Rouz.* »

Avant que Daniélou stupéfait n'eût compris ce qu'elle voulait dire, elle l'avait embrassé rapidement, s'éloignait de lui en quelques bonds et sautait dans le canot qui l'avait amenée.

Deux coups de rame écartèrent l'embarcation des rochers. Déjà elle s'enfonçait dans la brume, et Marine semblait se fondre peu à peu dans la mer qui l'absorbait, la saisissait, quand sa voix arriva, distincte, expliquant :

« *Trez Rouz...,* Sable-Rouge, que c'est!... A bientôt, Pierrik Daniélou!... »

Plusieurs minutes encore, immobile à la même place, les yeux fixés sur le point où Marine avait disparu, comme engloutie par l'Océan, le mousse resta, les oreilles bourdonnantes des bizarres paroles lancées en guise d'adieu par la fillette ; mais il ne distingua plus qu'un impénétrable rideau blanc, cotonneux, fluide, sous lequel roulait l'écume des lames, il n'entendit plus que le grondement du ressac dans les anfractuosités des roches.

Il se redressa pensif; la tête lourde, le cœur inquiet, il regagna l'*Étoile-Polaire* en murmurant très bas :

« Le secret, qu'elle a dit!... Je sais le secret!... Et ce bateau sur lequel elle est venue, ce bateau qui l'a emportée..., peut-être le *Bateau-des-Sorcières?*... »

Et des heures, des jours, des nuits, des mois, des années, cela allait rouler à travers son cerveau, comme une algue détachée des profondeurs mystérieuses de la mer et glissant sans fin par l'immensité pour un but inconnu.

DEUXIÈME PARTIE

I

« Allons, bon !... La pluie, la nuit, le diable et son train !... On voit bien qu'on entre dans de fichus coins de pays, où le soleil n'est pas un ami ! ricana une voix martelée et chantante, où toutes les syllabes sonnaient claires, comme des pièces de monnaie d'un métal longtemps cuit à un feu ardent.

— Tu as raison, le *mocco;* pour nous empêcher d'y voir, que c'est fait, cette mauvaise brouillasse, et nous retarder d'autant, approuva un mécontent, soutenant le Provençal qui venait de parler.

— Un peu de brume, voilà-t-il pas de quoi vous effaroucher ! C'est le pays qui s'annonce, autant dire, » fit un philosophe des côtes armoricaines.

Un grasseyement de loustic intervint :

« Le pays !... le pays !... Lequel de pays ?... Pas le mien de pays, bien certainement, mais le tien, celui du biniou et de la galette de blé noir !... »

Il chantonna, narquois, en exagérant le nazillement traînard de son accent faubourien, estropiant la chanson d'une répétition cocasse :

> J'suis né natif du Finistère...

Puis continua, gouaillant :

« Le pays de Bretagne tout annoncé, quoi ! Y s'met un voile, comme une jolie femme, pour se montrer au travers et se faire mieux désirer !... En voilà des manières !...

— Oh ! toi, le Parisien, toujours tout en farces, comme de juste ! Mais regarde un peu voir là-bas, par tribord, si le second maître songe à plaisanter, lui ?... Hein ? Fini de rire, de jacasser, comme il en donnait l'exemple, les jours d'avant !... Le voilà muet comme un cabillaud, en vrai pêcheur de morues ou de sardines, qu'il est de sa race !...

— Lui et les autres, signe que nous approchons, malgré qu'on ne voie rien encore !... Bon signe alors ; faudrait pas s'en fâcher !... »

Redevenus, en effet, ces êtres de mélancolie, de nostalgie et de rêve qu'ils sont d'habitude, aucun des autres Bretons de l'équipage ne riait plus, ne chantait plus, pris, absorbés, reconquis par ce voile de ténèbres tombé tout à coup sur eux, par ce manteau de pluie les enserrant de plus en plus, comme s'ils eussent reconnu l'atmosphère habituelle, la tristesse sauvage du pays de naissance.

Depuis tant de jours, depuis tant de nuits, il flottait, ce lourd trois-mâts, ce transport si pesant, le *Superbe*, toujours enveloppé d'eau jusqu'à l'horizon, ses grandes ailes blanches tendues de toute leur largeur pour recevoir l'impulsion du vent, son avant fendant continuellement des montagnes liquides après d'autres montagnes liquides, de mouvantes étendues après d'autres mouvantes étendues semblables, que les matelots malades, convalescents ou ayant fini leur temps de service, qu'il ramenait des pays d'Extrême-Orient, en arrivaient à penser qu'ils ne reverraient plus jamais la terre, et que tout devenait pour eux prétexte à de nouvelles récriminations, à de nouvelles plaintes.

On avait espéré du nouveau pour ce jour-là. Une fois de plus, voici que le soir tombait, qu'une nouvelle nuit menaçait d'étendre ses voiles de ténèbres sur l'Océan, sans qu'il fût encore possible de rien distinguer.

Cependant la terre, d'après les derniers calculs, devait être là, quelque part devant eux, plus bien loin maintenant, à ce qu'il leur semblait à tous, au groupe d'impatients rassemblés sur ce pont, d'un peu partout, de tous les ports de la France, et qui espéraient humer les parfums connus annonçant le voisinage de la patrie.

C'est alors, au moment où tous les yeux fouillaient au loin devant eux, que du fond de l'horizon, dans le sud, venant hâter la nuit et retarder leur joie, des vapeurs menaçantes étaient accourues, étalant, sur toute la surface de l'Atlantique, un fin et rapide brouillard qui, s'épaississant de plus en plus, se transforma en une pluie serrée, aux minces baguettes rigides, fouettées par le vent.

« Un coup de crachin ! déclara un des Bretons, semblant s'étaler avec béatitude sous cette caresse mouillée, la face baignée de pluie.

— Ah ! oui ! fameux, leur crachin ! C'est la pluie pour tout de bon, la vraie pluie des autres endroits qu'ils appellent ainsi dans leur région du Finistère !... On voit quand ça commence et on ne sait jamais quand ça finit ! Nous serons sur le plancher des vaches avant d'en être débarrassés !... bougonna le Provençal, l'ami du soleil.

— Tant mieux, au contraire ! Si c'est le crachin, c'est que Brest est là, tout près, et Brest, c'est le débarquement, la liberté, Paris..., au bout, pas bien loin pour qui revient de chez les faces jaunes !... »

Le Parisien leva d'un grand coup de bras son béret, pour saluer l'averse, qui s'établissait continue, impénétrable.

Appuyé au plat bord, un peu à l'avant, près du bossoir de tribord, la tête soutenue par ses mains, les coudes d'aplomb dans le bois, les yeux droits devant lui, ses manches barrées du galon des seconds maîtres de la marine, un des matelots, aux larges épaules sous la vareuse sombre, ne bougeait pas, ne semblant rien entendre de ce qui se disait autour de lui.

Pierrik ne bougeait pas, ne semblant rien entendre de ce qui se disait.

Une légère barbe blonde allongeait l'ovale de sa figure énergique, rendue plus mâle par le hâle qui couvrait d'une uniforme couche de bistre tout ce qu'on distinguait d'épiderme du cou à la poitrine, tandis que le bleu des prunelles, adouci par le contraste, avait le vague de ce regard des natifs des côtes bretonnes, où semble flotter du rêve et passer d'invisibles images.

« Sûr qu'on jurerait qu'il voit quelque chose ! fit, en le désignant aux camarades, le causeur le plus rapproché de lui.

— Dame ! rien d'étonnant à ce qu'il s'y reconnaisse là où nous autres ne voyons rien.

— C'est vrai qu'il est quasi chez lui, par ces parages, le second maître. »

Au même moment, celui dont on parlait venait de faire un geste, paraissant, de sa main droite brusquement jetée devant lui, indiquer quelque chose, à travers la trame serrée de la pluie, très loin encore, et tout son corps, tendu d'un élan machinal, suivait le mouvement, comme s'il eût cherché à mieux voir.

Il balbutia presque indistinctement :

« Des roches, bien sûr !... »

Et, tout ému, se redressant, ainsi que pour s'adresser aux autres, sur ses lèvres le mot si attendu va éclater ; déjà, joyeux, il le murmure :

« Terre !... »

Une stridente modulation de sifflet l'interrompt, amène tout un remue-ménage sur le pont, qui semblait auparavant engourdi, endormi par les approches de la nuit ; une autre musique de sifflet jette à l'assaut des mâts d'agiles escouades de gabiers pour une manœuvre dans la voilure ; des chaînes se déroulent avec fracas, des cordages coupent l'air, que battent les grands coups d'aile des voiles amenées ou orientées d'une manière différente ; des commandements tonnent, roulant d'un bord à l'autre et se croisant avec la galopade des pieds nus qui battent précipitamment le plancher glissant.

Tout s'éveille, s'anime, s'éclaire d'une joie qui fait briller les yeux, sourire les visages. La marche du transport est légèrement modifiée. Des profondeurs noyées des ténèbres, un peu sur la droite, à présent, une étoile, bientôt lumière, s'élance, plus vive, plus nette. Tous la distinguent.

« Le phare !... La terre ! » a fait l'un d'eux.

Des formes vagues, plus noires que la nuit et soulignées par de mouvantes blancheurs, tachent l'immensité sombre, se dessinent au ras de l'eau, en même temps qu'un bruit de chaudière bouillonne, majestueux, grossissant.

« Des brisants ? questionne quelqu'un.

— Le pont de Sein !... Le phare de l'île !... La France ! répondent des voix.

— L'île de Sein ! »

En jetant tout haut ces mots, d'une exclamation étranglée par une émotion indéfinissable, le second maître a fait un mouvement violent, attiré malgré lui, arraché à la rêverie qui l'absorbait.

Il regarde avidement, passionnément, un étonnement ravi sur ses traits, cherchant à distinguer les contours, malgré la nuit qui s'épaissit, malgré la pluie qui efface les objets et confond tout, rochers, côtes et vagues, et il répète, surpris, avec un émoi plein de trouble :

« L'île de Sein !... »

C'était donc là la première terre qu'il devait trouver au retour, le premier point de la France qu'il devait voir, après les longues années d'absence, après les voyages dans tous les pays du globe, après les aventures de toute sorte.

Il passa d'un geste indécis sa main sur ses yeux, sur son front, balbutiant :

« C'est bizarre ! »

Voilà que, par la simple vue de cette île de Sein, obsession de son enfance, par le simple ruissellement sur sa face, sur ses mains, de cette pluie brouillassante, qui noyait les objets, les atténuant, ne leur laissant plus que de vagues silhouettes d'ombres, presque de fantômes, pour lui tout le passé revint, le ressaisit de son charme subtil et doux, effaça de sa flottante incertitude, de sa nébuleuse séduction, les souvenirs nets, les visions précises qu'il rapportait.

Du seul contact de son aile humide et brumeuse d'oiseau du nord, ce passé, il chassa les années que Pierrik Danielou venait de vivre, années lumineuses, vibrantes, colorées et mouvementées, — années de voyages, de combats, — années de jeunesse, chaudes, dévorantes, — années de gaietés folles dans les périodes si rares, si espacées, de débarquement à terre, après les longs mois de rude discipline, — années de batailles, de griseries, de querelles, — années fougueuses, où le soleil des pays chauds avait incendié ses moelles et versé de la flamme dans ses veines.

Il revenait en France transformé, tout autre qu'il n'en était parti, se sentant un être d'une nature toute différente et persuadé qu'il en serait toujours ainsi.

Il n'avait pas fallu grand'chose, moins que rien, pour faire disparaître tout cela. Dès les approches de la nuit, de cette nuit où le bâtiment entrait dans les cercles magnétiques s'irradiant des côtes vers le large, il en avait subi les premières atteintes, sentant sa turbulence, sa gaieté exubérante, tout ce qu'il rapportait de l'étranger, s'amoindrir, disparaître, d'une façon si manifeste, que ses compagnons avaient pu le constater.

De cette pluie connue et retrouvée, de ce fantôme d'île flottant au sein du brouillard, l'impérieux mirage d'un très lointain souvenir, simplement en s'élevant devant ses yeux étonnés, avait suffi pour le reconquérir, lui, l'oublieux, le blasé, le turbulent, tel que l'avaient fait les années de mer à l'étranger, la fréquentation des autres peuples. Il était redevenu instantanément, presque sans s'en rendre compte, le vrai Breton, le croyant, le rêveur, qu'il avait été, étant enfant, étant mousse, jusqu'à son départ.

C'était la reconquête de son âme et de son corps par le pays natal, une conquête définitive celle-là, une conquête pour la vie.

Dans la pluie, dans la nuit, sa nouvelle direction assurée, le transport avançait, sûr de sa route à présent et glissant sur l'élasticité des vagues.

Laissant ses camarades s'abandonner à la joie bruyante qu'ils manifestaient, maintenant qu'ils avaient la certitude d'être rendus dans quelques heures à Brest, Pierrik Danielou, isolé à l'avant, au même endroit d'où il avait aperçu le premier l'île de Sein, essayait de percer de ses regards les ténèbres croissantes.

Il devina, plutôt qu'il ne les distinguait réellement, les côtes qu'il connaissait si bien, le long desquelles il avait tant de fois couru, la pointe du Raz, le cap de la Chèvre, les Tas-de-Pois, la pointe des Pois et la pointe du Toulinguet, dont le phare lançait son rouge éclat à travers la brume épaissie.

C'était toute son existence passée qui se déroulait devant lui, montant de cette nuit profonde, où il l'avait crue à jamais ensevelie.

Lentement le *Superbe* marchait, dans un balancement doux, d'un vol tranquille et sûr de grand oiseau regagnant son nid.

Un moment, le second maître crut apercevoir quelque chose comme une aile de mouette, demi-perdue derrière la succession remueuse des vagues ; il eut une secousse d'émotion plus vive, pensant :

« Une barque ?... »

Sans doute quelque pêcheur de Morgat, de Douarnenez ou bien même de Camaret, passait là, pas très loin, rejoignant le port.

Mais cette solitude, la paix intense de cette nuit obscure, l'influence des idées qui assiégeaient en ce moment son cerveau, tout le reporta avec une puissance irrésistible vers cette période de son passé, capitale pour lui ; car il fit, les mots lui venant d'instinct aux lèvres, les souvenirs sortant les uns après les autres de ces ténèbres recéleuses de mystère :

« Le *Bateau-des-Sorcières !* »

Et il n'avait, en articulant cette phrase, aucun sourire, aucune idée de raillerie, le cœur étreint comme par une main dominatrice, qui en étouffait les battements.

Souvent, en se rappelant cette croyance de son enfance et tant d'autres, alors acceptées sans discussion, il avait eu des tentations de se moquer de lui-même, pour avoir cru avec tant de naïveté à tout ce que lui racontaient Lagadec, Trémor ou des superstitieux de leur espèce. En voyageant, en devenant homme, il avait appris à ne plus ajouter foi à ces légendes, qui avaient eu cependant tant de charme, de douceur, pour son enfance, et qui avaient été la consolation de sa vie de misère d'autrefois.

En réalité, n'était-ce pas lui, ce *Bateau-des-Sorcières*, à la sinistre appellation, ce bateau de lugubre présage qui, s'il avait, suivant une croyance du pays, causé la mort de tant de braves marins, s'il avait amené la mort de son père, avait été aussi le prétexte des

Lentement le *Superbe* marchait d'un vol tranquille et sûr de grand oiseau regagnant son nid.

rares joies que lui, Pierrik Danielou, avait pu goûter pendant sa désolée et misérable enfance d'orphelin?

N'avait-il pas navigué sur lui, depuis l'instant où l'existence mystérieuse lui en fut révélée, en un jour de deuil et de désespoir, après la perte de la *Reine-des-Anges?*

C'était à partir de ce moment que l'avait pris, bercé, la passion des légendes. Il était, en quelque sorte, monté sur cette barque-fantôme, autour de laquelle se pressait le cortège innombrable des invisibles ; il s'y était habitué, vivant sur elle, vivant de son existence de mystère, y goûtant une douceur profonde, le charme de l'arrachement par l'esprit aux misères terrestres.

Durant des années il s'y était abandonné, sans chercher à comprendre au delà, dans le monotone enveloppement des contes fantastiques émergés de son sillage, imaginations douces ou terribles, créations bizarres ou effrayantes, mais qui toutes étaient quelque chose de sa Bretagne, de sa patrie de mélancolie et de poésie, de ce pays dont les brutalités, les sauvageries, rocs de granit, pointes de porphyre, de quartz, se cachent sous le manteau parfumé des ajoncs d'or, des bruyères roses et de la flore de la lande.

Il avait eu une grosse douleur, une souffrance dont il n'avait pas même su deviner exactement l'origine, quand il lui avait fallu quitter tout cela et renoncer en même temps à ses croyances. Ce n'était plus le *Bateau-des-Sorcières,* ce n'était plus la promenade dans le rêve, c'était l'embarquement définitif pour le voyage, sans poésie, sans illusions, à travers la rude et blessante réalité.

Et voilà que, au retour, dès le premier contact avec la terre natale, il avait la sensation exquise de l'entrevoir devant lui, à portée de ses mains, de ses tendresses, avec ses yeux crédules d'enfant.

Cela, après avoir été l'épouvante, la colère de sa petite enfance, lui semblait même devenu une caresse, et ses lèvres en ce moment ne trouvaient plus de haine pour articuler ces mots, funèbres autrefois, mots de naufrage et de mort :

« Le *Bateau-des-Sorcières!...* »

Durant des années il avait oublié, mêlé à tant d'événements, écrasé sous tant de fatigues successives, qu'il n'avait eu ni le temps, ni même la faculté de se souvenir.

Qu'il avait fallu peu de choses pour lui rendre des joies crues à jamais perdues ! Un peu de brouillard pluvieux, une tombée de nuit qui transformait la gaieté en tristesse, des pointes de rocs noirs vaguement devinées dans une ceinture d'écume, un bout de toile grand comme une aile d'oiseau de mer derrière une vague sombre, et son cœur avait battu, et son âme avait espéré, et sa chair avait eu le frisson des grands bonheurs.

Au même moment, tous les souvenirs accourent en foule, comme une bande d'oiseaux de mer arrachés à leur nid, et volent autour de lui, assaillant son cerveau d'une rumeur confuse, délicieuse. Chacune de ces pointes, de ces baies, senties au passage, sont pour lui autant de points de repère où s'attarde sa mémoire avec une ivresse mélancolique. Il revoit, il entend ; il jouit en un enivrement d'extatique de ces choses si lointaines, si perdues au gouffre du passé, et qui en remontent les unes après les autres.

Autour de lui une gaieté universelle, formidable, emplit le bâtiment, depuis qu'on sait la terre si proche, si proches aussi toutes les satisfactions qu'elle réserve, toutes les délivrances qu'elle va donner à ceux qui montent le transport. La liberté, la santé, la famille, les plaisirs sont là, à portée de ces avidités si longtemps contenues, de ces affections inapaisées, de ces soifs inassouvies durant tant de mois, tant d'années.

Aussi ce sont des cris, des chansons, des danses auxquelles prennent part les plus froids, les moins fous de tous ces matelots ; les beaux projets se déroulent, à travers les conversations, comme des farandoles à travers un bal joyeux.

Seul, toujours à l'écart, ivre de son rêve, Pierrik Danielou goûte sa belle joie solitaire, sa jouissance de souvenirs.

Un moment, tandis qu'il s'efforce encore d'apercevoir le phare de Sein, qui commence à devenir moins brillant, tandis que la flamme rouge des Pierres-Noires, que l'éclat rouge du Toulinguet se rapprochent, il sent quelque chose d'humide qui glisse en voile léger devant ses prunelles. Il passe le dos de sa main sur ses yeux, résistant à son émotion, se défendant contre l'attendrissement lentement monté des profondeurs du cœur, et se déclare à lui-même à mi-voix, comme pour mieux se convaincre :

« Un peu de brume, sans doute !... C'est la pluie qui est cause !... »

C'est qu'un souvenir plus tendre, plus émouvant surtout que les autres, provoqué par eux, repasse devant ses yeux et qu'il arrive, tremblante et douce étoile du passé, porté dans la lumière pénétrante de ce phare de Sein, dont le rayon lui semble entrer directement au fond de son cœur.

Ce qu'il revoit à l'instant, c'est une silhouette d'enfant, avec des cheveux noirs épars en désordre sur les épaules, ce sont des yeux d'encre énigmatiques et troubleurs, c'est une figurine mignonne de petite femme, telle qu'il l'a vue pour la dernière fois, quinze ans auparavant, tout enveloppée de vapeurs mystérieuses et comme se fondant lentement, progressivement, au milieu de la brume, pour se perdre dans l'immensité de l'Atlantique.

En même temps une phrase, promesse, solennel engagement, prononcée par une voix qui lui revient avec son intonation particulière, remonte de ces limbes, sonne à ses oreilles charmées, dominant le tumulte des gaietés grossières dont il est entouré, se détachant, impérative :

« Mari et femme ! »

Il entend aussi sa propre voix, la voix d'enfant qu'il avait alors, avec ce quelque chose d'un peu rauque qui était déjà le travail de la transformation, répondant :

« Mari et femme, c'est juré ! »

Eh quoi ! Tant de choses se sont passées depuis, tant d'années se sont écoulées, et ce souvenir-là également a survécu, aussi net, aussi frais !

Comme une fleur séchée, mais non pas fanée, non pas morte, il lui aura suffi d'une atmosphère brumeuse, d'une fine pluie du pays pour reprendre des forces, de la vie, et fleurir de nouveau, parfumée, comme il y a quinze ans !

Pierrik Danielou sent une stupeur étrange, mêlée d'angoisse, le saisir à la gorge ; il lui paraît qu'il y a là quelque chose de tout à fait significatif, une indication du destin. Fataliste un peu, comme tous les marins, bien que débarrassé en partie de sa crédulité d'autrefois, il en a le pressentiment.

Comment aurait-il pu s'y attendre cependant ? Tout cela était si loin !

Jamais plus, d'aucune manière, il n'avait eu des nouvelles de la petite îlienne, depuis leurs adieux bizarres, le dernier jour de la pêche faite à l'île de Sein, alors qu'il était mousse de l'*Etoile-Polaire*, avec Yan Cosquer pour patron.

Ce qu'il revoit à l'instant, c'est une silhouette d'enfant avec des cheveux noirs en désordre.

Qu'avait-il pu se passer, après tout ce temps écoulé sans entendre parler d'elle, sans lui faire savoir lui-même ce qu'il était devenu ? Était-elle morte ? Vivait-elle encore, et, si elle vivait, en quel endroit ? Cette Marine Gadouna, dont il n'avait jamais osé s'informer, quand il l'aurait encore pu, peut-être avait-elle disparu, tout enfant, si étrange, si livrée à elle-même, si imprudente ? Peut-être s'était-elle mariée, oublieuse des enfantins serments échangés, ayant le droit de n'y attacher aucune importance, puisqu'elle avait pu se croire oubliée, abandonnée.

Une sorte de remords venait à l'homme fait qu'il était maintenant, le punissant de la négligence de l'enfant.

Il n'était cependant pas tout à fait coupable. N'avait-il point, immédiatement après son retour à Camaret, été à la merci d'événements qui s'emparaient du pauvre être sans vouloir et sans pouvoir qu'il était, pour le lancer au hasard à travers la vie !

Plus d'une fois, très souvent d'abord durant la première année de séparation, puis à des intervalles de plus en plus éloignés, Pierrik avait pensé à Marine, revivant avec un secret plaisir les heures si douces passées en sa compagnie le long des roches sauvages de Sein.

Mais peu à peu le souvenir avait perdu de sa netteté ; les contours s'étaient évanouis, se fondant comme la petite elle-même lorsqu'elle avait été absorbée par la brume de l'Atlantique ; tant de choses écrasantes, tant de préoccupations si rudes, s'étaient tout à coup abattues sur Danielou !

Au commencement il avait souffert, s'était débattu, essayant de fixer son attention, d'immobiliser sa mémoire, s'efforçant de conserver intactes au fond de lui ces joies si tendres de son enfance. La vie, l'éloignement, avaient été les plus forts ; il avait fini par s'abandonner comme une barque perdue, livrée à la volonté changeante et perpétuellement mouvante des flots.

Ses quinze années d'existence, ramenées par ce mirage, repassèrent devant lui, depuis le moment où il avait quitté Camaret jusqu'à cette heure où il allait y rentrer, redevenu son maître pour toujours, libéré du service, solide et vigoureux, plein du désir de vivre, une petite fortune suffisante pour faire face aux premiers besoins, pour s'installer gentiment, sonnant en belles pièces d'or dans sa ceinture.

Ce départ, ce changement d'existence, ils avaient eu lieu à l'improviste, presque au lendemain de la dernière pêche autour de l'île de Sein, des adieux à Marine Gadouna, adieux qu'il ne pensait pas devoir être éternels; car il comptait la retrouver l'hiver suivant, quand, la saison de la sardine passée, reviendrait l'époque de la pêche à la raie et aux langoustes.

C'était elle pourtant qui avait eu raison; il entendait encore sa plainte prophétique :

« Des mois, des mois qu'on ne se verra plus! Peut-être bien des années !... »

Ç'avaient été des années, de longues et cruelles années, et cela s'était fait d'une façon si imprévue !

Brusquement, un matin, Yan Cosquer lui annonçait qu'il y avait pour lui une occasion d'entrer, dès à présent, au service. Il allait atteindre ses quatorze ans ; sur l'*Etoile-Polaire,* n'ayant plus rien à apprendre, il perdait plutôt son temps, et, s'il le voulait, il pouvait passer deux années à l'école des mousses, devenir aussitôt novice et commencer son temps à l'État.

Pour lui, orphelin, sans ressources aucunes, il y avait là des avantages qu'il ne se sentit pas le droit de refuser. La maigre part de pêche qui lui revenait sur la barque de Cosquer ne pouvait plus compenser son entretien, et la pauvre Angélique Brézellec avait déjà fort à faire de se suffire à elle-même; en acceptant la proposition de son patron, il allégerait les charges de la brave femme.

Pierrik Danielou, bien qu'il eût conscience de la lourde chaîne qui allait peser sur lui, n'hésita pas une minute.

Du reste, l'inscription maritime le tenait, tôt ou tard il faudrait, comme les autres, servir l'État ; autant commencer immédiatement, il n'en serait que plus rapidement libéré, si le métier ne lui convenait pas et qu'il ne voulût point poursuivre sa carrière dans la flotte.

Il accepta donc, et dès ce moment ne s'appartint plus, n'ayant plus que de rares instants de liberté et se donnant courageusement, tout entier, à son nouveau métier.

Ce fut dur cependant, même pour lui, si déshérité de la vie qu'il eût toujours été, si habitué à être privé de tout, si familier de la misère ; car sa plus grosse souffrance, plus grande encore que du temps de l'usine à sardines, fut la perte de sa liberté, de cette indépendance relative qu'il goûtait sur l'*Etoile-Polaire*, sous les ordres paternels de Yan Cosquer, avec les bourrades amicales de Lagadec et de Trémor.

Même maintenant que le plus difficile de cette rude existence était passé, que son grade, si modeste qu'il fût, l'arrachait à quelques-uns des devoirs les plus pénibles du métier de matelot, il ne pouvait, sans un léger hérissement d'épiderme, se reporter aux années d'apprentissage, surtout aux deux années passées à l'école des mousses, dans la rade de Brest, sous les ordres de chefs impitoyables.

Ceux-ci, en présence de la moindre infraction au règlement, faisaient entrer l'esprit de discipline et d'obéissance dans le cerveau des mousses, dans leur chair plutôt, à coups de garcettes. Il lui semblait sentir encore dans la paume endolorie de ses pauvres mains, gourdes de froid, poissées d'eau de mer, le sillon sanglant de la terrible corde, férocement maniée à toute volée pour punir quelque misérable peccadille de galopin.

Cela, longtemps, il en avait gardé le frissonnant et révolté souvenir.

Puis les années, l'endurcissement au mal, avaient effacé ces petites misères pour ramener parfois devant lui, avec une sorte d'invincible nostalgie, quand il se trouvait sous quelque ciel incendié de chaleur, en pleine fournaise des côtes africaines ou dans l'étuve débilitante d'Extrême-Orient, la vision désirée du grand bâtiment des mousses, avec ses batteries peintes en blanc, flottant au milieu de la merveilleuse rade bretonne sous un ciel de pluie, un ciel gris, bas à frôler l'écume moutonnante des vagues.

Il lui était arrivé alors, oubliant le supplice des coups de corde,

Toujours gouailleur, le Parisien reprenait son refrain.

de goûter à cette vision un plaisir profond, un apaisement à ses regrets, avec l'espoir du retour définitif au pays natal.

Il n'était pas étonnant, au milieu de cette existence si nouvelle, changeante, perpétuellement mouvementée, coupée de rares intervalles de liberté, que l'idylle de Sein se fût peu à peu affaiblie dans son cerveau.

D'abord, forcé de partir en quelques heures, de quitter très rapidement Camaret, n'ayant jamais voulu parler à personne de sa rencontre avec Marine, il n'avait plus trouvé aucune occasion de se rendre dans les parages de Sein. Pour cela il lui eût fallu révéler son secret, ce qu'il voulait pas, y attachant une idée superstitieuse, un sentiment sacré.

Il en avait eu de longs et furieux désespoirs, d'âpres crises de larmes, se faisant un point d'honneur de l'engagement qu'il avait contracté, de cette promesse de mariage échangée entre deux enfants qui ne savaient même pas s'ils pourraient jamais se revoir.

Il fallut la constatation matérielle de cette impossibilité de retourner à Sein pour ébranler un peu la croyance qu'il avait conservée de l'indissolubilité de ce contrat; en même temps l'image, au commencement si vive, commençait à perdre de sa netteté.

Ensuite il avait été envoyé à Toulon, sans aucune occasion de revenir en Bretagne. Les années avaient succédé aux années, effaçant toujours un peu plus le souvenir déjà léger et brumeux, ne le lui remettant sous les yeux qu'aux moments de nostalgie, de plus en plus rarement, avec des couleurs moins accentuées, des contours moins précis.

Bientôt il était matelot, faisait ses premiers voyages, et l'homme oubliait le rêve fugitif de l'enfant, rêve disparu sous les réalités brutales de la vie de chaque jour, dans l'incessant et désillusionnant contact des camarades.

En outre, comme pour mieux rayer de son existence ce souvenir de plus en plus lointain, le hasard faisait que jamais il ne se trouvait ramené en Bretagne, toujours envoyé de pays en pays, de la station du Pacifique à la station de l'océan Indien, des côtes du

Sénégal à celles de la Chine, de la Cochinchine, ou bien attaché à l'escadre du Levant, aux ports de la Méditerranée. Il finissait par croire qu'il ne reverrait jamais son pays.

Le retour était enfin arrivé, quand il n'y pensait plus, avec une période de tranquillité, alors qu'il désespérait de retourner en Europe, en France, que tant de ses camarades dormaient leur dernier sommeil en terre chinoise, aux sables africains, sur tous les points du globe, ou bien, immergés en pleine mer, flottaient pour l'éternité aux profondeurs berçantes des océans.

Oh ! comme souvent il avait eu cette crainte horrible ! Combien de fois il avait souhaité redevenir enfant, même avec les souffrances du mousse, avec les durs moments du novice, ou, mieux encore, avec l'existence de misère de Camaret !

Tout, durant cette longue période de quinze années, avait donc concouru à rayer pour jamais de son esprit les détails frêles de son enfance, le filigrane fragile de ce dessin d'amour gravé à la surface de son cœur.

Cependant il avait suffi de ce hasard, que le premier coin de terre de France entrevu fût justement ce misérable et plat rocher de Sein, pour que le passé, tout le passé, si éloigné qu'il se trouvât, rentrât victorieusement, en maître, au fond de lui, et ressaisît son âme, et captivât de nouveau son cœur.

Tandis qu'il songeait à tout cela, avec un étonnement où recommençait à flotter un peu de crainte superstitieuse, comme s'il eût subi une puissance plus forte que sa volonté, derrière lui, la joie de ses camarades se faisait plus tumultueuse, plus bruyante ; des rondes ébranlaient le pont sous le choc des pieds frappant lourdement le plancher, en une frénésie subite de danse, malgré le vent, malgré la pluie, malgré l'épaisseur de cette nuit qui les enveloppait de ténèbres de plus en plus opaques.

Toujours gouailleur, le Parisien, de ses plaisanteries, de ses chants, dominait le tapage, comme grisé par le voisinage de la terre, par l'ivresse de la liberté prochaine.

De son accent le plus aigu, il continuait à singer les airs bretons, et maintenant, se souvenant d'avoir entendu cette chanson dans quelque concert de Paris, la trouvant tout à fait de circonstance, il reprenait :

> Biniou, mon biniou, — mon cher bi-niou!...

A travers la bourrasque, à travers le tumulte, des bribes de paroles arrivaient jusqu'à Pierrik Danielou :

> Les douleurs — sont des fol-les!
> Et qui les é-cou-te est encor plus fou!...

Il souriait malgré lui, ne se sentant plus de douleurs, tout aux souvenirs de tendresse, d'espoir.

L'autre poursuivait, recommençant sans se lasser, dès qu'il avait terminé :

> Sur no-tre lande bre-ton-ne,
> Oh! les jolis airs qu'il son-ne!...

Et toujours le refrain :

> Biniou, mon biniou, — mon cher bi-niou!...

Ce pastiche des plaintives mélopées du pays devait être une véritable profanation pour une âme profondément armoricaine, amoureuse seulement de tout ce qui était la Bretagne. Cependant certains mots exacts, certaines cadences monotones du rythme, pouvaient donner quelque illusion passagère à des cœurs grossiers et simples, comme ceux de la plupart des matelots qui se trouvaient à bord.

Aussi le loustic avait-il un réel succès, et, après lui, des voix rudes reprenaient avec ardeur :

Biniou, mon biniou, — mon cher bi-niou !...

Il lançait ces mots d'une voix de tête en apparence si convaincue, avec des mines si comiquement sentimentales, que, autour de lui, les bravos éclataient, même parmi les Bretons, et que tous, oublieux des grosses souffrances passées, ne pensaient plus qu'à se réjouir et à fêter gaiement le retour.

D'autres, plus calmes, causaient de leurs projets, s'entretenaient de ce qu'ils allaient faire sitôt descendus à terre, de l'existence qu'ils mèneraient, parlaient de fiancées qui les attendaient, de prochains mariages.

Au milieu de sa rêverie, Pierrik Danielou distinguait certains de leurs propos et essayait, lui aussi, de s'interroger.

Mais il ne se décidait à rien, les idées fuyaient devant lui dès qu'il voulait tenter de les saisir, de les fixer ; et toujours, sa pensée se trouvant assiégée par les fantômes ambiants, sortis des parages où voguait le *Superbe*, c'était, devant lui, la même image obstinée de Marine Gadouna ; puis derrière elle, les fantômes semblant appeler les fantômes, une autre maintenant, moins distincte, grandissant toujours en vapeur informe, montait, semblant s'élever de l'écume des flots, la figure voilée et mystérieuse de Catouche.

Il s'étonnait de constater que, de tant de choses qui eussent dû le préoccuper, c'était justement la plus oubliée, la plus incertaine, la plus éloignée, qui paraissait vouloir s'imposer, au point de dominer et d'écraser les autres.

Il répéta, avec une surprise de cet accouplement de mots :

« Mari et femme !... »

Cela lui faisait un effet singulier, agissait sur lui avec une puissance étrange de charme, l'obligeait à des remarques qu'il faisait pour la première fois.

Son cœur n'avait jamais été touché, pas même effleuré, comme si de lui-même, malgré lui, sans y réfléchir, sans préméditation, semblable au cœur de ses compagnons parlant en ce moment de leur fiancée, il se fût conservé pour cette fiancée de son enfance.

Mari et femme !

Cette promesse de mariage faite, en des circonstances si bizarres, à une enfant dont il ne connaissait rien, qu'il n'avait jamais revue, semblait être restée la seule valable, celle qui engageait son avenir.

Il essaya de rire, de se railler lui-même ; mais ses sourcils reprirent bien vite leur pli songeur, car les plus légers détails de sa dernière rencontre avec Marine lui revenaient, d'une précision implacable.

La phrase d'adieu de la fillette, cette phrase d'énigme, insinuante, inquiétante, le hantait, tandis que, pareil alors à un accompagnement de noces bretonnes, le chœur, près de lui, conduit par l'accent de plus en plus aigu du Parisien, hurlait :

Biniou, mon biniou, — mon cher bi-niou !...

S'élevant au-dessus de tous les bruits, dominant tous les autres souvenirs, elle qui l'avait si longtemps poursuivi de son mystère, elle revenait, la phrase, avec une grandissante obsession, s'unissant aux projets de mariage :

« *Ta fortune est dans le sable.* »

Que pouvait signifier cela ?

Puis les mots suprêmes, plus déconcertants encore :

« *Trez Rouz..., Sable rouge...* »

« Trez Rouz, Sable rouge ! » Bien longtemps il s'était redit ces mots, durant ses années passées à l'école des mousses, encore durant son noviciat, avant de les voir s'atténuer peu à peu, et, sans s'effacer complètement, ne plus conserver dans son cerveau des proportions aussi imposantes. A la longue, il avait fini par ne plus voir en eux qu'une phrase insignifiante, dénaturée probablement en passant par la bouche de la fillette.

Un éclat rouge brilla très loin, sur la gauche ; il reconnut le phare des Pierres-Noires ; un éclat rouge brilla plus vif devant lui, émergeant du rideau pluvieux avec une croissante intensité, un peu sur la droite celui-là ; le *Superbe* se trouvait dans le rayon du phare du Toulinguet, laissant sur sa gauche les Pierres-Noires, visibles à marée haute, les dangereuses Pierres-Vertes cachées sous l'eau, tapies en bêtes assassines à l'entrée du Fromveur, comme pour garder ce passage du Grand-Effroi, les sinistres et redoutés parages, mortels à tant de navires, d'Ouessant, l'île de l'Épouvante.

Bientôt on allait passer entre les pointes de Saint-Mathieu-Fin-de-Terre, de Créac'h-meur et celle du Toulinguet ; puis on se rapprocherait, en la longeant, de la côte de Léon, de l'anse de Bertheaume, on relèverait le phare du Petit-Minou, ce serait le goulet de Brest, enfin Brest.

Tout l'être de Pierrik Danielou se concentra sur le retour si proche, sur la terre de France, sur la patrie, qu'il ne quitterait plus désormais.

Mais plus étincelante que le phare, plus attirante, une lumière flambait là-bas, concentrant tous ses rayons sur lui, sur son cœur ; il lui sembla que cette flamme pénétrante jaillissait comme d'une source intarissable, d'un foyer de plus en plus ardent, qui était les yeux noirs, les yeux retrouvés de Marine Gadouna.

II

Quand la carriole l'amenant du Fret avait commencé à dévaler la dernière côte, au grand trot du maigre et ardent petit cheval breton qui la traînait, Pierrik s'était à demi dressé sur la banquette, les bras tendus dans un geste d'embrassement vers les toits entassés sous ses yeux, entre la falaise de Quelern et les hauteurs du Grand-Gouin, criant :

« Camaret ! »

Le port s'étendait tranquille, la marée pleine mettant à flot toutes ses barques, enfermé, séparé du large par la longue digue naturelle, complétée par une solide jetée de maçonnerie, avec sa chapelle gothique de Notre-Dame de Roc-Amadour et son fortin rouge de Vauban.

De petites fumées montaient çà et là de quelques toits d'ardoises ou de tuiles, des toits gris, des toits rouges ; des bouquets d'arbres indiquaient les jardins, la place de la Mairie ; des moulins viraient, animant le pays du lent tourbillon de leurs ailes brunes ou blanches.

Une exquise sensation de bonheur pénétra le cœur du jeune homme, qui énumérait tout haut, extasié, joyeux :

« Le fortin !... La chapelle de la Bonne-Dame du Roc !... Les moulins !... L'église !... Les barques !... La *friture!*... ».

Il semblait ne pas trouver assez de mots pour dire sa jouissance, pour exprimer ce qu'il ressentait, saluant, de son béret levé à bout de bras, le pays retrouvé.

Un mouvement du conducteur, portant à son chapeau la main

La carriole l'amenant du Fret avait commencé à dévaler la dernière côte.

qui tenait le fouet, attira son attention plus près de lui, sur la droite; on passait devant le cimetière, dont le mur bas bordait la route.

Pierrik eut un soubresaut, sa joie soudainement coupée, balbutiant :

« Ah ! mon Dieu ! »

Ses regards, d'un rayon anxieux, coururent par-dessus l'enclos, des croix noires aux croix blanches, des pierres plates et grises aux humbles tumulus disparaissant sous leur longue et épaisse chevelure d'herbe grasse, verte.

Certaines tombes, d'apparence plus récente, avec des couronnes toutes neuves, appelaient de préférence ses yeux, et il sentait une terreur, à l'idée de retrouver là les connaissances d'autrefois, les amis préférés, les êtres chers à son cœur et dont il était depuis longtemps sans nouvelles.

C'était cette même crainte qui déjà, tout le long du trajet, l'avait empêché de se faire connaître du voiturier, un inconnu justement, sans doute un nouveau venu à Camaret, qui avait machinalement, sans trop insister cependant, essayé de causer, de savoir qui il était et ce qui l'amenait dans ce coin de pays perdu.

Lui-même n'avait pas osé l'interroger, redoutant d'apprendre trop vite de mauvaises nouvelles, et il avait préféré reculer jusqu'au dernier moment les révélations douloureuses.

Qui allait-il revoir de tous ceux qu'il avait laissés en bonne santé tant d'années auparavant et dont il avait eu de si rares nouvelles, à cause de l'éloignement où il s'était toujours trouvé ? Qu'étaient devenus son ancien patron Yan Cosquer, ses compagnons de pêche, Le Fur, Lagadec, Trémor, la vieille Angélique Brézellec, tant d'autres aussi le touchant par des liens d'affection, de camaraderie, d'habitude ?

En même temps, n'ayant avisé personne de son retour, n'ayant plus entretenu aucune correspondance avec ceux de son pays depuis l'époque lointaine de son noviciat, il se réjouissait d'une manière enfantine de la surprise qu'il allait causer.

Qui donc pourrait le reconnaître à présent dans le gaillard solide et bronzé qu'il était ? Qui saurait distinguer les traits du petit mousse sous la barbe blonde qui encadrait ses joues, allongeait son menton et lui donnait cet aspect viril, hardi, d'homme fait ?

Il en ressentait une sorte d'allégresse qui se dévoilait dans le plissement radieux de ses yeux, dans la gaieté de ses lèvres épanouies.

Dès les premières maisons, avant d'arriver à la place de l'Église, il se carrait sur la banquette de la carriole, élargissant le torse sous sa chemise de laine, fier de sa peau cuivrée largement étalée, encadrée par le col bleu, heureux de montrer les galons d'or barrant ses manches, le béret coquettement posé sur ses cheveux ras, toujours restés du même blond qu'au temps de son enfance, ses yeux bleus souriant à tous ceux que l'on rencontrait.

Des marins, il en venait si souvent à Camaret, il y avait toujours tant d'enfants du pays au service, que l'apparition de ce second maître ne provoqua d'abord pas, aux premières maisons, l'effet que Danielou avait espéré.

Ce ne fut que passé l'église, en entrant dans la partie la plus populeuse qui va de la mairie au Notic, que les têtes commencèrent à se relever avec un visible étonnement pour dévisager celui qui arrivait ainsi, au bruit tintamarrant, à la musique de ferraille de la voiture non suspendue sautant sur le cailloutis inégal de la rue.

Coiffes, bérets, casquettes, après s'être redressés pour tourner vers la voiture des faces aux yeux curieux, conservaient leur mouvement d'interrogation, et des voix commençaient à questionner :

« Quel est-il bien celui-là qu'on ne connaît pas ?

— Un étranger, ce matelot, qu'on dirait !

— C'est-y pas le fi à Thomas, vous savez bien, le gars qu'était aux îles ?

— Plutôt le fi au Mathieu, vu qu'on l'espérait à ce jour.

— Pas plus l'un que l'autre, je dis, moi.
— Le gars à qui, que vous pensez ? »

Les commères devisaient, plantées sur le pas des portes, suivant de l'œil la carriole, engagée dans la partie étroite de la rue, celle qui débouche en face même du fortin de Vauban, à côté de la maison du voilier.

Au passage, Pierrik Danielou regardait, essayant de conserver sa gravité, reconnaissant les vieilles maisons de granit sombre, la place avec ses boutiques, sa fontaine grossière, toujours ses mêmes objets derrière les mêmes carreaux, ses semblables marchandises; et des noms connus, des noms d'autrefois lui sautaient aux yeux, étalant leurs identiques lettres au-dessus des devantures.

Mais quand il tourna au ras de la maison d'angle, sur la mer, il eut une secousse, un léger cri :

« Oh! qu'est-ce que cela ? »

Cette fois, il ne se reconnaissait plus, surpris de ce quai tout neuf, étendant son terre-plein entre les maisons et la mer, à l'endroit où se trouvait la grève. Ce n'était plus son Camaret d'enfance, celui où les vagues, par certaines grandes marées, battaient les murs, entraient même dans les maisons.

Le conducteur, entendant son exclamation, constata flegmatiquement :

« Faut croire qu'il y a du changement pour mon voyageur, par ces côtés ! »

Çà et là des groupes formaient comme de petits îlots humains entre les maisons et le port.

Pierrik, son premier étonnement passé, les fouilla du regard, avidement, et, comme il se rapprochait du milieu du quai, il rougit de plaisir en murmurant :

« Lagadec !... Trémor !... Pas changés !... On ne vieillit pas au pays, faut croire !... »

Puis, à l'aspect d'un solide vieillard en train de remonter l'une des cales nouvellement construites, une face rouge sous des cheveux blancs :

« Le patron !... Yan Cosquer !... Allons ! il y a du bon, alors !...»

Il étouffa le cri qui allait lui échapper malgré lui, et il s'efforçait de rester impassible, ne tournant la tête ni d'un côté ni de l'autre, occupant ses mains à des travaux simulés dans les paquets entassés autour de lui.

Brusquement la carriole s'arrêta devant une maison de trois étages, toute neuve ; il lut à haute voix :

« Hôtel de la Marine, tenu par Dorso.

— C'est-y là que vous descendez ? questionna le voiturier.

— Oui ! oui ! Bien sûr ! » riposta Pierrik, qui sauta d'un bond souple en bas du véhicule.

« Lui ! c'est lui ! Seigneur Jésus ! » s'écria-t-elle

Mais voilà que, d'une ruelle longeant l'hôtel, une vieille femme émergeait, le dos courbé, les pas vacillants, et que, se trouvant tout à coup face à face avec le nouvel arrivant, elle eut une sorte de heurt involontaire au contact de ses yeux avec les siens, un tremblement de tous ses pauvres vieux membres.

Quelques secondes, ses prunelles pâles, flétries par les années, fixèrent le marin, descendant de sa tête à ses pieds ; ses mains desséchées se portèrent lentement devant elle, soulevées par une force en dehors de sa volonté ; elle avança un peu la tête, les misérables cordes de son maigre cou tendues, et ses lèvres balbutièrent :

« Lui !... C'est lui !... Seigneur Jésus ! C'est bien sûr lui, que je vois vivant !... C'est ses cheveux !... C'est ses yeux !... C'est...

— Tante Angélique, c'est moi !... Oui, moi !...

— Mon fi !... Mon Pierrik !... C'est-y donc possible que je t'aie encore à c't'heure, avant de mourir !... Sainte bonne Vierge, soyez bénie ! »

Il reçut dans ses bras ouverts, il ramassa sur sa large et solide poitrine d'homme, la pauvre vieille Angélique Brézellec, toute défaillante, et que ses sanglots de bonheur rendaient en ce moment si dénuée de force, qu'elle se fût évanouie et fût tombée à terre sans le secours du second maître.

Ne trouvant plus rien à dire pour exprimer sa joie, elle pleurait par petits sursauts, très doucement, faisant d'une hoquetante voix de surprise et de contentement :

« Oh ! oh ! oh !... Oh ! oh ! oh !... »

Et le robuste jeune homme était plus touché, plus profondément remué par cette plainte étonnée et heureuse d'être faible que par toutes les paroles de tendresse qu'Angélique Brézellec eût pu lui adresser.

Il se sentait en cet instant le soutien, le consolateur, le protecteur de celle qui avait été sa consolatrice et sa bienfaitrice, quand il s'était trouvé si seul, tout petit, à la mort de son père.

Il la berçait sur ses bras aux muscles de fer, satisfait de se trouver si fort, alors qu'elle était si chétive, qu'il lui semblait que c'était elle à présent qui était le petit enfant, dont il avait la charge, la responsabilité. En même temps il lui avait une infinie reconnaissance de l'avoir, la première, avant tous les autres de Camaret, retrouvé dans l'homme qu'il était.

Maintenant que, plus forte, remise de la première secousse, elle s'appuyait des deux mains à son poignet et le regardait avec une sorte d'extase, il demanda, souriant :

« C'est donc que tu m'as reconnu, tout grandi que je suis, tante Angélique ? »

Elle faisait oui, oui, de sa tête un peu branlante, les yeux encore si pleins de larmes qu'elle ne le distinguait que dans une espèce de brouillard humide, et arriva enfin à articuler, toute secouée d'une houle persistante de soupirs :

« Tes yeux bleus !... Oh ! oh !... Tes cheveux !... Toujours les mêmes !... Oh ! oh !... C'est toi, tout toi, mon fi !... Je n'aurais pas pu m'y tromper !... Ces cheveux, ces yeux, oh ! oh !... Mon fi !... »

Il sourit, approuvant avec gaieté :

« Ça oui, pour sûr !... C'est même tout ce que j'ai gardé d'autrefois ; car, pour le reste, on a un peu changé ! Ah ! ah ! ah !... »

Avec complaisance et un peu de forfanterie, il montrait ses biceps noueux, roulant leurs boulets sous ses manches, étendait ses épaules épaisses, en élargissant la poitrine, se dandinait, sur ses reins carrés, du léger balancement des matelots à terre.

Il commença de causer avec elle, sans s'occuper des autres, des groupes qui l'examinaient de loin, échangeant entre eux des réflexions, ne se rapprochant pas encore de lui, bien qu'ils dussent avoir deviné qui il était, en le voyant embrasser la veuve Brézellec.

Seuls, autour d'eux, plus effrontés, des enfants tournaient, se bousculaient, avec des chiens qui jappaient.

Apercevant ces derniers, Pierrik eut une question :

« Et Misère, tante Angélique ? »

Elle poussa un soupir :

« Ah ! ton pauvre Misère, il a fini son temps, vois-tu, et pas bien longtemps après que tu nous as eu quittés !... Je ne lui suffisais pas !... Dès que tu n'as plus été là, il t'a cherché, des semaines, des mois ; puis il est allé mourir dans un coin. Je l'ai retrouvé tout raide, un matin, mort sur une vieille harde à toi, mon fi !... C'était

encore un peu de son maître qu'il avait avec lui, faudrait croire ?...
Oui, il est mort !...

— Pauvre Misère ! » répéta Pierrik, un moment attendri.

Puis il ajouta :

« Il était déjà vieux, de son âge de chien !... Enfin, mieux vaut que ça soit lui que d'autres, car j'ai vu... Ah! ah! On est solide !... »

Il montrait un des groupes, à quelque distance, d'un mouvement de tête indiquant ceux qu'il avait reconnus au passage.

La veuve fit :

« Oui, oui, heureusement. »

Le second maître poursuivit, pensif :

« J'avais si peur, en arrivant ici, de ne plus trouver personne de ceux que je connaissais !... »

Des sabots claquetaient derrière lui, se rapprochant, lentement, un peu lourds, un peu traînants, tandis qu'une vieille voix connue grommelait, de plus en plus distincte :

« Avec qui donc que tu te trouves en causerie à c't'heure, tante Angélique, que tu en as toute la face qui rit de contentement ? »

Le second maître se retourna, d'un roulant mouvement de ses fortes épaules, et mit sa figure bien en lumière, questionnant, les dents luisantes de plaisir dans l'épanouissement des lèvres :

« Avec quelqu'un qui est fameusement de vos amis, tonton Yan Cosquer !... Le reconnaîtrez-vous seulement ?

— Le Pierrik !... Pierrik Danielou !... »

Le vieux pêcheur s'était arrêté, étourdi de surprise, son aviron ballant sur l'épaule, ses prunelles pétillant de joie.

Mais déjà d'autres venaient, maintenant que l'on voyait le marin causer d'amitié avec la veuve et avec Cosquer ; parmi eux, le cou tendu, la face hilare, les yeux étonnés, Lagadec, Trémor, un peu plus cuits par le soleil, un peu plus boucanés par le sel marin, à peine changés depuis que Danielou ne les avait vus.

La vieille femme l'attira doucement
par sa manche.

« Le gars que c'est ! affirma Lagadec, avançant sa grosse main pour serrer celle que l'ancien mousse lui tendait.

— Un rude mathurin au jour d'aujourd'hui ! souligna Trémor

extasié et tournant autour de Danielou pour le mieux examiner sous toutes les faces. En voilà une affaire, après des années et des années qu'on ne l'avait plus vu, qu'on n'en avait même plus jamais entendu parler !

— Le fait est, bougonna Cosquer, que c'est pas les lettres que tu écrivais qui ont pu te mettre de l'encre au bout des doigts, hein ! garçon ?

— Pas une seule nouvelle de toi, en douze ou treize années de temps, au moins ! Hé ! ma foi ! oui, pas depuis ton passage des mousses aux novices ! »

Et Lagadec, riant, raisonna :

« Paresseux de ta plume que t'as été, faut croire, comme autrefois de ta langue, à certains moments, qu'on ne pouvait t'arracher deux mots ! Oh ! diable ! Aussi personne ne savait plus ce que tu étais devenu, à croire, des fois, que tu aurais été retrouver les tiens, tu sais, les autres Danielou, par des brasses et des brasses de fond ! »

D'un geste plongeant, il montrait l'étendue au loin, entre Camaret et la côte de Léon.

A cette allusion funèbre, au souvenir qu'elle éveillait et qui se rapprochait des suprêmes évocations qui avaient accueilli son retour au moment de l'arrivée du transport en vue des côtes de France, le jeune homme sentit courir sur sa peau un léger frisson.

Il se secoua aussitôt, confiant dans sa force, dans sa santé, dans sa chance, et, frappant sur sa ceinture, déclara :

« On est vivant, au contraire, bien vivant, et pour du temps, faut espérer, vu que j'ai là de quoi vivre et m'agrémenter une bonne existence de pêcheur. »

Yan Cosquer sourit, satisfait, et, posant sa main sur la manche du second maître, ajouta :

« Pour toujours, alors, que tu nous reviens, malgré tes galons, hein?... Tu as assez de ton service à l'État ?

— Oui, j'ai fait mon temps, tout mon temps ; je n'ai pas ambition d'aller plus loin et de devenir un retraité de vingt-cinq ans, avec grade de maître ! Je n'ai plus qu'un désir, m'installer ici, à Camaret, acheter une bonne barque, qui tienne bien la mer, et pêcher la sardine, comme les camarades, faire commerce de homards, de langoustes, et...

— Et te marier avec une fille du pays, pas vrai ? termina Cosquer avec un clin d'œil malicieux. Au besoin, je te trouverais ça pas loin d'ici !

— Oh ! le vieux fûté de patron ! souffla Lagadec à l'oreille de Trémor. Ce serait-il qu'il veut glisser en douceur sa dernière, Valentine, au Pierrik, à présent qu'il le voit de retour, avec des écus dans son sac de matelot ? »

Mais, très vivement, le second maître, une rougeur rapide fronçant encore plus son épiderme basané, se défendit, gêné par cette insinuation :

« Me marier, moi ! Oh ! diable ! non. J'aime trop bien ma liberté à c't'heure pour aller la reperdre de sitôt !... Non ! non ! J'ai à faire le garçon, avant de songer à m'amarrer à fond avec une femme pour corps-mort !

— Ce que jé t'en disais, c'était pour la chose que tu parlais de t'établir, de t'installer !... C'est se mettre en ménage, quoi !...

— Merci, grand merci, tonton Yan, ce sera pour plus tard, je ne suis pas pressé. Ce qu'il me faut seulement pour l'instant, c'est un logis. »

La vieille femme l'attira doucement par sa manche, pour amener son attention d'un autre côté, et lui désignant le Lannic, près du Beg-ar-Gac :

« Si tu veux, mon fi, tu en auras un tout de suite de gîte, et qui te plaira gros, que je crois ? »

Pierrik avait suivi le geste de la veuve ; il s'exclama :

« Vrai, tante Angélique !... la maison au père ?... »

Elle secoua deux ou trois fois la tête d'un signe d'assentiment :

« Libre qu'elle se trouve justement, tout à fait libre d'hier matin. »

Une émotion si violente s'abattit sur le jeune homme, qu'il resta quelques moments immobile, le cœur lui battant avec force dans la poitrine, l'esprit traversé de souvenirs douloureux et chers; il balbutia enfin :

« Elle pourrait m'appartenir, être à moi complètement, la maison au père, la maison dont... »

De nouveau sa gorge s'étranglait, au moment de rappeler comment il avait dû la quitter, cette maison où il était né, de dire qu'on l'en avait chassé, après la mort de son père, et qu'il avait failli en mourir de douleur.

Il lui sembla qu'il y avait encore là, dans le fait que cette habitation se trouvât vacante, prête à le recevoir, juste au moment de son retour, une coïncidence extraordinaire, une indication du destin, aussi étrange que d'avoir eu l'île de Sein pour première et fatidique vision à son arrivée.

C'était comme une reprise de son être, de son corps par la terre natale, après cette reprise de son âme, de son cerveau, de son cœur par l'atmosphère de légendes et de souvenirs qui l'avait si profondément troublé sur le pont du *Superbe*.

Yan Cosquer expliqua :

« Tu peux l'acheter, si tu en as le moyen, et la demeure aux Danielou du temps redeviendra ainsi, pour tout de bon, la maison à Danielou. Faut te dire, du reste, qu'on l'appelait toujours ainsi dans le pays, bien qu'elle fût depuis si longtemps entre d'autres mains, tu dois t'en souvenir, et ça n'a pas changé depuis que tu es parti. »

Pierrik, tout ému, des larmes plein les yeux, affirma :

« Elle ne peut être à personne autre, bien sûr, et si celui à qui elle appartient consent à ne point se montrer trop exigeant, alors... »

Lagadec et Trémor le regardaient, remués aussi, malgré leurs années de mer et leur habitude de la vie; ils durent se détourner pour dissimuler leur accès de sensibilité, quand le vieux patron de l'*Étoile-Polaire* poursuivit :

« A moi qu'elle appartient pour le moment, vu que je l'ai achetée, avec la pensée qu'elle te reviendrait un jour. Même, si tu avais été en idée de te marier, peut-être bien qu'on aurait pu s'arranger et ne pas toucher à tes économies ; je suis un peu à mon aise, je peux dire...

— Non ! non ! Je payerai ce qu'il faudra, tonton Yan, tout en vous étant

Devant lui, Pierrik voyait la même étendue de mer.

infiniment reconnaissant de votre pensée ; mais, je vous l'ai dit, je ne songe pas..., je ne puis pas songer à me marier ! »

Il se reculait un peu, avec une sorte de visible effroi de cette idée de mariage, dont on paraissait vouloir ainsi l'enserrer, dès son retour.

Le vieillard le considéra quelques secondes, étonné, se demandant pourquoi il se défendait si vivement ; puis il termina philosophiquement :

« A ton aise, garçon !... Ce que je t'en disais, c'était pour ton bien, et du moment que tu as d'autres pensées... Enfin, la maison est à toi, d'une façon comme d'une autre; tu peux y entrer tout de suite, si tu veux. Le prix sera ton prix, je ne peux pas dire mieux. »

Danielou s'y fit conduire immédiatement, à cette maisonnette, et il se sentit comme soudain rajeuni, redevenu enfant, à la retrouver, toujours la même, entourée de son petit enclos de pierres sèches, tout près du même moulin aux longues ailes rousses, dont le bruit de voiles dans le vent avait si souvent bercé son sommeil, accompagné ses rêvasseries enfantines.

Rien n'y était changé, ni le toit avec ses ardoises scellées dans du plâtre pour tenir contre les bourrasques, ni les murs gris, ni les fenêtres profondes et petites, ni la porte, orientées au levant.

En s'asseyant sur un coin du mur bas, à demi écroulé, il pouvait se reporter d'une vingtaine d'années en arrière et se croire encore le petit orphelin guettant le retour de son père, de celui qui ne devait jamais revenir.

Devant lui, en effet, il voyait la même étendue de mer, la lointaine côte de Léon, les hautes falaises de la presqu'île de Roscanvel, la pointe des Capucins sur le goulet de Brest, le phare du Petit-Minou juste en face, et la pointe du Grand-Gouin, cette pointe de derrière laquelle émergent si soudainement les barques qui reviennent de pêcher au large, et que la *Reine-des-Anges* ne frôla plus jamais de ses ailes brunes.

« Allons! assez rêvé pour aujourd'hui, garçon! C'est fête pour ton retour, fête pour toi, fête pour nous, fête pour tout le monde! »

Yan Cosquer, devinant les pensées de tristesse qui envahissaient l'esprit de Pierrik, lui frappait amicalement sur l'épaule pour l'arracher à cette absorption mélancolique.

Du revers de la main le jeune homme essuya ses yeux, où les

larmes, amassées peu à peu sous les paupières, obscurcissaient sa vue :

« Oui, vous avez raison, tonton Yan! C'est des réjouissances qu'il faut, quand on rentre au pays sans avaries, et qu'on a le bonheur d'y retrouver de bons amis comme vous et ceux qui m'entourent. J'aurai bien assez le temps, maintenant, de réfléchir et de rêver ! »

Et, soutenant la marche un peu chancelante d'Angélique Brézellec, qui avait tenu à monter sur le Beg-ar-Gac avec les autres, il redescendit pour se diriger vers l'hôtel de la Marine, où les principaux de Camaret se préparaient à faire fête à cet enfant du pays, qui revenait prendre sa place parmi eux.

III

Certes, il ne fut pas long à s'acclimater de nouveau au pays de Bretagne, à reprendre goût à l'air de Camaret, aux habitudes du port, ce Pierrik Danielou, qui avait cependant pu vivre une quinzaine d'années loin de la presqu'île de Crozon, loin de l'atmosphère brumeuse et pluvieuse de ce coin de France, sans paraître même s'en souvenir, tant il avait montré de négligence, d'apparente indifférence.

Il n'y avait pas un mois qu'il était réinstallé au Lannic, dans la maisonnette surmontant le Beg-ar-Gac, sa propriété désormais, qu'on pouvait le voir aller et venir sur le quai, au départ et à l'arrivée des barques, s'inquiétant si la pêche était bonne ou mauvaise, causant dans les groupes, flânant deci delà, en une sorte de reprise amoureuse de cette existence, qui lui semblait si douce après la rude discipline du service à l'État et les souffrances supportées sous les climats débilitants de l'Extrême-Orient ou du Sénégal.

Aussi ne se pressait-il pas de se mettre à la besogne, se laissant vivre avec une satisfaction paresseuse et béate, allant de temps à autre faire un tour de pêche sur la barque d'un ami ou une longue promenade à travers la presqu'île jusqu'à Crozon, Morgat; parfois même il poussait jusqu'à Brest pour retrouver des camarades restés au service et passer quelques heures joyeuses avec eux.

Jamais il ne s'était senti si insouciant, si heureux de vivre, ayant même oublié les fantasmagories bizarres qui avaient un moment jeté le trouble dans son cerveau, lorsque le transport avait signalé la terre.

Tout cela s'était envolé, balayé de son cerveau par la brise pure qui soufflait sur le pays, par les mille petites distractions qui mangeaient chaque jour les heures de sa vie, sans lui laisser le temps de s'abandonner aux réflexions, aux rêveries.

Jamais il n'était seul, ayant toujours occasion d'aider un ami, d'accompagner un camarade, de s'occuper de ces travaux de filets, de matériel de pêche, de peinture de bateaux, de recherches d'appâts, qui sont la continuelle besogne des pêcheurs. Il ne songeait même encore que vaguement à l'achat d'une barque de pêche, achat qui cependant avait été une de ses premières pensées après l'acquisition de la demeure où il était né; il attendait vaguement une occasion, ne se pressant pas, allant quelquefois examiner les bateaux qui étaient en construction dans les chantiers du Styvel, pour s'encourager à prendre une décision, et revenant toujours sans s'être décidé.

Il lui semblait que cet argent qu'il avait rapporté était inépuisable, qu'il n'en verrait jamais la fin, avec ses goûts modestes, et en dépit des dépenses faites de temps en temps avec des camarades bons vivants.

Dans sa maison, il n'avait mis que les meubles indispensables, afin de n'avoir pas la complication d'un ménage trop difficile à tenir pour un célibataire, et c'était la plupart du temps Angélique Brézellec qui s'en occupait, lui raccommodant ses hardes, lui faisant la soupe et vivant pour ainsi dire avec lui.

Cela lui semblait si commode, si agréable, si facile, qu'il n'était nullement pressé de changer et qu'il déclarait hautement ne plus rien désirer en ce monde, tellement il se sentait heureux.

Une seule chose l'émouvait toujours d'une manière visible et parvenait à l'arracher à cette apathie causée par le bien-être, c'était lorsque, devant lui, on faisait allusion à sa situation de célibataire, à ses vingt-huit ans passés, et que quelqu'un soit innocemment, soit en riant, lui conseillait de se marier.

Il semblait ne pas aimer ce genre de conversation, et lui, si doux d'habitude, arrivait presque à se fâcher, pour peu qu'on insistât.

Ce fut si net, si explicite, cela parut si définitif, cette répugnance montrée pour le mariage, que Yan Cosquer, après lui avoir renouvelé la proposition qu'il lui avait seulement indiquée le jour de son retour, avait renoncé complètement à son idée, venue en le revoyant, et avait laissé sa fille Valentine épouser le pêcheur Périnel, en faveur duquel le vieillard, assez autoritaire de sa nature, n'avait pas encore donné son consentement, bien que Périnel plût à Valentine Cosquer.

Cette résolution, annoncée à Pierrik Danielou par Lagadec, avait sans doute déchargé celui-ci d'un gros poids, car il avait répondu, tout souriant :

« Si Périnel veut de moi comme garçon d'honneur, je suis son homme, et de tout cœur encore. J'aime beaucoup les mariages, quand ce sont les autres qui se marient. »

Puis un jour, tout à coup, au lendemain d'une bordée tirée à Brest, bordée d'où il était revenu par le bateau descendant à Quelern au lieu du bateau abordant au Fret, toute cette belle apathie, toute cette paresseuse vie de flâneries et de plaisirs parut lui peser.

Il fit acquisition d'une barque toute neuve, qu'on venait de mettre à l'eau et dont l'acquéreur était mort au moment d'en prendre livraison, un pêcheur de Morgat, qui l'avait commandée peu de temps auparavant.

Ayant reconnu à cette embarcation toutes les qualités d'un bateau bon à tenir la mer par les plus gros temps, à affronter le large et à pouvoir rester dehors plusieurs jours s'il le fallait, Pierrik Danielou le paya comptant au constructeur, la faisant aussitôt munir de tout ce qui lui était nécessaire, voiles, filets, avirons, paniers, avec une hâte visible de la voir prête à prendre la mer le plus tôt qu'il serait possible.

Tous ceux qui constatèrent ce changement pensèrent qu'il était las de sa vie oisive, qu'il avait besoin de se retrouver au large, en une nostalgie soudaine de l'Océan, de l'existence de périls, de hasards, de luttes, qui est celle des pêcheurs et des marins.

Lagadec et Trémor seuls insinuèrent qu'il devait y avoir, à cette transformation si brusque, quelque raison mystérieuse.

L'îlien soupçonneux, tout en examinant avec son camarade la barque que l'on était en train de gréer et qui flottait, fraîchement passée au coaltar, près de la cale centrale du quai, tandis que le peintre en lettres et vitrier du pays commençait à dessiner les lettres qui allaient former le nom de la nouvelle embarcation, murmura :

« Il y a du Danielou là-dessous, bien certainement. »

Trémor ajouta :

« C'était pas naturel aussi cette paresse, chez lui, si actif; il a dû se passer des choses... »

Il ne terminait pas sa phrase, les lèvres froncées de mystère, un doigt levé, en manière de sous-entendu, devant sa face cuivrée; et l'autre, penché sur le bord extrême du quai, demandait :

« Quel diable de nom qu'il a pu lui choisir, à son bateau! En sais-tu quelque chose, toi, Hervé?

— Pas plus que toi; il n'a pris personne pour confident. Le voilà redevenu quasi comme il était, lorsqu'il crochait toujours dans nous, à nous arracher des histoires et à vouloir connaître le fin du fin, que personne ne pouvait lui expliquer. On aurait pu penser cependant que les voyages l'auraient calmé; faut croire que le beau temps n'a pas duré et qu'il retourne à ses idées d'autrefois. Et, tiens, tiens, regarde un peu, quand je te disais!... Ah! bien! En voilà une invention, à faire couler sa barque, quoi!... à tout chavirer!...

— A croire qu'il est fou! » assura Lagadec.

Tous deux, la figure effarée, l'air bouleversé, suivaient les lettres dessinées d'un premier trait de pinceau à l'arrière de l'embarcation et se détachant sur la peinture noire de la coque.

Trémor épela, tremblant :

« S, O, R, SOR... »

Et Lagadec essaya d'achever, consterné, les lèvres frémissantes, ne pouvant prononcer le mot entier :

« C, I, È, CIÈ... »

Ce fut Trémor qui osa terminer :

« SORCIÈRE. »

Il reprit :

« Sorcière! La *Sorcière!* Qu'est-ce qui lui prend à c't'heure?

— C'est un défi au malheur, à la mauvaise chance! Pas un de nous ne voudrait monter sur un bateau portant un pareil nom! »

D'autres pêcheurs s'étaient rassemblés peu à peu, attirés par les exclamations, la gesticulation des deux compagnons; mais, moins superstitieux, ils ne partageaient pas leur indignation, se contentant de rire doucement entre eux, de plaisanter :

« Drôle de patronne qu'il choisit là, le Pierrik !

— C'est les voyages qui lui auront conseillé ça, bien sûr !

— *Sorcière !...* Des fantaisies de l'autre monde, que c'est. Quand il aurait pu l'appeler d'un nom chrétien !... Enfin c'est son affaire, il est libre. »

Un vieux expliqua :

« J'ai eu mention, dans les temps, d'une corvette qui s'appelait dans ce genre-là, un corsaire faisant la course ; la *Sorcière-des-Eaux,* qu'on la nommait.

— Il en aura eu vent, dit un autre, et ça l'aura guidé pour son choix ; les voyages, ça débrouille la jeunesse, en histoire et en tout. »

Lagadec montra une moue sévère pour les railleurs :

« Il a tort, grand tort ! Vous verrez ça, vous autres !... Il y a des noms qu'il ne faut pas dire, surtout par nos parages ! »

Mais, avec le temps, avec le progrès, une certaine philosophie était venue à ceux de Camaret, aux jeunes surtout, dégourdis par les années passées au service, décrassés des croyances grossières aux superstitions, qui restaient tenaces, indéracinables dans l'âme et le cerveau des Lagadec, des Trémor, les derniers représentants, les derniers fidèles des vieilles légendes.

Aucun d'eux, sans doute, n'eût été choisir cette appellation bizarre ; mais ils ne songeaient pas non plus à s'en formaliser, à s'en épouvanter, trouvant surtout là matière à rire et à épiloguer.

Tranquille, occupé à vérifier le gréement de la barque, s'assurant du jeu des écoutes, de la pompe, du gouvernail, manœuvrant les mâts et les voiles, Pierrik Danielou ne semblait nullement remarquer le grosse émotion causée par le nom que le peintre était en train de dessiner sur son bateau.

Le recteur, revêtu des insignes sacerdotaux, appelait sur elle la bénédiction d'en haut.

Quand il revint à terre, pour mieux juger de l'effet de cette peinture, il se heurta à Yan Cosquer, qui venait de se joindre au groupe des curieux, et auquel Lagadec et Trémor, avec force commentaires, montraient le sujet de leurs exclamations.

« Hein ? un fier bateau, tonton Yan, et qui remplacera bien la défunte barque de mon pauvre père ! » fit Pierrik.

L'ancien hocha tristement la tête, marmottant :

« La *Reine-des-Anges !...* Un beau nom que c'était, un nom de gloire dans le ciel, mon fi !... »

Danielou comprit la pensée secrète qui inspirait le vieillard, conservateur des antiques coutumes ; il répondit :

« Oui, mais j'avais besoin d'un nom de souvenir, et c'est pour cela que j'ai choisi celui-ci.

— Tu ne crains donc pas... ? » balbutia Lagadec, les yeux ronds de frayeur.

Pierrik releva la tête :

« Je ne crains qu'une chose, c'est d'oublier !... Je veux que toujours la catastrophe dans laquelle a péri mon malheureux père soit présente à ma pensée, à mes yeux, avec sa cause !... Je veux que rien ne puisse l'arracher de mon cerveau, de mon cœur, et c'est pour cela que j'inscris sur ma barque ce mot qui, pour moi, signifie tout !... »

Il se retourna vers les deux pêcheurs stupéfaits :

« C'est vous, Lagadec, Trémor, qui m'avez appris ce que j'ignorais ; c'est par vous que j'ai eu l'explication du malheur... J'aurais pu mettre un autre nom, plus significatif encore !... Celui-là m'a paru suffisant ; grâce à lui, je n'oublierai plus, comme cela m'est arrivé déjà, comme cela m'arrivait ces derniers temps !... »

Trémor s'exclama à mi-voix :

« Comme autrefois qu'il parle à c't'heure !... »

Le second maître continua :

« J'ai encore dans les oreilles vos cris du jour du malheur, quand vous disiez : « C'est la faute au *Bateau-des-Sorcières !...* » Eh bien, la *Sorcière*, la voilà, à ce jour, et bien visible pour tous, bien palpable ! Elle va naviguer, de jour, de nuit, par le mauvais temps comme par le beau temps, au vu et au su de tout le monde ! Il y en a qui disent que c'est des histoires, que ça n'existe pas, qu'on ne sait point ce que c'est. A dater d'aujourd'hui, on la connaîtra, on la verra partout, et je veux qu'elle serve au bonheur des autres, au bien des pêcheurs et des marins, celle qui a fait leur malheur !... »

La face flambante d'enthousiasme, Pierrik Danielou ouvrait un peu son cœur, tenu jusque-là si fermé.

Une telle bonté, un tel désir de bienveillance s'échappaient de ses yeux, que Yan Cosquer, subjugué, inclina la tête :

« Tu es ton maître, mon fi ! Tes idées sont à toi... C'est à l'œuvre qu'on peut voir les hommes ; malheur à ceux qui les jugent à tort !... On attendra tes actions pour parler de toi... Pour moi qui te connais et qui t'aime, j'ai confiance... »

Lagadec ronchonna :

« Le bateau, c'est bien !... Les intentions du Pierrik, d'accord !... Mais il y a l'équipage qui manque, et, pour mon compte, je sais bien que je ferais plus d'une prière avant de m'embarquer pour naviguer sous un pareil patronage !... »

Danielou haussa les épaules :

« Les hommes de bonne volonté, c'est pas ça qui manque ! Il suffit que le danger soit là pour les voir arriver, et plus qu'on n'en voudrait !... »

Huit jours plus tard, par une mer démontée, comme le sémaphore de Pen-hat signalait un brick en péril dans les environs de Bertheaume, la *Sorcière*, faisant sa première sortie, piquait droit dans la lame, sous les ordres de Pierrik, avec son équipage au complet, pour courir au secours du navire en perdition.

Trémor, qui assistait à ce départ, souffla, terrorisé, à son camarade Lagadec :

« Pas un n'en réchappera !... »

Tandis que l'autre approuvait, ajoutant :

« Un bateau pas même baptisé !... »

Après de terribles péripéties, une lutte acharnée contre la violence des lames, Danielou ramenait les naufragés sains et saufs à Camaret.

Quand on les vit revenir, ce fut un émoi dans tout le petit port ; sur la jetée, la foule des habitants se pressait pour féliciter les hardis sauveteurs.

Yan Cosquer, ému aux larmes, cria au jeune homme :

« Pierrik, mon fi, c'est son baptême que ta barque vient de recevoir ! »

Et, se tournant vers un prêtre qui l'accompagnait :

« N'est-ce pas, monsieur le recteur ? »

Celui-ci, jusqu'à ce moment, avait senti quelques hésitations à la pensée de devoir donner le saint sacrement à une barque portant ce nom redoutable ; il déclara :

« Il peut me l'amener, tout comme les autres, sa barque, vu que cette *Sorcière* est de celles qui font le bien, non pas de celles qui sèment la terreur et le malheur. »

Le jour même, une fois les naufragés débarqués et l'embarcation ramenée à quai, le recteur, revêtu de ses insignes sacerdotaux, accompagné de deux enfants de chœur, montait, en présence de toute la population, à bord de la *Sorcière* ; puis, à l'aide d'un rameau de verdure trempé dans l'eau bénite, aspergeait les flancs de la barque, ses agrès, en prononçant les paroles consacrées et en appelant sur elle la bénédiction d'en haut.

Désormais le bateau de Danielou prenait son rang dans le port et pouvait régulièrement faire ses sorties pour la pêche.

Mais, bien qu'on fût en plein moment d'un passage de sardines, l'étonnement fut grand lorsqu'on sut que la *Sorcière*, dépassant les parages où se tenait le poisson, avait poussé plus loin et était allée atterrir à l'île de Sein ; que, après avoir tiré des bordées autour de l'île sans s'occuper d'aucune pêche, elle était revenue deux soirs de suite jeter l'ancre au port, pendant que Pierrik Danielou, laissant son équipage à bord, s'enfonçait dans l'intérieur de l'île, pour des affaires que nul ne savait.

Lorsque, raconté par ses hommes, le fait parvint à la connaissance de Lagadec et de Trémor, les deux pêcheurs se regardèrent d'un air d'entente, avec le même hochement de tête.

« Ça devait arriver ! fit Trémor. Je l'aurais juré. »

Lagadec compléta :

« Le commencement que c'est seulement !... On en verra bien d'autres !... Le bateau la *Sorcière*, l'île de Sein, Danielou !... Tout cela devait être !... Ah ! on a eu beau la baptiser, sa barque, elle n'en sera pas moins la barque d'un Danielou !... »

Cette transformation si rapide dans la manière de vivre de Pierrik avait eu pour cause une rencontre assez bizarre, faite par lui, le jour où il était revenu de Brest par Quelern.

Certes, jusqu'à ce moment, il paraissait bien avoir complètement oublié les idées qui, à son retour, lui avaient quelques instants traversé l'esprit. Il ne songeait qu'à s'amuser, à jouir de la vie, à profiter en plaisirs de toute sorte de cette liberté reconquise après quinze années d'obéissance, de discipline, de servitude.

Lorsque le bateau sur lequel il avait pris passage à Brest le déposa à Quelern, le jour tombait et il se trouvait seul, encore un peu étourdi par un reste de fumées d'ivresse, qui enlevait de la netteté à sa vue et de la lucidité à ses idées.

Il se mit en route, d'un pas assez mal assuré, pour regagner Camaret, et commença à traverser l'espèce d'isthme reliant la presqu'île de Roscanvel à la presqu'île de Crozon.

Déjà, au moment du débarquement, sous l'influence d'une sensibilité rendue plus aiguë par les excès auxquels il venait de se livrer à Brest, la vue de l'île, voisine de Quélern, servant à la quarantaine, avec son nom sinistre, avait frappé son esprit d'une quantité de ressouvenances lugubres, et il avait dit tout haut, se répétant ce nom :

« L'île des Morts ! »

Sans trop savoir pourquoi, il regrettait de n'être pas venu par le Fret, comme d'habitude, et ce voisinage funèbre lui causait quelque émoi.

Pourtant, secouant les épaules pour chasser le frisson qui lui rampait dans le dos, il s'achemina d'un pied lourd dans la direction de la plage de sable fin qui fait exactement face à Camaret. En la reconnaissant, il se souvint de la manière dont on la désignait :

« Trez Rouz !... »

Les syllabes s'attardèrent sur ses lèvres pâteuses. Avec un effort de la langue, il reprit, les mots lui arrivant avec une sorte de suite, inconsciemment :

« Trez Rouz !... Trez Rouz !... Ah ! oui !... Je connais bien ; c'est le sable..., le sable... »

Et toute une phrase lucide, vibrante :

« *Trez Rouz..., Sable Rouge...,* que c'est !... »

Pourquoi l'intonation même de Marine Gadouna lui revint-elle aux oreilles, en cette minute, si distinctement, si nettement, qu'il releva la tête d'un mouvement subit, croyant l'entendre là, tout près de lui ?

Il commençait à gravir, avec assez de peine, le sentier qui suit la falaise, escaladant le raidillon qui mène au point désigné sous le nom de *la Mort anglaise,* en souvenir du désastre éprouvé le 18 juin 1694 par la flotte anglaise, lors de sa tentative de débarquement.

Il s'arrêta au sommet, un peu essoufflé de la montée, un peu haletant de la brusquerie du souvenir qui venait l'assaillir si inopinément, justement en ce lieu.

Lentement, des ténèbres moins épaisses de son cerveau, des commençantes ténèbres qui enveloppaient peu à peu tout le pays, une pensée surgit, fixe, lumineuse :

« C'est, bien sûr, de ce *Trez Rouz* que Marine aura voulu parler !... C'est curieux, cela !... Comment m'en assurer ?... »

Il s'avança jusqu'à l'extrême limite de la coupure à pic de la falaise, à l'endroit où les roches, détachées de la terre ferme, se prolongent dans la mer en un éboulement singulier, découpant le profil énorme d'un sphinx accroupi, coiffé du pschent, la coiffure mystique des Pharaons.

De ses voyages, un peu d'instruction lui était venue par la vue des pays, par les conversations entendues, par des phrases prononcées devant lui par les officiers, par des lectures. L'Égypte ne lui était pas inconnue, non plus que les sphinx égyptiens, et sous cette pénombre impressionnante, dans la silhouette dressée devant lui, il eut la vision d'un de ces êtres de mystère, avec tout ce qu'il peut provoquer d'énigmatique, d'inquiétant.

En son impressionnable cerveau de Breton, sans qu'il y songeât, le rapprochement se produisit, avec une irrésistible assimilation d'idées lui faisant en même temps accoupler les mots et tout ce qu'ils devaient évoquer pour lui :

« Trez Rouz !... Un sphinx !... Un gardien des secrets, à ce qu'on croit en Égypte !... Le secret !... Ce doit être là !... »

Penché sur l'abîme, comme s'il eût espéré lui arracher ce qu'il cachait, il fouillait des yeux la plage, rendue plus vaste par la marée extraordinairement basse, qu'on devait au voisinage de l'équinoxe ; très loin, la bordure d'écume de la lame se déroulait avec un fracas régulier, sous une brume légère venue avec le soir.

Cela prit un aspect tout à fait fantasmagorique, lorsque la lune, enveloppée de nuages et de vapeurs, commençant à monter derrière les maisons et les arbres du village de Lambézen, éclaira d'une lueur vitreuse la longue étendue des sables.

Sur cette surface blanche, il distingua une sorte de point noir mobile.

« Quelqu'un, à cette heure !... Ah ! bien ! en voilà une... »

Quelqu'un était là, tout seul, homme ou femme, il ne savait trop. Vivant ou trépassé, il n'osait conclure. Les histoires de Trémor, de Lagadec bruissaient à ses oreilles, et soudain il se souvint de ce débarquement des Anglais, deux siècles auparavant, de ce massacre d'hérétiques qui avait arrosé cette plage d'une telle nappe de sang, qu'il semblait qu'elle en eût pour toujours conservé l'empreinte, la couleur.

Penché sur l'abîme, il fouillait des yeux la plage.

Il balbutia :

« Sable Rouge !... »

La voix sombrait au fond de sa gorge, pendant que ses yeux s'ouvraient tout grands pour mieux ramasser devant ses prunelles ce qu'il apercevait.

L'ombre noire allait, venait, avec des mouvements bizarres, occupée à une sorte de travail de recherche, de fouille ou de pêche dans la grève, très loin, vers l'endroit où sonnait la vague roulant sa volute d'écume.

Il s'arrêta pour tirer un sac de son panier.

Il eut la tentation de se dresser tout debout, d'appeler ; mais il n'osa pas, craignant d'évoquer quelque spectre redoutable, d'insulter à la majesté de la mort. Il s'aplatit, au contraire, sur le sommet de la falaise, parmi les touffes de bruyères, et resta là, immobile, à guetter, se disant :

« Si c'était le secret ?... Si je surprenais quelque chose ? »

La nuit venant plus profonde, la lune éclairant mieux, il perçut plus nettement les contours de l'être mystérieux :

« Un homme. »

Et, se rassurant, avec un mépris pour sa terreur :

« Un pêcheur, que c'est, tout bonnement!... Il cherche des vers de vase!... »

La forme maintenant, chassée par la mer qui montait, revenait vers la falaise.

Il attendit, rassuré en partie, curieux de voir quel pouvait être ce nocturne travailleur. Cela dura longtemps. Enfin, les lames s'étalant plus longues, plus rapides, menaçant de lui couper la retraite, l'individu sembla se résigner à cesser son travail et prit résolument le chemin de la falaise.

Bientôt un bruit de pas retentit dans le sentier, un roulement de sabots, de chaussures ferrées broyant les pierrailles d'une allure ferme et décidée.

Pierrik, qui avait quitté son poste pour se rapprocher du chemin, se jeta à plat ventre, s'écrasant derrière un léger monticule, quelque tombe d'Anglais, croit-on dans le pays, que ces renflements du terrain en cet endroit; le second maître en eut l'idée, car il bégaya :

« Si, tout de même, c'en était un?... S'il allait rentrer dans sa fosse, là, devant moi?... Oh!... »

Malgré sa terreur, il regarda, les prunelles fixes.

L'être se découpait, dessiné en relief par la lune placée derrière lui; il passa exactement entre elle et Danielou.

Ce dernier eut un léger soupir de soulagement, en reconnaissant un pêcheur, à son costume, à son attirail, panier et croc à la main. Justement, à la hauteur de la cachette de Pierrik, il s'arrêta pour tirer un sac de son panier, l'ouvrir et examiner, à la lueur de la lune, ce qu'il contenait; cela tintait la ferraille, avec un son métallique.

Sa face, en pleine clarté, grimaça un sourire, et brusquement le Cameretois se rappela ses traits :

« Alan, qu'on jurerait!... Alan Coz de Kerloc'h!... Que diable fait-il par nos côtés, si loin de chez lui à pareille heure, ce ramasseur d'épaves? »

Et voyant reluire entre ses doigts un des objets tirés du sac :

« Une pièce, qu'on dirait?... De l'argent ou de l'or!... Oh! oh!... »

Puis, sur ses lèvres, avec un accent rauque, roulèrent les mots prononcés par Marine :

« *Ta fortune est dans le sable..., Trez Rouz...* »

Il enfonça ses mains dans ses cheveux, faisant :

« Si c'était vrai?... Si... »

Déjà Alan Coz était loin, enfoncé dans les ténèbres, que Pierrik Danielou était toujours là, essayant de chasser les derniers brouillards de l'ivresse pesant encore sur lui, se demandant s'il avait bien vu, si tout cela n'était pas une imagination de son cerveau, brûlé par la boisson, fatigué par la veille, trompé par l'obscurité et par les fantômes que fait naître la lune.

Au-dessous de lui, la mer, à grosses lames lourdes, déferlait bruyamment, battant la falaise; la plage avait complètement disparu.

Il se redressa, tout étourdi, murmurant :

« Il faudra que je sache!... »

Tout en reprenant, d'un pied qui se trompait parfois, le sentier qui longe les falaises avec des montées et des descentes jusqu'à Camaret, il essayait de ramener son esprit sur ce qu'il venait de voir, s'efforçait de prendre un parti, se répétant :

« Je dois agir..., agir!... Il n'y a que là-bas, dans l'île, que je peux savoir. »

Au moment où il atteignit les premières maisons de Camaret,

sa résolution était prise, il irait à l'île de Sein, il se mettrait à la recherche de Marine Gadouna; mais afin de ne point éveiller les soupçons, de pouvoir agir à sa guise sans qu'on le harcelât de questions, il lui fallait d'abord acheter une barque et montrer à tous qu'il organisait définitivement son existence de pêcheur.

Au réveil, bien que ses idées fussent encore troubles et qu'il se crût sous l'influence de quelque cauchemar, il mit son dessein à exécution et changea complètement sa manière de vivre, s'obligeant à n'avoir plus que ce but, n'ayant plus que ce désir, où il y avait une sorte de colère passionnée : Marine Gadouna.

Était-ce à elle qu'il avait pensé, sous cette influence irritée, en donnant à son bateau ce nom de la *Sorcière?* était-ce à l'ensemble des choses qui semblait peser sur sa vie? Lui-même, interrogé, n'eût peut-être pas su bien exactement le dire.

IV

Il faisait nuit noire, une nuit sans lune, sans étoiles, une nuit tellement opaque, que c'est à peine si la blancheur de la route se distinguait des masses ténébreuses qui la bordaient de chaque côté, lorsque Pierrik Danielou, après avoir passé une partie de la journée à Crozon pour différentes affaires, dut reprendre le chemin de Camaret.

La route, avec ses montées et ses descentes, filait entre les landes sans qu'il fût possible de s'égarer, et, du reste, le jeune homme la connaissait assez pour la suivre au besoin les yeux fermés.

Les nuages formaient comme un dôme bas cachant complètement le ciel, et, de l'Ouest, le vent soufflait par rafales, apportant la grosse rumeur de l'Océan, un grondement régulier, menaçant, avec des détonations sourdes, des ronflements prolongés, des râles sauvages, où semblaient se ramasser et se concentrer toutes les fureurs du large.

Le béret enfoncé sur le crâne, un solide pen-bas assujetti au poignet par une lanière de cuir, Pierrik se mit en marche.

Confiant dans sa force, il ne redoutait aucune rencontre d'être vivant et sifflotait une vieille chanson, tout en écoutant souffler ce vent de la mer, qui lui avait si souvent tenu compagnie dans ses veillées de nuit, quand il était de quart.

D'abord il alla d'un pas ferme, élastique, prenant plaisir à frapper le sol du pied, à l'entendre sonner sous ses pas, ayant encore autour de lui l'enveloppement de ceux qu'il venait de quitter, une sorte de sensation de société; puis, peu à peu, cette impression diminua, perdit de sa force, disparut, et ce qui tomba sur lui, de ce poids terrible des choses sans forme et sans corps, ce fut la sensation de la solitude, d'un isolement de plus en

Le béret enfoncé sur le crâne, un solide pen-bas à la main, Pierrik se mit en marche.

plus complet, avec une diminution de sa vigueur, un affaiblissement physique.

Il se raidit, s'efforçant de réagir contre ce grandissant malaise, luttant contre l'étranglement qui étouffait la chanson dans sa gorge.

Mais l'invisible l'emportait, l'obligeant à ralentir sa marche, le clouant par instants sur place, inquiet, le cœur heurtant à coups sourds dans la poitrine, les yeux fouillant anxieusement l'encre de la nuit.

En même temps toute son angoissante existence de ces dernières semaines repassait devant lui, troublant son cerveau.

C'est en vain que, cinq fois en moins d'un mois, il avait été à l'île de Sein pour savoir ce qu'avait pu devenir la fillette autrefois rencontrée. D'abord, il avait espéré réussir à la retrouver sans interroger personne; mais ses courses à travers l'île avaient été inutiles; dans aucune des jeunes filles il n'avait reconnu celle qu'il cherchait.

Il s'était alors décidé à questionner, aussi discrètement que cela lui avait été possible, quelques-uns des habitants. La première fois qu'il avait prononcé ce nom de Marine Gadouna, on l'avait regardé avec une certaine défiance, comme s'il avait demandé une chose extraordinaire.

Enfin, une vieille femme, qu'il trouva en train de prier au cimetière, où il s'était rendu, en désespoir de recherches, pour interroger la mort, puisque les vivants ne savaient rien, fouilla un moment dans sa mémoire, comme au milieu de cendres épaisses, après sa question, se redisant :

« Gadouna, que tu dis, mon fi!... Gadouna! Gadouna!... Hé! oui!... »

Puis elle montra, à quelques pas d'elle, une tombe couverte de cette mousse verte et gluante, que le voisinage de la mer et l'atmosphère pluvieuse de Sein étendent en uniforme linceul sur les pierres grises recouvrant les fosses :

« Là, regarde. »

Il avait eu un recul d'effroi, une terreur, un cri étranglé :

« Morte !... Elle !... Serait-il possible ? »

Il s'était avancé, les yeux voilés de larmes, tout tremblant, prêt à tomber à genoux devant la pierre funèbre, et avait lu à haute voix :

CI-GÎT

ANNE GADOUNA

VEUVE DE YVES GADOUNA

PÉRI EN MER !

. . . .

. . . .

Ce n'était pas elle ! C'était sa mère, sans aucun doute, car il se rappelait ce nom d'Anne Gadouna.

Une date était creusée dans le granit, mais si encrassée de mousse, qu'il lui fut impossible de la déchiffrer, non plus que l'âge de la défunte.

Il lut, relut, craignant, sous ce nom, de découvrir le nom qu'il redoutait d'y trouver ; rien autre ne se gravait dans la pierre, et il s'écria soulagé :

« Non !... Il n'y est pas !... Elle vit, elle doit vivre !... »

Après quelques questions plus précises adressées à la vieille, qui devenait avare de ses réponses, comme soudain mise en garde contre lui, il était parvenu à savoir que la fille d'Anne Gadouna avait quitté l'île de Sein depuis plusieurs années et qu'elle devait habiter la Grande Terre.

Comme elle n'avait laissé aucun parent auquel il pût s'adresser, il lui fut impossible d'obtenir de plus complets renseignements. On disait, sans préciser, que, n'ayant aucune ressource, elle avait dû gagner un endroit voisin pour y chercher du travail ; probablement elle était employée dans une des *fritures* d'Audierne, du Guilvinec ou de Douarnenez.

Pierrik Danielou, désespéré, s'était alors mis, sans plus de réussite, à aller vendre sa sardine successivement dans tous les petits ports des côtes avoisinant le Raz de Sein, en questionnant partout.

Un dernier renseignement lui avait été tout dernièrement apporté, assurant qu'un nom semblable à celui de la personne qu'il cherchait avait été entendu prononcer du côté de Morgat. C'était là une des causes du voyage qu'il venait de faire; mais ce jour-là, la pêche ne donnant pas, les fritures étaient fermées, si bien qu'il n'avait pu obtenir de réponse.

Il revenait, un peu découragé de tous ces insuccès, se demandant s'il ne ferait pas mieux de renoncer à sa chimère, et la route, dans cette obscurité profonde, sous cette pression de tristesse, avec ces grands bruits mystérieux que faisait l'Atlantique invisible, si près de lui cependant, lui apparaissait peuplée de visions étranges.

Justement, comme le chemin se rapprochait de Kerloc'h, il se souvint qu'il lui fallait longer l'étang couvert de roseaux qui précède le village et n'est séparé de l'anse de Dinan que par l'étroite chaussée sur laquelle passe la route de Crozon à Camaret.

Il fut tout surpris de se sentir impressionné davantage, cette nuit-là, lui qui si souvent avait parcouru les environs de l'étang, chassant des bécassines ou des canards sauvages.

« Est-ce que je vais croire aux lavandières de nuit! » s'exclama-t-il à haute voix, comme pour braver le sort.

Sur sa droite, subitement, ainsi qu'une réponse, il lui sembla entendre un bruit qui ne se confondait pas avec le rugissement âpre et régulier de l'immense lame venant s'écraser sur les galets et sur le sable de la plage de Dinan.

Il s'arrêta pour mieux écouter, retenant sa respiration, les sourcils froncés.

Pan pan! Pan pan! Pan pan!...

N'était-ce pas là un battement régulier, bien significatif, le bruit du battoir redoutable?

Tout entière, la légende se représenta à son esprit. Il fit, saisi :

« Ce serait donc vrai ? »

Il serra énergiquement son bâton, prêt à une résistance désespérée.

Il se souvenait que ces laveuses nocturnes invitent le passant attardé à les aider à tordre leur linge ; s'il refuse, elles le noient dans le lavoir, dans l'étang, ou l'étouffent dans un drap mouillé ; s'il se montre grincheux, elles lui disloquent les bras ; s'il est docile, elles le traitent avec bonté, lui donnent des nippes et le congédient en plaisantant.

Pierrik Danielou s'était arrêté, haletant.

Il avait amorti le bruit trop sonore de ses pas, et, penché du côté des roseaux, écoutait. Toujours la même résonance. Il se décidait à affronter le danger, à aller voir, quand tout cessa.

Il gronda, passant la main sur sa face couverte de sueur :

« Le village est là ; je suis fou! C'est quelque femme de Kerloc'h qui n'avait pas fini de laver son linge! »

Mais il ne pouvait dominer une vague inquiétude, attendant des événements, guettant cette nuit opaque qui l'enveloppait de menaces et d'où pouvait sortir du danger. Brusquement il étouffa un cri.

A quelque distance, presque en face de lui et dans la direction qu'il suivait, une flamme venait de jaillir des ténèbres et montait, s'échevelant; puis, près de celle-là, une autre, une autre encore, plusieurs autres.

C'était sur la gauche de la route, passé le fond de l'anse de Dinan, dans la lande qui s'élève de ce côté, en face du village de Kerloc'h, cette lande qui monte toujours et va former les pointes escarpées de Portzen et de la Tavelle.

Dix grands feux, dix flammes énormes, couronnés d'une fumée pleine de reflets d'incendie et espacés régulièrement comme un cirque de pierres druidiques, avec une sorte de symétrie étrange, s'élançaient, semblant lui barrer le chemin.

On ne voyait auprès de ces feux aucune forme humaine, on n'entendait aucune voix, aucun bruit; seule, tout à côté, l'âpre et immense lamentation de la mer, l'éternelle plainte de l'infini, sanglotant toujours, sous le poids de quelque séculaire et mystérieuse désolation.

Au milieu de cette nuit si profonde, si lourde, c'était muet et terrible, semblable à un rite antique et magique, ainsi que des feux allumés par les invisibles prêtres d'une religion énigmatique ou par des êtres surnaturels, les coureurs et les rôdeurs nocturnes de la lande.

Pierrik Danielou s'était arrêté, haletant, n'osant plus faire un mouvement; il écouta s'il n'entendrait pas quelque voix d'homme ou de femme monter de ce silencieux village de Kerloc'h, enseveli sous l'ombre épaisse de ses arbres, dans les ténèbres plus opaques encore de la nuit.

Mais rien n'arrivait jusqu'à lui que la grande voix mugissante de l'Océan, se perdant à travers l'anse de Dinan, et que, par moments, le crépitement de ces feux, qui découpaient vaguement la silhouette confuse de moutonnantes cimes d'arbres.

Il restait immobile, terrifié, subissant l'espèce de charme mêlé d'horreur pesant sur son âme et affolant son cœur; un frisson surnaturel le courbait, muet d'émotion, et il lui sembla sentir passer sur sa tête le souffle de l'invisible.

Péniblement, après cette crise de saisissement, avec une énergie reconquise, il put enfin arracher ses pieds à ce sol, avec lequel ils paraissaient faire corps, et tenter de reprendre sa marche en avant.

Il allait, sans bruit à présent, sans chanson aux lèvres, ses ongles enfoncés dans le bois de son bâton, s'étudiant à ne pas faire sonner sous ses pas la terre sèche, à ne pas heurter quelque pierre qu'il ne voyait pas.

Ayant dépassé les premières maisons de Kerloc'h, il approchait; c'était sur la hauteur, à gauche de la route un peu en contre-bas à cet endroit, que les foyers se dressaient. Peu à peu les flammes si hautes avaient diminué d'intensité, s'étaient abaissées, et ce qui restait, c'étaient des amas de braise rougeoyante, d'où s'élevait encore, par instants, quelque fusée d'étoiles, quelque langue bleue et rouge, ondoyant au-dessus des brasiers.

Comme il s'en trouvait tout près, il crut distinguer une voix, une sorte de mélopée bizarre et monotone.

Mais, ce qui continuait de l'inquiéter, c'était ce silence si absolu du village, qui lui semblait endormi ou mort. Y avait-on connaissance de ce qui se passait là, tout à côté, dans le mystère de la lande? Il n'y paraissait pas. Sans doute chacun se terrait, épouvanté, au fond de sa chaumière, sans vouloir savoir ce qui avait lieu, abandonnant le pierreux désert aux hôtes suspects de la nuit.

Une minute, le jeune homme manifesta l'intention de poursuivre sa route, sans s'inquiéter d'éclaircir cette énigme; puis il eut une colère contre lui-même, protestant :

« J'aurais peur, moi!... Allons donc!... Un Danielou!... »

Il avait jeté ces derniers mots tout haut, dans une sorte de bravade, comme pour se forcer à se départir de sa première prudence.

Des hauteurs, à travers une rafale de vent mêlée de crépitements secs, comme si les brasiers eussent repris un peu d'activité, une plainte arriva, tomba sur lui, prolongée, sinistre, paraissant répéter la dernière syllabe de son nom :

« Ou... ou... ou... ou!... »

Il tressaillit, remué jusqu'aux moelles, tout frémissant :

« Hein? Qu'y a-t-il?... »

Tout s'était tu; seuls les craquements des branches sèches ou des brousses continuaient de se faire entendre.

Pierrik, malgré le tremblement qui le secouait, tremblement où il y avait de la crainte, mais aussi de l'étonnement, de l'émotion tendre, balbutia :

« On dirait... Oh! non, je me trompe, bien sûr!... C'est impossible!... »

Il secoua la tête, se débattant; malgré lui, les mots couraient sur ses lèvres, montant des profondeurs mystérieuses de son cœur :

« On dirait... comme là-bas, dans l'île de Sein... Cet appel!... Mon nom répété!... »

N'y pouvant tenir davantage, à présent décidé à tout, il s'élança d'un bond sur le rebord du chemin, gravit en quelques enjambées nerveuses la déclivité abrupte qui conduisait à la lande, et, s'arrêtant à deux mètres du premier brasier, son pen-bas levé, prêt à la défense ou à l'attaque, cria, en essayant de fouiller du regard les ténèbres balayées par la flamme et la fumée :

« Qui est là?... Répondez!... Me voilà, moi, Pierrik Danielou, de Camaret!... »

Un cri, une plainte, une exclamation :

« Pierrik!... Pierrik Danielou!... Pierrik Danielou, de Camaret! »

Du milieu de ce grand cirque de brasiers, disposés en rond à quelque distance les uns des autres, une forme surgit, comme sortant de terre.

Enveloppée de toutes les fumées environnantes, que le vent rabattait, reliant les feux les uns aux autres et formant une immense ondulation, elle avait un aspect gigantesque, l'air de s'enlever dans le ciel.

Puis elle se dessina plus nette, plus humaine, montrant un visage taché de rouge en dessous par le reflet des braises ardentes, avec deux yeux noirs étincelants sous la barre sombre des sourcils, sous l'échevèlement d'une chevelure de nuit éparse sur ses épaules.

C'était une femme, en humble jupe grossière serrée à la taille, en rude chemise de toile seulement fermée au cou, avec les bras, les jambes et les pieds nus, d'une saisissante figuration de magie dans ce cercle flamboyant, qui semblait disposé d'après certaines règles cabalistiques.

Le jeune homme était demeuré à la même place, murmurant, défiant :

« Quelque sorcière !... »

Mais la vision se précisait ; il balbutia, frissonnant :

« Une femme !... Une jeune fille !... Elle !... »

Et brusquement, d'un appel déchirant, plein de supplication et de tendresse :

« Marine !... Marine Gadouna !... Est-ce toi ?... Es-tu vivante ?... Ou bien n'es-tu que son fantôme apparu pour me désoler, que son intersigne ?... »

Des flammes joyeuses ondulèrent dans les prunelles sombres, illuminant la figure pâle, faisant resplendir toute la physionomie de bonheur, en même temps que la même voix entendue, devenue claire, vibrante, s'exclamait :

« Pierrik Danielou !... Enfin !... »

Au risque de se brûler, éparpillant du bout de son pen-bas le brasier le plus proche de lui, il le franchit d'un saut et vint retomber en pleine lumière au milieu du cercle :

« Marine !

— Pierrik ! »

Il avait laissé tomber son bâton, et, ayant saisi dans ses mains les deux mains de la jeune fille, lui écartait les bras pour la mieux contempler de la tête aux pieds, en une grandissante extase :

« C'est donc toi, bien toi !... Vivante comme je suis vivant !... Si belle que tu es, à ce jour ! »

Il l'examinait, enivré, le cœur gonflé d'une puissante émotion :

« Tes yeux noirs !... Tes cheveux !... Toujours, toujours !... Penser que je t'ai reconnue si vite, après tant d'années écoulées, après tant de temps, quand je désespérais de te retrouver, de te revoir !... Et cependant j'étais sûr que je te devinerais, que quelque chose de toi serait resté dans tes traits... Toi, Marine, qu'es-tu devenue ? Qu'as-tu fait ? Tu as souffert, je suis certain, je sais...

— Je t'espérais, mon Pierrik !... »

Il regarda ces feux, symétriquement disposés, et reconnut que tout ce qui lui avait paru si fantastique était très simple ; c'étaient des amas de goémons, qui avaient dû être déposés là pendant le jour, et que Marine brûlait pour en extraire la cendre, dont on se sert comme engrais.

Assis tous deux, l'un près de l'autre, au centre de ce cirque de foyers, où les braises rougeoyaient, avec une fumée de plus en plus mince, ils oubliaient tout pour ne plus songer qu'à eux et se racontaient les quinze années passées depuis leur séparation d'enfance, là-bas, dans le lointain du temps, à l'île de Sein.

Marine Gadouna, à une question de son ami, lui demandant ce qu'elle avait dû penser en ne le voyant plus revenir l'année suivante, ni aucune des années après, avoua d'un air de tranquillité résignée :

« Oh ! moi, l'habitude que j'avais !... Les marins, on sait ce que c'est dans notre île, et qu'on ne les voit qu'après des années... Je n'avais plus, comme les autres îliennes, qu'à espérer... J'ai espéré...

— Tu as quitté l'île ! reprocha Danielou. Et depuis mon retour je te cherche... »

Il n'avouait pas que ses recherches n'avaient point commencé immédiatement après son arrivée à Camaret, que même il avait subi une véritable période d'oubli, presque d'ingratitude, durant les premiers temps, et qu'il lui avait fallu la suggestive vision de Trez Rouz, le souvenir du secret à découvrir, pour l'arracher à son apathie et faire refleurir dans son cœur la fleur qui semblait s'y dessécher complètement.

Mais désormais il se trouvait entièrement repris par le passé, au point de ne plus avoir qu'un désir : réaliser le rêve d'autrefois, tenir la promesse faite.

L'enfant était devenue femme, et, malgré sa visible misère, malgré les haillons qui la couvraient, femme étrangement belle et séduisante, avec la pâleur ambrée de son teint, plus saisissante encore sous la chaude caresse du feu, avec l'éclat luisant de ses yeux noirs, dont la sauvagerie même faisait le charme et ajoutait un attrait de plus à leur expression tour à tour impérieuse et pleine de caresses.

Tandis qu'elle apprenait à son ami les péripéties de son existence durant ces quinze années, celui-ci la contemplait, enivré, ressaisi tout entier, sans pouvoir se lasser de cette contemplation, qui le consolait de toutes les vicissitudes éprouvées, de toutes les désillusions rencontrées et des courses infructueuses récemment faites.

Il voyait en outre dans la manière dont il l'avait retrouvée une sorte d'indication de sa destinée, faisant suite aux indications déjà reçues, et qui allait à son fatalisme de Breton rêveur.

C'était aussitôt à la suite de la mort de sa mère, arrivée deux ans après le départ de Danielou, et lorsque déjà, avec une raison au-dessus de son âge, elle pensait bien que de longues années s'écouleraient avant que Pierrik pût revenir, que Marine s'était résolue à abandonner l'île de Sein, où elle n'aurait vécu qu'en pauvresse.

Elle avait tout au plus douze ans lorsqu'elle s'était fait conduire à Douarnenez, pour y entrer comme friturière dans une des usines à sardines. Depuis, sa vie s'était passée de la même manière monotone, à travailler dans les *fritures* quand la pêche donnait, à se louer pour les travaux des champs quand la saison de la sardine était mauvaise, mais avec la secrète intention de se rapprocher de Camaret pour y avoir des nouvelles de Pierrik Danielou.

C'est ainsi que, pour le moment, elle était employée à Kerloc'h, pour le compte d'un des habitants du village, un fermier du nom d'Alan Coz, et c'était sur son ordre que, cette nuit-là, elle faisait brûler ces amas de goémons destinés à fumer ses terres.

A ce nom d'Alan Coz, Pierrik avait fait un mouvement, se rappelant ce qu'il avait vu sur la plage de Trez Rouz quelques mois auparavant, ce soir de fête où il rentrait de Brest.

Il questionna, subitement intéressé :

« Alan Coz, que tu dis ?... Ah ! Et comment es-tu avec lui ? Est-ce un bon maître ? »

Elle eut une moue dubitative :

« Ni bien ni mal, ni bon ni mauvais. Il me nourrit, me loge, voilà tout... Je fais mon travail de mon mieux, à le contenter !...

— Oui. Et il ne t'a jamais fait de questions sur ce que tu étais, là-bas, à l'île de Sein, sur ton père et sur ta mère, sur les tiens?

Pierrik Danielou ouvrit tout grands ses bras pour prendre Marine.

— Peut-être bien, car c'est un patron aimant à se renseigner et regardant. S'il a demandé, j'ai répondu. Mais nous ne sommes pas souvent en causerie, vu qu'il ne me plaît pas, trop avide qu'il est, toujours à rôder deci delà sur les plages, les jours de tempête surtout !... C'est un homme étrange, pareil à certains anciens, qu'on dit, un homme qui fait peur !... »

Elle ajouta, très bas, après avoir jeté un regard anxieux autour d'elle :

« Un naufrageur qu'on prétend !... Un pilleur d'épaves !... Comme autrefois chez nous !... »

Danielou fronça les sourcils, interrogeant encore :

« Tu ne lui as jamais dit ce que tu m'as dit à moi, lorsque nous nous sommes quittés ?... »

Elle sembla chercher quelques moments, surprise :

« Moi, j'ai dit ?... Quoi donc ?... Je n'ai plus souvenir, plus du tout ! »

Le jeune homme hésitait, se demandant si ce n'était pas le hasard ou son flair de bête de proie qui avait amené vers la Mort anglaise ce ravageur qu'était Alan Coz ; la curiosité l'emporta, et il murmura doucement :

« Tu sais bien, Marine... *Ta fortune est dans le sable.* Le secret !... »

Elle se mit à rire, montrant ses dents blanches :

« Ah ! ah ! ah ! Tu sais toujours ?... J'avais oublié, moi !... C'est des choses d'enfance, cela !... *Trez Rouz, Sable rouge*... Oui ! oui !... Ah ! ah ! Alors tu as cru ?... Un secret que je te disais, comme si je pouvais connaître des secrets !... »

Il balbutia, interdit :

« Cependant tu étais sérieuse... »

Marine poursuivit :

« Oh ! des mots comme cela que ma pauvre mère disait parfois devant moi, et qu'elle m'a encore répétés avant de mourir... Je te les ai redits pour m'amuser. Ça me semblait si drôle de parler de fortune !... J'ai bien pu les prononcer devant Alan Coz, en racontant la mort de ma mère ; mais qu'est-ce que ça peut faire ? Il ne connaissait ni ma mère, ni moi, ni aucun îlien, vu qu'il est de la Grande Terre... Il ne sait pas plus que nous ce que cela veut dire !... De ces choses qu'on entend et qu'on répète quand on est enfant !... »

Son rire la reprit :

« Ah ! ah ! ah ! Tu y pensais, toi !... Ça ne signifie rien... Des bêtises !... »

Le jeune homme hocha le front, rêveur, songeant :

« Peut-être ! »

Mais de nouveau ils s'abandonnaient à l'unique plaisir de se retrouver enfin ensemble, après avoir désespéré de jamais se revoir, du moins Pierrik ; car, chaque fois que Marine parlait de lui, de leur amour d'enfance, elle répétait, avec sa confiance vivace, sa foi inébranlable :

« Je t'espérais, moi ; j'étais si sûre !... Je savais. »

Les feux maintenant étaient enfouis sous la cendre fine, que le vent faisait voltiger, en poussière blanche, impalpable, dans la gaze du jour qui allait renaître ; la mer grondait plus loin, la marée tout à fait basse, laissant à découvert l'immensité de la plage ; la cime des arbres sortait peu à peu des ténèbres, en un moutonnement d'un vert cendré, et une aube pâle, teintée de rose, commençait à éclairer le sommet des falaises, les aiguilles du château de Dinan.

Pierrik Danielou ouvrit tout grands ses bras pour prendre Marine, qui s'abandonna sur sa poitrine avec confiance, ainsi qu'en l'asile définitif, si longtemps attendu, et là tous deux, avant de se quitter, comme le jour sortait de la nuit, que les dernières ombres s'enfuyaient en fumée légère, unirent leur premier baiser :

« A bientôt, Marine, ma femme ! »

— A toujours, Pierrik, mon mari! »

C'était la ratification de leur serment d'enfance, de l'engagement pris en face de l'Atlantique, là-bas, dans cette sauvage et désolée île de Sein, quinze ans auparavant, la promesse d'être mari et femme !

TROISIÈME PARTIE

I

Comme l'*Etoile-Polaire*, après avoir longé le phare au plus près, d'un joli mouvement incliné de grand oiseau étendant ses ailes blanches, contournait l'extrémité de la cale des grandes marées pour traverser le port et venir à quai, Lagadec, qui avait la main sur la drisse de la grand'voile, prêt à l'amener au moment voulu, s'exclama :

« Encore à son corps-mort le bateau à Danielou !... Ça fait une semaine au moins qu'il n'en a pas quitté.

— Je l'aurais juré, confirma Trémor. J'ai mon idée là-dessus.

— Oh ! diable ! Quand la sardine donne si fort, qu'il n'y a, autant dire, qu'à laisser tomber le filet pour la ramasser, c'est tout de même pas croyable, si on ne le voyait de ses yeux, fit Jean-Marie Cosquer. Nous qui revenons de retour aujourd'hui avec au moins nos dix mille, qu'on va vendre un bon prix encore, vu que c'est de la fameuse !... »

Le fait constaté, le vieux Yan Cosquer eut un lourd soupir :

« Peut-être bien qu'il a été empêché par des raisons qu'on ne sait pas... C'est point un mauvais gars cependant, ni un paresseux, ni un buveur. Nous l'avons eu comme mousse, que vous savez bien, et il était assez dégourdi, de son service à l'État il est revenu second maître, ainsi... Tout est là pour prouver sa bonne volonté. »

Lagadec montra ses lèvres plissées d'une moue grondeuse, les yeux éveillés d'une flamme de soupçon sous l'abri des sourcils, grommelant :

« Possible dans le temps, tout cela ; mais au jour d'aujourd'hui, c'est tout changé qu'il est, à ne pas le reconnaître, à le croire malade ou... »

Il souffla tout bas :

« Ensorcelé !... Et moi, je... »

Il fut interrompu par son camarade Trémor, pressé d'appuyer :

« Yves dit vrai ; il a bien remarqué, tout comme moi. Voilà des temps et des temps qu'on ne voit plus le Pierrik Danielou venir à la pêche avec les camarades. Ou bien, s'il sort sa *Sorcière*, la bien nommée, c'est avec des idées que personne ne peut rien y comprendre, comme de s'en aller dans le Raz de Sein, aux îles, quand il n'y a rien de bon à faire par là..., que du mal à attraper !... Faut que sa barque soit fameuse encore pour ne pas y être restée, à moins que... »

Et à voix basse, comme son compagnon :

« ... Ses pareilles ne la protègent... »

— C'est si plein vrai, reprit Lagadec encouragé, qu'il en est toujours revenu sans avoir rien pêché, et que, du reste, c'est pas la saison. Alors quoi ?... J'ai causé avec son équipage, moi, et j'ai appris bien des choses. C'est point pour pêcher qu'il allait à Sein, c'est pour se promener dans l'île, en laissant sa barque en panne, sous la garde de ses hommes... Se promener, si on peut croire !... Un pêcheur, un marin, se conduire en terrien !... »

Trémor ricana :

« Il se promène encore; maintenant mais ce n'est plus à Sein, c'est ailleurs, dans un endroit que je sais..., un endroit pas trop à fréquenter.

— Où donc? questionna Le Fur, curieux.

— Dans la grotte de la Fontaine-Rouge, près de la pointe de Portzen, sur l'anse de Dinan. »

Yan Cosquer, malgré lui, fit un geste de mécontentement, objectant :

« C'est pas la grotte aux Corbeaux, que tu veux dire, au moins? »

Ce fut Lagadec qui se hâta de répondre :

« Si, patron. La grotte aux Corbeaux, voilà sa retraite de choix, et pas seul, encore, qu'il y va ! »

Tandis que l'*Etoile-Polaire*, arrivée maintenant à destination, s'amarrait à l'un des grands anneaux du quai

L'*Étoile-Polaire* longeait le phare au plus près.

servant à cet usage, et que les hommes de l'équipage commençaient à s'occuper de compter les sardines, les prenant cinq par cinq, à même dans le bateau, dont elles emplissaient la cale jusqu'au pont, pour les jeter ensuite dans les paniers ronds servant à les porter aux usines, Yan Cosquer, frappé par les racontars de Lagadec et de Trémor, disait :

« Les corbeaux à pattes et à bec rouges, les corbeaux qui ont le *secret* de la vie et de la mort !... »

C'est que, moins superstitieux pour certaines choses que les deux pêcheurs, le vieillard avait cependant quelques croyances enracinées, transmises par les aïeux, et dont son esprit, si lucide sur d'autres points, restait embrumé.

Parmi celles-là, il en était une à laquelle il restait fidèle, celle qui attribuait aux corbeaux, si abondants dans la presqu'île de Crozon, surtout dans le voisinage de la baie de Dinan, de la plage du Veryhac'h, des pointes des Pois, du Toulinguet et du Grand-Gouin, le pouvoir de désigner d'avance ceux qui devaient prochainement mourir.

L'homme ou la femme dont la dernière heure avait été fixée par la Providence était assuré de voir, le jour même de sa mort, un de ces corbeaux s'abattre sur lui et le piquer de son bec.

Yan Cosquer croyait fermement à ce *signe* de mort, et il lui paraissait téméraire pour Pierrik Danielou, si le fait raconté par ses hommes était vrai, d'aller chercher un abri dans cette grotte, connue pour servir de refuge aux corbeaux de la presqu'île.

Il aurait voulu douter encore et protesta, en se tournant vers Yves :

« On croit voir tant de choses, par nos pays! Possible que tu te sois trompé? Ce n'était sans doute pas Danielou. »

Celui-ci eut une révolte, une demande d'attestation à son compagnon :

« C'était le Pierrik, comme je vous vois en ce moment, tonton Yan! Je vous l'affirme sur la Bonne-Dame du Roc, et Trémor est là pour le dire, vu que nous étions ensemble. »

Hervé affirma :

« C'est pas une fois, mais plusieurs, que nous les avons aperçus dans la grotte, et fameusement tranquilles, se croyant loin de tous, pendant que, avec leurs cris de l'autre monde, les corbeaux entraient et sortaient par bandes, pas plus effrayés que si c'étaient des amis...

— Amis des corbeaux à pattes et à becs rouges! marmotta Yan Cosquer. C'est point des amitiés que le Seigneur permette!... »

Puis, plus haut :

« Tous deux, que tu racontes, Hervé? »

Le pêcheur, avec un clignement d'œil, répondit :

« Lui, et puis celle qui était avec lui, une fière fille, on peut dire, si elle n'avait pas...

— Une femme! fit Yan. Voilà donc pourquoi il ne voulait pas se marier; j'aurais dû penser, sans doute. Mais pouvais-je croire?... Et tu disais qu'elle avait quelque chose qui était contre elle, hein? »

Trémor poursuivit :

« Oui, elle a des cheveux, des yeux, noirs comme la plume de ces corbeaux, qui lui semblent si camarades qu'ils volent sans peur autour d'elle, et les lèvres rouges comme leurs pattes et leur bec, autant dire!

— Camarade des corbeaux! raisonna encore Yan Cosquer, revenant à son idée en entendant de nouveau cette insinuation. Je n'aime pas ça, bien sûr! »

Dans le fond, très attaché à ce Pierrik Danielou, qu'il considérait un peu comme son enfant, pour l'avoir eu si longtemps mousse à son bord, pour lui avoir en réalité appris son métier de pêcheur et l'avoir décidé à faire son temps de service avant l'âge, aussi pour s'être toujours trouvé mêlé de près ou de loin à ce qui touchait aux siens, le vieillard ressentait une certaine tristesse de ce qu'on venait de lui apprendre.

S'il ne s'était pas formalisé de voir Pierrik, à son retour, refuser d'épouser sa fille Valentine, il trouvait en ce moment quelque amertume à entendre conter l'histoire de cette aventure un peu mystérieuse, à laquelle le jeune homme était mêlé.

Quelle pouvait être cette femme, avec laquelle il se rencontrait dans un pareil endroit, un lieu que les pêcheurs du pays redoutaient et fuyaient? Comment lui, Yan Cosquer, que Pierrik consultait toujours depuis qu'il était revenu, qui se considérait comme un peu de la famille de l'orphelin, n'était-il pas mis par Danielou lui-même au courant de ce qui se passait?

Était-ce une passion dont il avait honte? Ce n'était pas l'habitude, à Camaret, de se courtiser ainsi en cachette, comme par crainte d'être vu, et les amoureux se parlaient librement, au grand jour devant tous.

Il réfléchissait, plus affecté qu'il ne voulait le montrer, tandis que, tout en bavardant à bâtons rompus à chaque retour de l'usine, les hommes de l'équipage continuaient à compter les sardines, à les jeter cinq par cinq dans les paniers, jusqu'à ce qu'il y en eût deux cents dans chacun d'eux, à laver ces paniers pleins de poisson d'un brusque plongeon dans la mer pour rafraîchir et nettoyer leur contenu, et à les porter à la *friture*.

« Quand on pense, reprenait Lagadec acharné à la même idée, que le Danielou aurait pu en ramener autant sinon plus! car il est fin pêcheur, tout comme l'était son père, et il a un bon équipage.

— Ça c'est juste, faisait Trémor, bien qu'il n'ait embauché que des jeunes hommes, des gens à peine de son âge; tous savent manœuvrer serré et ne perdre ni leur temps ni leur rogue. Faut vraiment que le gars soit sous une influence mauvaise, qu'on croirait. »

Yves l'approuva d'un silencieux hochement de tête, qui en sous-entendait plus encore qu'il n'osait en dire, et compléta :

« Un vrai Danielou, nous l'avons toujours dit.

— Hé! mais, le voilà-t-il pas, tout justement, le Pierrik? » s'écria Le Fur, désignant le sommet du Beg-ar-Gac.

Le patron, arraché à sa rêverie pénible, releva la tête :

« Si, ma foi! C'est lui!... Tiens! Il nous a vus. »

Sa figure s'illuminait d'une joie véritable en entendant la belle voix franche et sonore de Pierrik Danielou jeter, du haut de la falaise :

« Salut, tonton Yan !... Bonne pêche, hé ?

— Fameuse !... Aussi fameuse que t'as pas été fameux de manquer un pareil passage, un vrai bain de sardines, quoi ! chaque maille du filet, un poisson ! » gouailla Jean-Marie Cosquer.

Mais le vieillard s'attendrissait :

« Te voilà donc, mon fi ? Je t'espérais depuis quelque temps. »

Danielou joignit ses deux mains en cornet pour mieux articuler :

« Si vous ne m'avez pas vu ces temps-ci, je vous dirai pourquoi, et pas plus tard que tout à l'heure encore, je vais vous larguer la chose en grand, vu que j'ai à vous causer. »

Le visage de Yan rayonna, pendant qu'il répondait :

« Tout comme mon fils que tu es !... Je vas t'espérer à la maison ; pour se parler, nous serons là mieux que partout. »

De la main il indiquait sa demeure, à quelque distance, vers le milieu du quai.

Depuis qu'il avait retrouvé Marine Gadouna, Pierrik, en effet, semblait de nouveau complètement transformé, ayant renoncé à l'existence inquiète, nerveuse, décousue, qu'il menait.

Au lieu de ces courses aventureuses sur mer, non pas, semblait-il, au hasard de la pêche, mais plus tôt au hasard des vents et des marées, il restait plus volontiers à terre, même lorsque ses camarades sortaient tous et que les plus indolents allaient jusqu'en vue du goulet pêcher le maquereau.

Ce n'était que contraint, forcé par des réclamations de son équipage, qu'il se décidait à gagner le large, et, dès qu'il avait un instant de liberté, c'était pour s'acheminer du côté de Kerloc'h.

Naturellement, le mystère de sa nouvelle manière de vivre

n'avait pas été difficile à découvrir, et bientôt le bruit s'était répandu dans Camaret que Pierrik Danielou n'allait pas là pour se promener, mais attiré par une fille assez étrange, qu'on y voyait depuis quelque temps.

Jamais on ne les avait vus ensemble dans le village; mais on pensait que leurs rencontres avaient lieu dans la lande, sur les falaises, ou dans les petites criques d'un abord assez difficile qui creusent la base de ces énormes roches de grés quartzeux.

C'est ainsi qu'en venant chercher un refuge dans l'anse de Dinan, un jour qu'ils étaient seuls tous deux en partie de pêche, Lagadec et Trémor avaient pu surprendre le secret de Danielou et le reconnaître, en compagnie d'une femme, au fond d'une grotte profonde, voisine de la pointe de Portzen, juste en face du fameux château de Dinan.

C'était là qu'ils se rendaient de préférence, Marine et Pierrik, sûrs qu'on ne viendrait pas les y chercher, gardés qu'ils seraient par l'espèce de crainte superstitieuse qui en éloignait les habitants du pays. Ils n'avaient, en réalité, songé qu'à cette protection naturelle de leurs amours, sans penser que le mauvais renom de l'endroit pût rejaillir sur eux.

Pierrik Danielou, le premier, avait eu l'idée d'indiquer la grotte à Marine, croyant qu'elle ne la connaissait pas; il avait été assez étonné lorsque celle-ci lui avait révélé qu'elle s'y était souvent abritée avant de le rencontrer, qu'elle avait déjà plaisir à s'y retirer pour être seule.

La première fois qu'ils s'y étaient trouvés ensemble, une fois parvenus au fond, là où, du milieu des fougères grasses, une source jaillit d'une fente profonde de la falaise et semble, par sa couleur vermeille, le sang même du quartzite, un sang mystérieux sourdant des entrailles de la terre, Danielou, avec une certaine émotion, avait montré à sa compagne les plumes noires tapissant littéralement le sol; il expliqua :

« La grotte aux corbeaux, que c'est!... Ça ne te fait pas peur? »

Marine sourit, répondant avec assurance :

« Les corbeaux et moi, nous sommes bien ensemble... Ils voltigent tout près, sans frayeur de moi, comme je n'ai pas de frayeur d'eux. Tiens! vois; ils me connaissent. »

Au-dessus d'elle, en effet, un tourbillon confus de ces oiseaux planait, avec des cris rauques, des battements d'ailes, entrant ou sortant tour à tour, se perchant sur les aspérités de la haute falaise, descendant sur la jeune fille jusqu'à l'effleurer, et ne paraissant avoir d'elle aucune crainte.

Le mouvement instinctif de Danielou, en constatant ce fait, avait été un léger et rapide frisson, comme s'il n'eût pu répudier tout à fait les croyances autrefois versées dans son esprit. Il avait contemplé la jeune fille, comme la première fois qu'il l'avait vue à l'île de Sein, avec un sentiment complexe, où se mêlaient l'admiration et une certaine crainte respectueuse.

La fille des îles en imposait malgré lui à ce fils du continent, à cet enfant de la Grande Terre, si habitué qu'il fût à l'Océan et à tout ce qui en sort.

Mais cette sensation ne dura pas, en présence de la candeur avec laquelle Marine, remarquant sa fugitive hésitation, fit, les yeux franchement posés sur les siens, toute son âme simple et naïve reflétée dans sa physionomie :

« Pourquoi aurais-je terreur d'eux? Ils ne m'ont jamais fait de mal, non plus que je ne leur en ai jamais fait. Je viens ici, je ne touche pas à leurs nids, je les laisse aller et venir; ils le savent. Ce sont des créatures du bon Dieu, comme les autres. »

Pierrik n'osa lui faire connaître le mauvais renom qu'ils avaient auprès de certains Camaretois. Séduit par sa franchise, par l'éclat tranquille de ses regards, par le rayonnement tendre de ses traits, par tout ce charme émanant incessamment d'elle comme le parfum se dégage de la fleur, il répondit :

« Tu as raison, Marine... Tout ce que tu penses, tout ce que tu dis est bien. »

Bientôt, assis l'un près de l'autre, ils avaient causé comme autrefois dans l'île, leurs âmes d'enfants flottant encore autour d'eux, pendant qu'ils évoquaient les souvenirs du passé et que leurs deux cœurs s'unissaient en face de la nature, semblant battre de la même unique pulsation, pendant qu'à leurs pieds la mer, plaintive et douce, ramenait éternellement une vague berceuse, dont l'écume voletait en pluie de neige.

Désormais ce fut là qu'ils se rencontrèrent presque chaque jour, toutes les fois que Marine pouvait s'échapper, toutes les fois que Pierrik parvenait à ne pas faire sortir sa barque.

Mais cette existence ne pouvait toujours durer ainsi, leur amour ne devait pas se contenter de ces rares entrevues, de ces courtes rencontres. Danielou en fit l'observation, déclarant un soir, au coucher du soleil, au moment de quitter son amie :

« Marine, cela me fait trop souffrir de ne te voir qu'à la dérobée, quand je voudrais te montrer à tous. J'ai besoin de te voir tous les jours, de t'avoir près de moi. »

Elle avait joint les mains, extasiée :

« Pierrik!... mon Pierrik!... Que dis-tu là?... Moi aussi je voudrais, si cela était possible; mais tu sais bien que... »

Il décida, l'interrompant avec autorité :

« Tu vas venir habiter à Camaret. Je sais quelqu'un qui te donnera volontiers asile, qui sera ta mère, ta bienfaitrice, comme elle a été la mienne. C'est Angélique Brézellec, celle qui m'a recueilli et dont je t'ai déjà parlé. »

La jeune fille reprit :

« Je veux bien, seulement à une condition, c'est que je continuerai à travailler, que je gagnerai ma vie pour payer mon logement, ma nourriture et ne pas être à charge à la pauvre femme. »

Danielou essaya de protester :

« Tu n'as pas besoin ; je suis là, moi ! J'irai à la pêche, je gagnerai de l'argent, et puisque tu es ma fiancée, j'ai bien le droit de te venir en aide, de... »

Elle se défendit doucement, mais énergiquement :

« Non, je ne veux peser à personne. Jusqu'à ce que nous soyons mari et femme, je demande à me subvenir à moi-même. Je le puis, je sais travailler. A Audierne, à Douarnenez, à Morgat, je passais pour assez adroite de mon métier de *fritouzen ;* je le ferai à Camaret, ce métier, si on veut bien de moi dans les usines.

— Si on veut ! Ah ! ah ! Mais, bien sûr ! Je n'ai qu'à demander à Yan Cosquer, il est ami avec un des patrons et te fera engager, dès que je le lui demanderai.

— Maintenant, Pierrik, je ferai ce que tu voudras. »

Le jour où, du haut du Beg-ar-Gac, Danielou saluait si gaiement son ancien patron, il venait d'apprendre que Marine avait donné congé à Alan Coz et qu'elle n'attendait plus qu'un signe de lui pour se rendre à Camaret. Alors il s'était décidé à parler, à tout raconter.

Attablés tous deux devant une vieille bouteille d'un vin que tonton Yan avait été chercher dans sa réserve, un vin d'épave, d'une belle couleur de feu, le patron de l'*Etoile-Polaire* et Pierrik Danielou causaient.

Le jeune homme pour la première fois venait de révéler ce secret, si précieusement gardé au fond de son cœur, depuis le voyage fait comme mousse à l'île de Sein.

« Vous voyez que c'est du tout à fait vieux, tonton Yan, presque de l'ancien temps ! » termina en riant Danielou après avoir fait sa confession.

Celui-ci, l'œil demi-éteint sous sa paupière un peu baissée, comme pour mieux renfermer sa pensée et se donner le temps de la réflexion, avala un coup de vin, après avoir choqué son verre contre celui de Pierrik, en disant, sans répondre directement à l'aveu de son ancien mousse :

« C'est point toujours ce qui est ancien qu'est le plus mauvais, à preuve ce vin, qui n'est pas d'hier, tu peux croire!...

— A preuve aussi, vous, patron, qui êtes un plein ancien, et un fameux parmi les meilleurs encore! » répondit flatteusement et sincèrement Danielou.

L'autre sourit, une moue de contentement aux lèvres, se défendant mal :

« Oh! moi! moi!... Enfin on a tâché de faire son devoir, toujours et partout ; c'est ce qu'il y a de mieux en ce monde d'ici-bas... Et on continuera jusqu'au jour du grand départ... »

Pierrik releva la tête :

« Le mien aussi que je ferai, en épousant Marine, puisque nous nous sommes promis le mariage, que nous étions tout enfants, elle dix ans, moi douze à treize au plus!

— Tu as raison, tu as raison, mon fi! Quoique tout de même j'aurais préféré que tu épouses quelqu'un de par nos côtés, vu que les îles, c'est d'autres pays que le nôtre, d'autres gens quasi!... Et qu'il y en a encore, parmi nous, qui ont certaines idées malveillantes à ce sujet... Il ne fait pas bon, auprès de ceux-là, de dire qu'on en est de ces îles!... Aussi on pourrait peut-être, si tu veux..., par prudence... »

Mais, impatient, Danielou insista :

« Mari et femme que nous avons dit, il y a quinze ans ; mari et femme que nous serons, maintenant qu'on s'est retrouvé et que rien dans nos cœurs n'est changé! Personne ne l'empêchera!... »

Son interlocuteur hocha approbativement la tête :

Attablés devant une vieille bouteille de vin, le patron de l'*Étoile-Polaire*
et Pierrik Danielou causaient.

« Oh! diable! tu ne le ferais pas, que je te donnerais tort le premier. Ainsi donc, tu peux compter sur moi. Ta fiancée sera ma fille comme tu es mon fils, et je t'approuve aussi bien de cette idée de la mettre à demeure chez Angélique Brézellec, que je l'approuve de vouloir travailler. C'est d'une vraie femme de pêcheur, ce qu'elle fait, et ça te promet une fière ménagère; elle aura sa place à l'usine, je te le jure. »

Quand ils se séparèrent, tout était convenu, et Yan Cosquer ne quitta Danielou que pour se rendre directement à celle des *fritures* dont il connaissait le directeur, afin d'y faire engager la jeune fille.

Pierrik allait enfin voir son rêve d'enfant se réaliser; bientôt Marine serait sa femme.

II

Le *doué* était complètement garni de laveuses, ce matin-là, quand Angélique Brézellec, son baquet sous le bras, sa pile de linge sur la tête, arriva; aussi fut-elle reçue par des questions de toute sorte, dans le tapage des battoirs frappant joyeusement avec une sorte de cadence le linge mouillé :

« Malade qu'on vous croyait, tante Angélique !

— Vous n'avez point vu lever le soleil à c'matin?

— Venez vite, il y a encore une petite place pour vous, près de moi.

— Oh! tante Angélique, moi qui ne vous espérais plus ! »

La veuve, après s'être débarrassée de son fardeau, avoir pris place entre deux amies de son âge, tout en commençant à laver ses hardes, annonça avec un gros soupir :

« En voilà une aventure qui m'arrive à ce jour, qu'on peut bien dire que tout est possible !... »

Ce fut une cohue d'interrogations ardentes, qu'elle laissa quelques instants sans réponse, se contentant de redoubler de soupirs et de frapper à grands coups de battoir sur les pièces fortement savonnées qu'elle étendait devant elle.

La curiosité arrivait à son paroxysme lorsqu'elle expliqua, comme déchargeant son cœur d'un fardeau trop pesant :

« Figurez-vous que je viens, seulement d'aujourd'hui, par une lettre que j'ai reçue, d'avoir connaissance d'une nièce, qui est orpheline, sans père, ni mère, une nièce à moi, qui me croyais seule au monde pour toujours !... »

Tout le lavoir fut mis en rumeur par cette nouvelle absolument extraordinaire, surtout pour celles qui, connaissant Angélique Brézellec depuis l'enfance, ne lui soupçonnaient non plus aucune famille.

L'une de ses voisines fit, stupéfaite :

« Une nièce à toi, t'es sûre ? »

L'autre observa :

« Du côté de ton défunt Jean-Marie que ce serait alors; car, pour toi, je sais bien, moi, que tu te trouves sans famille !... Depuis le temps que nous sommes amies, que nos mères se connaissaient, on aurait su... Ah ! oui !... »

Elle secouait la tête, la commère, certaine qu'Angélique n'avait aucune parente à espérer, qu'elle chercherait inutilement à retrouver quelqu'un du côté des siens.

La veuve Brézellec poursuivit, toute à son idée, sans relever les commentaires :

« Et savez-vous où elle est ?... »

Puis, après une suspension de quelques secondes :

« En service à Kerloc'h, chez Alan Coz ! »

Il y eut un déplacement des curiosités, attirées soudain vers un autre point. Les exclamations jaillirent, tumultueuses, en tempête de paroles, en même temps que le bruit des battoirs cessait instantanément et que le clapotis des eaux remuées s'arrêtait :

« Alan Coz, de Kerloc'h !... Bonne-Dame du Roc !...

Angélique Brézellec, son baquet sous le bras, sa pile de linge sur la tête, arriva.

— Chez le naufrageur?... C'est-y Dieu possible!...
— Bien sûr que vous n'allez pas la laisser pour sa perdition éternelle chez un pareil maître!...

— *Celui-là va à la côte,* comme on dit, *Hen a ia d' an od!*

— On prétend qu'il connaît mieux que son *Pater* le vieux cri des pilleurs : *Pase so en od, Epaves à la côte.*

— Autant la dernière misère que de servir chez le pilleur d'épaves, ma Doué !... On raconte qu'on l'a encore vu, de nuit, vers la *Mort anglaise,* après ce gros coup de marée qui a mis dix-sept bâtiments à la côte, il y a quelques mois !

— La pauvre petite, qu'est-ce qu'elle a pu faire au bon Dieu pour aller échouer chez celui que vous dites là ? »

Pendant quelque temps le concert des indignations se concentra sur le nom honni et redouté de cet homme de Kerloc'h, dont la réputation sinistre était répandue dans toute la presqu'île de Crozon, autant à cause de sa sauvagerie connue que du manque de renseignements qu'on avait au sujet de ses origines et de ses allures suspectes.

Elle revint, s'appuyant au bras d'une fille robuste.

« Aussi bien qu'elle n'y restera pas un jour de plus, que vous pensez ! reprit énergiquement Angélique. C'est ce jour même que je vais aller la chercher pour la ramener avec moi, chez moi, toute sans ressources que je sois, parce que sa place est là, et que, pour du travail, on lui en trouvera ici aussi bien qu'à Kerloc'h, je pense. »

Ce fut l'événement de la matinée que la nouvelle de cette découverte d'une nièce ignorée, subitement faite par la vieille Angélique Brézellec.

Au retour du lavoir, chaque ménagère s'étant empressée de colporter l'histoire chez elle et chez ses voisines, la veuve était guettée par une quantité de prunelles attentives et intriguées, quand, vers une heure de l'après-midi, elle quitta Camaret pour se rendre à Kerloc'h.

Elle revint, sur les quatre heures, très gaie, très alerte, s'appuyant d'un air de contentement au bras d'une fille robuste, plus que pauvrement vêtue, dont les jolis traits, les beaux yeux et les cheveux noirs firent impression sur tous ceux qui la virent.

Peut-être même cette trop marquante beauté eût-elle plutôt mal disposé les Camaretoises en sa faveur, si l'espèce de mystère qui avait précédé son arrivée, son humble mise et sa situation connue d'orpheline sans ressources, sans autre parente que la déjà bien misérable tante Angélique, n'eussent forcé la compassion et apitoyé sur son sort.

Avant d'arriver à la demeure de la veuve, située dans une petite rue, un peu sur la hauteur, la rue étroite s'amorçant à la route qui conduit à la Pointe-des-Pois, par Lagatjar, Kerbonn et Pen-Hir, il leur avait fallu s'arrêter, une vingtaine de fois au moins, pour causer avec les groupes de femmes les attendant sur le pas de leur porte, de distance en distance.

C'est ainsi que l'on sut bien vite que l'intention de la nouvelle venue était de travailler dans l'une des usines à sardines de Camaret, et que déjà Yan Cosquer avait dû s'occuper de lui trouver une place.

Le soir seulement, lorsque tout le monde se fut retiré et que l'indiscrétion des voisins ne fut plus à redouter, Pierrik Danielou vint heurter doucement à la porte du pauvre logis.

Après avoir ouvert, le reconnaissant, Angélique Brézellec eut un sourire de joie en lui montrant sa compagne, assise auprès de la table et occupée d'un travail d'aiguille :

« Es-tu content, mon fi ?

— Jamais je ne vous remercierai assez de ce que vous faites, tante Angélique. »

Et, se dirigeant, les bras tendus, vers la jeune fille, dont le visage s'était empourpré de plaisir :

« Marine, ma chère Marine !... Enfin !... »

La veuve les regardait, le cœur tendrement remué, balbutiant à mi-voix :

« Deux enfants que j'aurai à présent, moi qui me plaignais tant d'être seule !

— Et deux enfants qui vous aimeront de toute leur affection reconnaissante, comme vous le méritez, car vous êtes vraiment leur mère à tous deux. »

Elle les étreignit de ses bras desséchés, un peu tremblants, joyeuse de leur bonheur, de ce bonheur qu'ils avouaient lui devoir, et qui lui prouvait qu'elle pouvait encore être utile aux autres, donner de la joie, toute vieille, toute misérable et tout abandonnée qu'elle fût dans la vie.

Des larmes mettaient une lumière vacillante dans ses yeux demi-éteints et leur rendaient encore un peu de leur éclat de jeunesse, de leur vivacité des courts moments de plaisir qu'elle avait pu avoir durant sa triste existence.

C'était Yan Cosquer qui, après avoir longuement causé avec Pierrik Danielou, insistant sur cette prévention qu'on montrait pour les gens des îles, avait imaginé ce moyen de faire venir Marine Gadouna à Camaret, afin de lui donner droit de cité d'une façon presque naturelle, et de ne pas provoquer les commérages qui n'auraient pas manqué de se produire si elle était venue, amenée par Danielou, même présentée comme sa fiancée.

En la plaçant dès l'origine sous la protection d'Angélique Brézellec, universellement respectée et aimée, en lui supposant une parenté avec la vieille Camaretoise, on permettait aux jeunes gens de préparer peu à peu l'opinion, et on empêchait les insinuations malveillantes.

Avec de la patience et de la prudence, le secret devant être sûrement gardé par les intéressés, et ni Yan ni Angélique n'étant capables de le trahir, Pierrik et Marine s'achemineraient ainsi sans heurt, sans secousse, vers le mariage.

Nul ne s'étonnerait de voir Danielou aimer et épouser la nièce de sa bienfaitrice; en même temps, cette combinaison autorisait leurs relations, les rendant presque obligatoires, puisque le jeune pêcheur, depuis son retour, avait l'habitude de passer tous ses moments de liberté dans la société de la veuve.

Ne semblerait-il pas tout naturel de voir celui qui s'était jusqu'à ce jour montré si rebelle au mariage, s'éprendre peu à peu de cette fille, remarquablement jolie, dans la compagnie presque constante de laquelle il allait se trouver appelé à vivre?

De son côté, travailleuse, modeste, d'humeur égale, elle ne pouvait manquer de se concilier l'intérêt, l'affection même de tous ceux qui la connaîtraient et vivraient auprès d'elle.

Plus tard, au moment du mariage, quand il faudrait dire la vérité, apprendre la petite ruse dont on s'était servi pour transformer l'îlienne de Sein en fille de Camaret, il était bien certain que pas une voix ne s'élèverait alors pour blâmer Yan Cosquer d'avoir agi ainsi avec sa prudence reconnue d'ancien; déjà tous les cœurs seraient acquis à la fiancée, à la femme de Pierrik Danielou.

Si l'arrivée de Marine avait soulevé quelque émotion dans la population féminine de Camaret, elle ne produisit d'abord pas le même effet parmi les pêcheurs, dont beaucoup même l'ignorèrent,

Lagadec abattit sa lourde poigne
sur l'épaule de Trémor.

dont la plus grande partie n'y attacha aucune importance, et dont quelques-uns seulement, surtout parmi les jeunes, sentirent leur curiosité ou plutôt leur admiration attirée par la séduction naturelle émanant de la jeune fille.

Comme presque aussitôt elle entra dans une des *fritures*, où ses capacités trouvèrent immédiatement leur emploi, que d'un autre côté elle se tint prudemment à l'écart, ne quittant la demeure d'Angélique que pour se rendre à son travail, ne voisinant jamais, on finit par ne plus s'occuper d'elle.

Ainsi que l'avait judicieusement pensé Yan Cosquer, Pierrik Danielou put chaque jour voir Marine chez la veuve Brézellec et vivre de l'existence des deux femmes, sans éveiller aucun soupçon ; il semblait d'autant plus simple de le savoir toujours en leur société, que cela ne changeait rien à ses habitudes.

C'est à peine si de temps à autre quelque jeune camarade le plaisantait à propos de la nièce d'Angélique Brézellec, en lui demandant si cette jolie fille n'était pas pour quelque chose dans la sagesse qu'il montrait à présent, se rendant régulièrement à la pêche, ne courant plus les aventures comme par le passé, et négligeant un peu les joyeuses compagnies pour rester plus fréquemment au logis.

Il se contentait alors de sourire ou répondait d'une manière évasive, si bien que, suivant les prévisions espérées, doucement le bruit commençait à se répandre que Pierrik Danielou n'était pas insensible à la beauté de la nièce d'Angélique.

De son côté, par sa complaisance, par son caractère enjoué, par la quantité de contes, de chansons qu'elle savait et qui la rendaient précieuse durant les rudes veillées de l'usine, où il faut travailler debout toute la nuit, après avoir déjà travaillé tout le jour, Marine avait fait la conquête de ses compagnes. En même temps la contremaîtresse rendait justice à son habileté, à la rapidité avec laquelle elle accomplissait sa besogne, aussi adroite que les plus expérimentées *fritouzen* de l'établissement.

Elle ne montrait un peu de sauvagerie qu'en dehors de l'usine, se refusant à aller se promener avec les autres par la lande, ou sur les routes avoisinant Camaret, ou le long de la jetée, comme ses camarades en avaient l'habitude.

Elle s'enfonçait également dans un mutisme assez bizarre, presque farouche, quand on essayait de l'interroger sur les années qu'elle avait passées avant de venir à Camaret, avant de retrouver sa tante Brézellec.

Malgré cela, elle avait pu se faire des amies qui la défendaient, trouvaient des explications à ces étrangetés, et l'une d'elles prononça cette phrase qui mit fin aux questions :

« Elle a sans doute trop souffert dans son enfance, pour avoir plaisir à parler de ce temps-là... Ce serait charité de la laisser tranquille, rapport à ces choses... »

Ce fut comme un mot d'ordre donné à toutes, une convention tacite, désormais fidèlement observée ; dorénavant personne ne la questionna plus sur son passé, sur sa famille. On se contenta de ce qu'elle avait bien voulu dire, de certaines révélations involontaires, touchant la manière dont on travaillait à Audierne, au Guilvinec, à Douarnenez, et qui prouvaient qu'elle avait été dans toutes les *fritures* de la côte, avant d'entrer en service chez Alan Coz. Le fait même d'être allée chez celui que tout le pays redoutait, prouvait son innocence et sa naïveté.

Les jours s'écoulaient ainsi, sans événements, presque tous semblables, accoutumant les Camaretois à la présence parmi eux de cette jeune fille inconnue, qui devenait peu à peu, par la force des choses, par le travail du temps, une enfant du pays.

On lui tenait compte également de ne jamais attirer l'attention sur elle et de paraître plutôt avoir une tendance à se tenir à l'écart, à ne pas se mêler à la vie active et publique de Camaret.

Son seul bonheur, en dehors des heures de travail, semblait être de se retrouver en tête à tête avec Angélique Brézellec et Pierrik Danielou.

Bientôt, se départissant de sa première réserve, quand l'été vint, que les mois de grosse chaleur arrivèrent, elle se hasarda à sortir en compagnie de sa tante et de Pierrik, poussant ses promenades sur la montagne, vers les landes incultes étendues entre Lagatjar et Pen-hat. On s'habituait ainsi à voir les jeunes gens ensemble, à penser que cette camaraderie entre un beau garçon comme le pêcheur et une belle fille comme la fritouzen se transformerait, subirait la grande loi puissante de la Nature, et deviendrait l'union définitive par le mariage.

Yan Cosquer, tout entier acquis aux jeunes gens, ne manquait pas une occasion de propager cette idée, de manière à la faire plus facilement accepter de tous, lorsque le moment serait venu.

Parfois, devant ses amis, devant sa famille, clignant les yeux d'un air de malice, il murmurait, en indiquant la maison du Lannic, sur le Beg-ar-Gac :

« Un beau couple que nous aurons là, quelque jour ; vous verrez ça... »

Si on faisait semblant de ne pas comprendre, de l'interroger, il ripostait :

« Pierrik et Marine, que je vous dis !... Vous n'avez donc pas deviné qu'ils s'adorent, ces enfants-là ?... »

Il les considérait aussi comme ses enfants, faisant semblant de jalouser la veuve Brézellec :

« Pas à plaindre qu'elle est, tante Angélique !... Moi, je les lui envie, ses amoureux !... Ça vous rajeunit de voir les jeunes s'aimer. Ça vous rappelle le temps qu'on était de même... »

Mélancolique, il soupirait :

« Du temps bien loin pour moi, tout de même !... Mais, bah ! chacun son tour ; faut savoir se contenter de se souvenir, c'est encore du bon... »

Il en était cependant deux, dans Camaret, qui, bien qu'informés les derniers, n'avaient pas partagé l'engouement général pour l'inconnue, et qui avaient échangé leurs idées à ce sujet avec une si identique manière de voir, qu'on eût pu croire qu'il y avait chez eux du parti pris, ou qu'ils y mettaient de la mauvaise volonté, si leur bonne foi n'eût, en réalité, été incontestable : c'étaient les deux matelots de l'*Étoile-Polaire*, les deux inséparables, Lagadec et Trémor, l'îlien et le capiste.

D'abord, peu intéressés par cette nouvelle annoncée un peu partout, que la vieille Brézellec avait retrouvé une parente, ils ne s'étaient nullement occupés de vérifier le fait et n'avaient même pas eu la curiosité banale de chercher à voir la jeune fille.

Ce fut le hasard qui les amena un soir sur sa route et les fit se rencontrer avec elle, justement comme elle sortait de l'usine, une fin de journée de la dernière semaine de juillet, côte à côte avec Pierrik.

On se salua en passant d'un bonsoir, machinal surtout de la part de Danielou, si absorbé, si occupé de sa compagne, qu'il ne reconnut même pas sur-le-champ ses vieux camarades.

Ils n'étaient pas à vingt pas du couple que Lagadec, abattant sa lourde poigne sur l'épaule de Trémor pour l'obliger à s'arrêter, le retenir un peu à l'écart, questionna, la bouche près de son oreille à le toucher :

« L'as-tu bien regardée, celle qui s'en va là, avec le Pierrik ? »

Hervé, se grattant la tête, après s'être retourné pour mieux voir, fit, hésitant :

« J'ai regardé, j'ai regardé, bien sûr !... Oui, tout de même... Mais envoie un peu ton idée, que je te dise la mienne... »

Il clignotait des paupières, avec une moue mystérieuse, semblant flairer dans la direction prise par les jeunes gens.

Son interlocuteur, le lâchant, croisa les deux bras sur sa large poitrine, pour s'exclamer :

« Du diable, si ce n'est point la fille de la grotte à la fontaine rouge, la fille aux corbeaux, autant dire!

— Ah! t'as remarqué, Lagadec, toi aussi? »

Trémor montrait une sorte de sourire satisfait dans les plis de son visage, comme s'il se fût intérieurement applaudi de sa propre perspicacité, et sa chique roulait sous sa langue, bosselant tantôt une joue, tantôt l'autre, pendant qu'il répétait :

« Alors t'as remarqué? »

L'autre poursuivait :

« Il n'y en a pas deux, dans tout le pays, à avoir des yeux et des cheveux comme ça, du coaltar qu'on croirait!... Et puis je l'ai assez vue, tout comme toi, dans la grotte, par le travers de l'anse de Dinan, à ne pas l'oublier.

— Noir de plumes de corbeaux pour ce qui est des yeux et des cheveux, rouge de bec et de pattes de corbeaux pour ce qui est de la bouche!... Ça, c'est vrai! approuva le capiste, se complaisant dans la comparaison qu'il avait déjà faite en présence de son patron. Je la reconnaîtrais entre mille.

— Comme ça, continua l'îlien, le front courbé, comme s'il eût cherché au profond de ses souvenirs, la nièce à Angélique Brézellec que ce serait?... Hum! »

Il secoua la tête, en serrant les lèvres, d'une moue incrédule :

« Pour moi, elle n'en a jamais eu, de nièce! Ce serait donc du côté de son défunt, péri en mer!... Tu le connaissais beaucoup, toi, Trémor, car il était du cap, de la pointe du Raz, comme toi, et tu pourrais savoir...

— Oh! moi, c'est bien simple... Jean-Marie Brézellec et moi, nous étions les deux doigts de la main, quoi!... Quand l'un disait *Pater*, l'autre continuait *noster!*... Comme nièce, pas plus que comme neveu, il ne pouvait avoir rien de rien, puisque, frères et sœurs, il avait tout perdu avant qu'ils fussent en âge de mariage. »

En présence d'une affirmation aussi précise, Yves avait eu un froncement de sourcils très accentué, insinuant :

« Il y aurait encore du Danielou là-dessous que je n'en serais pas trop surpris. »

Ce jour-là, ils s'en étaient tenus à ces propos soupçonneux, se promettant seulement d'observer ce qui allait se passer et de garder le silence, jusqu'au moment où ils croiraient de leur devoir de parler.

Dans leur conduite, en plus d'une certaine jalousie vis-à-vis de leur ancien mousse, il y avait aussi un peu de crainte superstitieuse ; car, pour eux, ce ne devait pas être une fille ordinaire que cette étrange créature, dont la beauté même, au lieu de les charmer, les inquiétait.

De temps à autre ils se questionnaient, revenant toujours à ce sujet favori, qui semblait les passionner par son apparence de mystère et par toutes les suppositions qu'il leur permettait d'émettre.

On pouvait entendre :

« Rien de nouveau, hein, Trémor ? »

Et l'autre qui savait bien de quoi son camarade voulait l'entretenir, et ce que sous-entendait cette brève interrogation, levait les épaules et les sourcils du même mouvement, en disant :

« Toujours rien. »

Dans la première semaine d'août, les bruits de mariage entre Pierrik et cette Marine affilèrent davantage leurs langues ; mais ils ne découvraient aucune arme contre elle, et Hervé se découragea, avouant :

« Elle va, elle vient, elle travaille, qu'on la croirait quasi une fille comme les autres. Et puis il y a cela, que tonton Yan semble l'avoir prise en adoration, autant une sainte Vierge, lui qui pourtant, la première fois que nous en avons parlé, car il n'ignore pas, bien sûr, que c'est la même, n'avait point l'air trop content, rapport à ces corbeaux, sur lesquels, comme ancien, il sait des choses!... Ou bien que ce ne serait pas la même, que nous nous serions trompés, et que, dans ce cas...

— Pas la même! s'exclama Lagadec, sardonique. Que si, c'est la même, j'en jurerais ma part de paradis!... Sans cela, pourquoi, maintenant qu'elle est à Camaret, qu'on ne voit plus jamais Danielou aller à cette grotte de la fontaine rouge?... J'ai guetté pour m'assurer, tu peux croire.

— Ça, c'est pure vérité qu'il n'y descend plus; je l'ai espéré aussi, sans jamais l'apercevoir.

— Alors, tu vois bien!... Patience, patience! Espère encore un peu, et tu verras que tout ça finira mal... J'ai point bonne opinion de ces manigances faites en cachotteries... On verra, on verra... »

III

Le 17 août, un jeudi, dans la maison contiguë à celle d'Angélique Brézellec, une certaine Françoise Bihan, qui vivait seule avec son mari et qui le soignait, celui-ci ayant été indisposé par la violente chaleur du moment, en revenant de Crozon, où elle avait été chercher des remèdes pour le malade, se sentait subitement prise d'effroyables douleurs, et, avant même qu'on pût lui porter secours, mourait aussitôt.

Le médecin, qu'on avait été prévenir en toute hâte, à Crozon, n'arriva que pour constater le décès.

Angélique, qui se trouvait présente avec une autre voisine, procéda immédiatement à l'ensevelissement de la défunte, sur l'ordre du docteur, qui recommanda de l'enterrer le jour même et de tout nettoyer dans la demeure. Comme la veuve faisait quelques objections au sujet de cette hâte et de cette précaution insolite, il objecta la chaleur excessive régnant depuis quelque temps.

On avait, cette année-là, un été exceptionnel, qui, ayant commencé dès le mois de mars, s'était continué avec une température toujours croissante, sans que la pluie, si habituelle à ces régions, fût venue rafraîchir le temps.

Depuis le commencement d'août principalement, c'était, du lever du soleil jusqu'à son coucher, la même chaleur flamboyante, à peine apaisée de temps en temps par la brise soufflant de l'est, et les habi-

On l'arrêta au passage, pour savoir.

tants du pays commençaient à se plaindre vivement d'une sécheresse qui avait brûlé sur pied toutes les récoltes, les pauvres et maigres récoltes de cette terre de sable, plus favorable aux ajoncs d'or, aux genêts, aux bruyères roses, aux plantes douces et parfumées de la lande, qu'au blé et aux pommes de terre qu'on essaye cependant de faire pousser dans ce sol ingrat.

Le jour où se produisit cet événement, assez rare à Camaret, où il n'y a pas plus de deux à quatre décès par an, parmi une population de dix-neuf cents habitants environ, une torpeur pesait si écrasante sur la presqu'île, que le voisinage de l'Atlantique elle-même, assoupie, endormie, ne parvenait pas à l'apaiser, que la mer semblait un lac d'huile, un Océan mort, sans palpitations, sans vagues, se soulevant rythmiquement, d'une respiration lourde, presque insensible, que l'atmosphère vibrait, onduleuse comme une flamme, et que tout paraissait sans vie, consumé par l'ardeur continue du ciel.

Ce fut le glas, tintant sa note sanglotante dans le clocher à jour de l'église, qui jeta à travers le pays la première nouvelle de ce deuil subit, avant même qu'on sût qu'il y avait quelqu'un d'assez malade pour se trouver en danger de mort.

Quelques instants les suppositions coururent d'une maison à une autre, s'égarant, cherchant quelle pouvait être la personne décédée.

Un caquetage de gens, se croyant bien informés, courut sur le pas des portes.

« Ce serait-il donc le père André ? questionnait l'une. Si vieux qu'il est, tout près de la tombe !

— Tonton André ? Oh ! diable ! Que je viens de le rencontrer, il n'y a qu'un instant encore.

— Peut-être tante Angélique ?

— Impossible ! Vous avez bien vu sa nièce, qui se rendait, comme d'habitude, à la *friture*. »

Et soudain ce fut la veuve Brézellec elle-même qui apparut sur le quai, très affairée, courant de son trottinement de bonne vieille.

On l'arrêta au passage pour savoir, et elle annonça, les bras levés au ciel :

« Ma voisine, que c'est, Françoise Bihan !... Tombée tout d'un coup, Seigneur !... Et des complications, des soins à prendre, que je ne sais plus !... »

On crut d'abord à un accident, à une chute; mais elle rectifia :

« Non, non, pas cela! Elle revenait de Crozon, très vite, rapport à son pauvre malade d'homme.

— La chaleur qu'est cause, bien sûr!... »

Tous de récriminer contre ce temps qui brûlait tout et qui désolait le pays, tandis que la veuve Brézellec poursuivait son chemin dans la direction du Styvel.

« Elle était si usée de misère, la pauvre Françoise! fit une commère s'apitoyant sur la défunte.

— Oh! Et puis, trop de fruits qu'il y a cette année; on fait des imprudences, continua une autre. Tout le jour que je suis après les enfants pour les empêcher d'en manger; mais il n'y a pas moyen avec ces tam-pillou qui vendent tant de fruits, à pleines charrettes qu'ils en ont!

— Oui, oui. Paraîtrait que c'est d'un mal de coliques qu'elle a été prise et enlevée en moins de deux heures!... »

L'*Etoile-Polaire* revenait en ce moment de la pêche, la sardine commençant à donner un peu, et ce mince espoir d'un travail rémunérateur faisant oublier la grosse misère du sol dévoré par l'implacable soleil; elle accosta.

Yan Cosquer semblait assez satisfait. Tandis que Lagadec, Trémor, Jean-Marie Cosquer et Le Fur comptaient les sardines, il cria d'en bas, vers le quai :

« Les filets sont plus lourds à c't'heure que les jours d'avant. Ça donne! ça donne! Il y a mention que les bons temps sont de retour.

— Ah! ah! Grosse pêche que vous avez? questionna une voix.

— Dans les quatre mille! Ça s'annonce bien! On va enfin se rattraper des mauvais jours. Le poisson prend confiance et revient. »

Lagadec grommela :

« Il aime le chaud, faut croire. C'est pas comme nous!... On ne respire plus, et on avalerait la mer, tant il fait soif. »

Mais on venait de leur raconter le décès que la cloche battant toujours annonçait plaintivement, et Angélique, qui revenait du Styvel, accompagnée de Marine, après avoir dit bonjour aux pêcheurs, déclara :

« J'avais besoin d'elle, voyez-vous, parce que le docteur m'a recommandé comme ça de tout nettoyer à la chaux dans la maison de la défunte Françoise, et que je ne suis plus assez forte toute seule pour un si fort travail.

— Hein? à la chaux, que tu dis, tante Angélique? »

Yan Cosquer venait de laisser retomber, au fond de la barque, le filet qu'il ramassait pour l'étendre et le faire sécher, en le hissant au bout du mât.

Elle se retourna, étonnée de son intonation :

« Bien oui, de la chaux!... Pour désinfecter, qu'il a dit comme ça !

— Désinfecter! s'exclama Lagadec avec un regard du côté de Trémor. T'as entendu, Hervé? »

Le patron avait pincé les lèvres, murmurant :

« De la chaux!... C'est des souvenirs que ça me donne... Ah! il a dit : De la chaux! »

La veuve Brézellec, croyant qu'ils ne comprenaient pas, reprit :

« M. le docteur a donné l'ordre, vu la chaleur, qu'il a ajouté.

— Ah! la chaleur?... Oui, c'est vrai... »

Lagadec se remettait de sa vague inquiétude d'un moment, et Trémor continua de ramasser les sardines, comptant :

« Quinze, vingt, vingt-cinq, trente... »

Le vieux Yan restait pensif, très loin dans ses souvenirs, les yeux comme murés d'un voile opaque, se disant :

« C'est étrange, tout de même, cet enterrement si rapide, sans

Pierrik Danielou et Marine causaient tendrement, en regardant
l'étendue immense.

qu'on laisse le corps exposé sur les tréteaux, comme de coutume, et puis, ce nettoyage à la chaux!... Heu!... heu!... J'ai vu cela aussi, dans le temps de jadis, et que ça signifiait des choses pas bonnes... Oh! diable!... »

Le soir, Pierrik Danielou et Marine, qui avaient été s'asseoir dans les dunes, au-dessus de la grève de Penhat, pour jouir un peu de la brise du large, causaient tendrement, en regardant l'étendue immense.

Le soleil venait de disparaître, laissant à la limite extrême de l'horizon une bande violâtre, derrière laquelle il s'était englouti peu à peu; au-dessous, la mer apparaissait toute sombre, rendue plus foncée par le contraste avec les suprêmes lueurs du couchant. Sur la plage de sable, une mince bande d'écume roulait et déroulait son interminable volute avec un même bruit de déchirement, une sorte de râle sinistre, malgré le calme épais de l'Atlantique.

Pierrik, un bras autour de la taille souple de la jeune fille, l'avait rapprochée de lui, et murmurait des mots de tendresse, où revenait toujours le passé, avec toutes les petites joies qu'ils avaient goûtées en leurs âmes enfantines, avec tout le bonheur qu'ils allaient pouvoir savourer à leur aise, maintenant que rien ne se trouvait plus entre eux.

Mais plus le jeune homme se montrait expansif et enjoué, plus il décrivait vivement cette joie si proche, plus la jeune fille semblait s'enfoncer dans une mélancolie profonde, dont les ombres envahissaient insensiblement ses prunelles fixes, chassaient le sourire de ses lèvres et enténébraient toute sa physionomie, d'habitude souriante et heureuse.

Son ami, sans remarquer cette angoisse, demanda :

« Quand nous marions-nous, ma chère Marine? Quel jour veux-tu?... Maintenant nous le pouvons; tout le monde nous approuvera: nous avons bien gagné notre bonheur. »

Marine, d'un mouvement craintif, se réfugia toute en lui, appela l'étreinte de ses bras, la défense de sa force, faisant d'une voix lente, concentrée et comme changée :

« J'ai peur!... »

Il eut un geste de surprise, un étonnement :

« Peur!... Toi!... Si courageuse, si vaillante, que tu es!... Peur de quoi?... que je ne t'aime pas assez?... qu'on ne soit pas bon pour toi, comme tu es bonne pour les autres?... Allons donc!... Tout est pour nous, mon aimée!... »

Elle étendit le bras devant elle, montrant l'horizon d'un pourpre sombre, la teinte obscure de la mer, le large mystérieux :

« J'ai peur!...

— Mais rien ne nous menace, ne sommes-nous pas tout l'un à l'autre, sans que rien ne puisse désormais nous séparer, sans que rien ne veuille nous séparer?... D'où te vient cette crainte?... Quelle est cette terreur, quand l'avenir nous appartient et que rien ne se dresse plus entre nous!... »

Elle se jeta sanglotante sur sa poitrine :

« J'ai peur! »

Il fit une moue de légère pitié, les yeux attendris, la tête inclinée vers elle :

« C'est sans doute ce malheur arrivé aujourd'hui, auprès de toi, cette pauvre femme enlevée si vite!... Mais elle était malade, usée par les privations... C'est affreusement triste; en quoi cela peut-il t'épouvanter? »

De mots doux, de caresses enveloppantes, il tentait de chasser de l'âme de la jeune fille la crainte qu'il croyait y deviner, interposant entre elle et cet inconnu menaçant son corps robuste, son inébranlable confiance, et protestant avec une émotion croissante, avec une sorte de joie de se sentir nécessaire à la faiblesse de sa fiancée :

« Tu n'as à redouter personne, près de moi, ton ami, ton fiancé, ton mari!... »

Elle soupira tristement :

« Oui, oui, je sais bien... Mais c'est plus fort que moi. Je sens... j'ignore quoi,... entre nous!... Enfin, j'ai peur..., si peur!... »

Quand ils quittèrent la dune, elle était un peu apaisée, mais toute houleuse encore, et il lui restait, courant à fleur de peau, un indicible frisson, dont elle ne pouvait se débarrasser.

Derrière eux, l'Océan pleurait, d'une grande plainte large monotone, comme s'il eût gémi sur quelque chose de perdu, comme s'il eût porté un deuil.

Du reste, bien que Marine n'eût fait part à aucun autre qu'à Pierrik de cette espèce d'appréhension indéfinissable qu'elle avait subitement ressentie ce soir-là; bien que, d'un autre côté, Yan Cosquer eût gardé le plus complet silence, après les quelques paroles un peu énigmatiques qu'il avait laissées sortir de ses lèvres, en écoutant la confidence d'Angélique Brézellec relativement à la mort de sa voisine, il est certain que, à partir de ce moment, il y eut comme un malaise sourd dans tout le pays.

Le lendemain, qui fut un jour gris, avec mer clapoteuse et brise assez forte, apaisant un peu la brûlure torride des journées précédentes et permettant de respirer à l'aise, les conversations continuèrent de tourner autour de cette mort subite, sans que personne osât formuler exactement ce qu'il pensait ou ce qu'il redoutait.

Il semblait que chacun s'efforçât d'éviter des mots précis, des mots qui épouvantent et peut-être portent malheur.

Quelques-uns seulement conseillaient vaguement de ne pas boire trop d'eau, de ne pas manger trop de fruits, avec d'hésitantes considérations sur les indispositions occasionnées par l'abus de la boisson au moment des fortes chaleurs.

Tous s'intéressaient plus que d'habitude aux variations du temps, qui paraissait vouloir se montrer moins implacable, donnant cette douceur calmante d'une journée grise, sans soleil, après la grosse souffrance de semaines où l'on croyait vivre dans une vapeur d'étuve.

Puis le samedi se montra beau, ensoleillé, avec des nuages que le vent, une forte brise du sud-sud-ouest, chassait le long des côtes, pendant que les barques glissaient, rapides, et que la mer moutonnait.

Et le dimanche ramena enfin la brume, le temps absolument gris, voilé, qui est la vraie Bretagne des rêves, de la mélancolie, la seule atmosphère qui plaise à cette population rude et poétique, sauvage et nostalgique. La mer, d'un ton sombre, ses lames glauques, assiégeait d'une blanchissante écume la base des falaises, grondait le long des grèves. Le crachin succéda à la brume, le crachin, cette poussière d'eau tourbillonnant dans l'air, qui peu à peu se transforme en pluie véritable, aux rayures serrées, diagonales, tramant tout l'espace d'un tissu régulier.

Mais la chaleur restait lourde, malgré la violence d'un vent furieux, et les causeries, en constatant avec une certaine inquiétude que le soleil revenait encore après cette tempête, prouvèrent que les esprits restaient toujours sous l'obsession de cette même pensée que l'on n'osait se communiquer.

Il y avait juste trois jours qu'avait eu lieu le décès, dont le pays s'émouvait encore, lorsque, le lundi 21, une des barques qui revenaient de l'île de Sein rentra dans le port, ramenant un homme malade.

Quand on le débarqua, il fallut le porter jusque chez sa mère, tellement il était faible, et aux questions inquiètes qui leur furent posées ses camarades répondirent :

« De l'eau malsaine qu'il a bue en trop grande abondance. »

Ils ajoutaient:

« C'est si mauvais, l'eau de ces îles !... Un vrai poison pour le corps !... »

La mer était si bleue, un peu clapoteuse, le ciel d'un cobalt si clair, avec un semis de nuages légers au-dessus des falaises, l'air si délicieusement pur, que nul ne se préoccupa de ce malade, qu'un peu de repos allait sûrement rétablir, et qui le lendemain serait sur pied.

Ses compagnons, avec de gros rires, comme s'ils se moquaient des idées qu'on pouvait avoir, des idées que même ils avaient peut-être, affirmaient :

« De l'eau, ça n'a jamais tué son homme… Vous le verrez demain, le gaillard, plus solide que nous… Avec un coffre comme le sien, on résiste à tout… »

Le mardi matin, le suroît, qui soufflait si fort que le sémaphore de Pen-hat avait arboré le cône des tempêtes, pointe en bas, pour annoncer ce coup de vent du sud, en traversant le petit clocher de l'église, ramassa au passage les tintements lugubres du glas pour les semer en ondes d'épouvante sur les maisons et sur le port de Camaret.

« Trépassé, qu'il est, le pauvre gars! annonça une femme, à qui l'on demandait des nouvelles du malade. Voilà sa misérable de mère sans soutien, à c't'heure!… Qu'il était sa seule ressource!… »

Trépassé, celui qu'on avait vu quelques jours auparavant, plein de vie, jeune, ardent, gai! Enlevé comme cela, si vite, pour un peu trop d'eau bue aux îles! Mais toute l'année ils en buvaient, de ces eaux, et ça n'avait jamais massacré personne! A peine deci delà quelque indisposition, aussi vite partie que venue, dont on ne parlait même pas ; parfois un peu de dysenterie. On en attrapait bien d'autres dans les colonies, en Cochinchine, au Sénégal, dans les pays de feu et de fièvres, et on en revenait cependant souvent.

Nul ne voulait y croire, lorsque, dans la matinée du mercredi, le vent du nord-ouest, qui avait succédé au suroît de la veille, avec un ciel d'abord sombre, emporta encore le son sinistre du glas à travers la campagne, l'éparpillant au-dessus du pays consterné.

C'était un des camarades du défunt qui venait de mourir, et des voix terrifiées apprenaient aux oreilles tendues vers ces bruits lugubres qu'un troisième, toujours de la même barque, se trouvait également en péril.

Cette fois, impossible de cacher le mot terrible, qui gronde depuis quelque temps au fond de tous les cerveaux, les faisant résonner comme la langue de fer fait tinter la cloche de l'église. Plus fort que la volonté, il jaillit de toutes les lèvres ; il court d'un bout à l'autre de Camaret ; on le lit dans les prunelles inquiètes ; on le devine dans l'air ; on le respire au passage ; il sonne, battant son glas de mort, jetant de proche en proche ses syllabes de terreur :

Le choléra !...

Aussitôt la chose publiquement avouée, le maire réunit d'urgence le conseil municipal pour prendre les précautions nécessaires, pour rendre des ordonnances afin de faire nettoyer Camaret et demander à Brest le secours d'un médecin, car le médecin de Crozon, malgré tout son dévouement, ne peut suffire à tout, soigner la presqu'île entière.

En premier lieu, la barque contaminée, conduite au milieu du port à la pleine eau, fut immédiatement coulée à fond, si bien que ses mâts seuls dépassaient, l'un d'eux, pour empêcher les autres embarcations d'approcher, portant à sa pomme le pavillon jaune, signal d'épidémie à bord.

En même temps les langues se déliaient, maintenant que nul n'avait plus cette terreur superstitieuse d'attirer le mal en le désignant par son nom ; les pêcheurs commençaient à faire des révélations, racontant ce qu'ils savaient, ce qu'ils n'avaient pas voulu avouer jusqu'à ce jour, tant qu'on pouvait douter, tant qu'on espérait échapper à la contagion.

On apprenait ainsi qu'il y avait déjà quelque temps que le mal redoutable ravageait l'île de Molènes, où il paraissait avoir fait ses débuts.

Était-il né dans l'endroit même? Avait-il été apporté du large par quelque coup de vent empesté, par un de ces nuages meurtriers, qui vont puiser dans une région infectée les germes morbides et viennent les apporter sous forme de pluie aux pays jusqu'alors indemnes? Provenait-il d'un navire ayant à bord des malades non déclarés? Cela, personne ne pouvait le dire.

Ce qu'il y avait de certain, c'est que, à l'heure présente, au moment où Camaret se sentait frappé à son tour, sur quatre cents habitants, l'île de Molènes en avait déjà perdu quarante-sept; dans une petite île voisine, Queménès, croyait-on, sur vingt-sept habitants, on comptait vingt-deux morts.

Sans doute le mal venait de là; car, constamment, les barques de pêche communiquaient avec les îles, soit pour y faire de l'eau, soit pour toute autre raison.

L'arrivée du médecin réclamé, un médecin de marine accompagné d'infirmiers, venant de Brest pour s'installer à Camaret, où il prit pension à l'*hôtel de la Marine*, fut pour la petite population comme la constatation officielle de l'épidémie.

Désormais, suivant son tempérament, sa nature d'esprit, sa force de caractère ou sa philosophie, chacun se tint prêt à lutter avec énergie ou avec résignation contre le fléau.

Il y eut d'abord une sorte d'accalmie dans l'extension du mal, un arrêt d'un jour ou deux sans cas nouveaux, sans décès, comme un temps de repos accordé aux Camaretois, après cette installation du médecin, qui avait rassuré les âmes faibles ou inquiètes.

Sa présence avait aussi rendu plus d'énergie encore à ceux qui ne se laissaient pas abattre, les anciens, les marins, tous ceux qui dans leur service à l'État, dans leurs longs voyages à travers tous les pays, ou par la longueur même de leur existence, avaient pu, comme le vieux Yan Cosquer, assister aux épidémies d'autrefois.

Ce dernier, depuis le jour où Angélique lui avait révélé cette précaution prise par le médecin de Crozon de faire nettoyer à la chaux le domicile de la morte, avait compris ce qui arrivait. Quand le mal fut reconnu, il put dire :

« Je savais... J'y étais déjà, la première fois, quand Camaret a été décimé. C'est bon ! On se défendra ! »

Il avait aussitôt pris l'initiative des mesures de salut, donnant l'exemple du devoir, du dévouement, conseillant les uns, soutenant le courage défaillant des autres.

Quelques-uns, en constatant que depuis l'arrivée du médecin il ne semblait pas y avoir de nouveaux cas, cherchèrent à répandre le bruit que décidément on avait exagéré, que c'était tout simplement un peu de cholérine, comme il y en avait tous les ans, plus forte cette année, puisque la chaleur était plus grande.

Les ivrognes, préconisant l'usage de l'eau-de-vie ou du rhum pour combattre cette maladie, ne quittaient plus les débits de boisson, roulaient par les rues leur ivresse bavarde et fanfaronne.

Lagadec et Trémor eux-mêmes, relativement sobres d'habitude, se laissant gagner par l'entraînement, affirmaient dans les groupes :

« Le seul remède, c'est la *goutte !*... »

Les nombreux comptoirs échelonnés tout le long de Camaret ne suffisaient plus à verser toutes ces *gouttes,* tous ces verres de mortel et dévorant alcool, qui amenaient des lendemains terribles, où les malheureux avalaient des litres d'eau froide pour éteindre l'incendie allumé dans leurs entrailles.

Le médecin conseillait inutilement l'abstinence, déclarant :

« Une *goutte,* c'est bien, mais pas deux !... »

Personne ne l'écoutait ; presque tous avalaient du rhum jusqu'à complète ivresse, y puisant l'oubli avec la perte de la raison ; les autres montraient plus de confiance dans les remèdes de bonne femme que dans les potions qu'il faisait porter par un infirmier quand il ne pouvait les porter lui-même. Il avait à lutter à la fois contre le fléau et contre les malades.

Pierrik Danielou, bien qu'il n'eût aucune crainte pour lui-même, ayant eu trop souvent occasion de voir ce mal en Extrême-Orient, pour ne pas s'y être habitué, tremblait cependant pour Marine, pour Angélique, pour tous ceux qui lui étaient chers.

Il continuait à aller en mer et à pêcher, autant pour ne point penser à la maladie que pour ne pas rester à traîner, désœuvré, au milieu de Camaret, comme beaucoup qui, paraissant avoir perdu toute énergie, ne se sentaient même plus la force de se défendre, et attendaient, en fatalistes résignés d'avance au coup menaçant de les frapper.

Un matin, revenant de pêcher le mulet à Pen-hat, sur la plage, et ayant laissé ses camarades retourner à Camaret par la barque, il coupait à travers les dunes, dans la direction du sémaphore; quelque chose de noir, voletant comme un bout de chiffon, au sommet de l'un des énormes blocs de quartzite qui couvrent la hauteur du Toulinguet, assez loin du phare, attira ses regards.

D'abord il n'y prêta qu'une médiocre attention, croyant à quelque oiseau posé là en vigie ; puis un tournoiement de corbeaux dans le ciel, au-dessus de ce point, le préoccupa :

« Qu'est-ce donc ? »

Il remarqua que l'espèce de lambeau sinistre, fouetté par le vent, semblait accroché en manière de signal lugubre, et murmura :

« Le drapeau noir, qu'on croirait, comme lorsqu'il y a péril en mer !... »

Il se tourna du côté du sémaphore : rien d'anormal n'y avait lieu ; aucune flamme ne pendait au mât des signaux. Il haussa les épaules :

« Quelque loque, sans doute !... Une étoffe... »

Un très léger frisson passa sur sa peau, pendant qu'il faisait, l'examinant de loin :

« Comme elle est noire ! »

Cette idée du drapeau de deuil et de naufrage l'obsédait, le poursuivant de telle sorte, qu'il résolut de savoir exactement ce que c'était que ce coin de chiffon dépassant l'extrémité du monstrueux caillou et flottant, pour ainsi dire, au-dessus de tout le pays, qu'il dominait comme hissé sur un gigantesque piédestal.

Au fur et à mesure qu'il s'en rapprochait, écrasant sous ses pieds les brousses épineuses, les ajoncs fleuris, les bruyères roses revêtant toute cette partie de la pointe du Toulinguet, entre les grottes et la petite anse de Portz-Nayl, il constata dans le vol de corbeaux planant au-dessus de lui une agitation singulière, en même temps que leurs croassements se faisaient plus précipités, plus farouches.

Dans un trou à demi plein d'eau gisait un corbeau.

« Qu'est-ce qu'ils ont après moi, ces oiseaux de malheur? » fit-il avec ennui.

Il songeait au funeste renom de ces grands oiseaux sombres, qui fréquentent le Gouin, le Toulinguet, avec la crainte vague de voir l'un d'eux s'abattre sur lui et le piquer de son bec, et murmura, mécontent :

« Les oiseaux de la mort! »

Il lui fallut escalader successivement une quantité de gros blocs emprisonnés par les plantes grimpantes, et se hisser à la force des poignets pour atteindre le sommet de la roche, où voletait toujours le signal noir.

En arrivant à cette hauteur, il eut un saisissement.

En face de lui, dans un creux à demi plein d'eau, gisait un corbeau mort, et c'était l'une de ses ailes, une aile d'une taille inhabituelle, qu'il avait vue flotter ainsi, battue des vents comme un drapeau.

D'une grosseur extraordinaire, peut-être plusieurs fois centenaire, c'était certainement le doyen des corbeaux qui gisait là sans vie, son œil noir voilé d'une taie bleuâtre, son effrayant bec d'acier complètement clos.

En relevant la tête, il aperçut, toujours au-dessus de lui, comme le surveillant, les autres corbeaux, les compagnons du défunt, lequel sans doute venait seulement d'expirer.

Quelque chose d'intime, d'instinctif, le poussa à se saisir de ce cadavre, à l'enlever de cette roche que l'on voyait de toutes parts ; ils s'enfuirent avec des cris désespérés, terrifiants, quand ils le virent redescendre du rocher, portant par les pattes le monstrueux animal au bec géant, aux ailes pendantes traînant par terre, comme s'ils eussent assisté à une profanation.

Il lui semblait accomplir un devoir en supprimant ce signal de ténèbres et de douleur, et, pour le faire complètement disparaître, il alla le jeter du haut de la falaise à pic du Grand-Gouin dans la mer.

Lorsque, revenu à Camaret, il raconta le fait à Yan Cosquer, en disant qu'il avait cru voir un drapeau, celui-ci poussa un soupir et répondit tristement :

« C'est bien sûr un *signe* que le mal est sur nous, sur notre pauvre Camaret !... Il n'y a plus à espérer, que je crains ; tu avais vu juste, mon fi !... Le Ciel l'avait placé là comme le drapeau noir, le drapeau de la mort. »

En effet, le lendemain, qui était le 1er septembre, par une mer calme et morne, un Océan d'étain aux moires de mercure et d'ardoise, sous un ciel entièrement gris, avec une chaleur suffocante, comme pour justifier les appréhensions du vieillard, une barque arrivait de Sein, ramenant encore un pêcheur malade.

Lorsque l'embarcation atteignit la cale de débarquement, le malheureux agonisait; il rendit le dernier soupir sur le prélart même dans lequel on le portait, au milieu d'un groupe compact de pêcheurs, de friturières, d'enfants, amassés autour de lui.

Alors l'espérance, rendue par les quelques jours d'arrêt du mal, disparut; ce fut comme le signal définitif, la reconnaissance publique, déclarée, de la grosse misère désormais abattue de tout son poids sur le pays.

La veuve de l'infortuné, prévenue, descendit du haut du Beg-ar-Gac et traversa tout Camaret, en poussant de tels hurlements de douleur, que la terreur pénétra les âmes, et que Yan Cosquer lui-même,

Et c'était sur eux la grande lamentation de la cloche.

malgré son stoïcisme d'ancien, songeant à ce que Danielou lui avait raconté la veille, ne put s'empêcher de hocher songeusement la tête, en décidant :

« La mort est sur nous !... »

Un grand frisson gagna tout le pauvre petit pays, glaçant les cœurs les plus courageux. Tous courbaient la tête, causant deci delà par groupes, avec des mots qui essayaient de parler d'autre chose, avec des physionomies qui tentaient de grimacer un sourire forcé de dédain, et des yeux qui restaient terrifiés, sous le vacillement trouble de prunelles affolées, des pâleurs visibles même à travers le boucanement de cuirs tannés par le hâle, tandis que toujours, au-dessus, dans le frémissement de l'air, pleuraient les notes tristes du glas.

Les jours suivants, ce glas, il n'arrêta plus, les décès se comptant par deux, par trois, par quatre, le fléau frappant, en une progressive succession de cas foudroyants, des marins taillés en hercules, des jeunes, des vieux, les sobres comme les alcooliques, les prudents comme les imprudents, sans distinction ; et tout à coup, paraissant croire que c'était sur l'eau que se gagnait la terrible maladie, la municipalité jeta l'interdit sur la mer, défendit aux pêcheurs de sortir, de s'en aller au large.

On les vit donc tout le jour, groupés çà et là au bord du quai, inoccupés, consternés de cette saison de pêche perdue, qui allait amener la famine pour l'hiver.

D'eux-mêmes ils semblaient se résigner à attendre la mort chez eux, dans cette atmosphère de cauchemar que devenait l'atmosphère de Camaret.

Devant eux, au milieu du port, des barques contaminées, coulées à fond, ne laissant dépasser que leur mât frappé du drapeau jaune, sinistre pavillon du fléau ; sur eux, la grande lamentation continue de la cloche pleurant toute la journée les morts ; autour d'eux, le passage incessant des cercueils, construits à la hâte dans le chantier des bateaux, ou des désinfecteurs armés de seaux pleins de sulfate de cuivre, de chaux.

Pierrik Danielou, lui, parti avant l'arrêté du conseil municipal, avait pris le large.

Marine, avec Angélique Brézellec, à l'imitation du vicaire, du médecin, des infirmiers et de quelques autres dévoués, passait son temps à soigner héroïquement les malades, allant de maison en maison, sans crainte, le visage illuminé d'une belle foi résolue, qui rendait le courage aux désespérés, adoucissait les agonies et commençait, auprès de quelques-uns, à faire de son nom un nom de bénédiction et de bonheur.

IV

Après avoir tiré un grand bord pour éviter les mâts des bateaux coulés, où flottait toujours le caractéristique et lugubre pavillon jaune, la *Sorcière*, la barque de Pierrik Danielou, louvoya habilement au milieu de la flottille camaretoise, tout entière immobilisée à ses corps-morts.

Ayant ensuite abattu successivement ses deux voiles, elle vint, conservant encore une partie de la vitesse acquise, jeter l'ancre en face même de l'usine du Styvel, où elle comptait débarquer la sardine qu'elle avait pêchée et qui emplissait sa cale.

« Oh! diable! Qu'ont-ils donc à assiéger ainsi la *friture?* »

L'un des pêcheurs, tout en amarrant solidement la grand'voile, sur laquelle il crochait à pleins poings, ne put retenir cette exclamation de surprise, montrant d'un mouvement de tête la foule entassée autour de l'établissement et s'étalant jusque sur l'amoncellement de galets allant en pente vers la mer.

« A croire que tout Camaret est là ! » appuya un camarade.

Un troisième, manœuvrant la gaffe à l'aide de laquelle il atteignit un canot, interrogea gaiement :

« Ce serait-il nous, des fois, qu'on attend ainsi avec une telle impatience?... Histoire de nous porter en triomphe, peut-être bien, vu que nous étions les seuls dehors et que l'usine doit fameusement chômer à c't'heure !... »

Pierrik, penché à l'avant, le corps à demi sorti de l'embarcation, les yeux pointés devant lui d'une telle attention qu'il ne semblait rien voir d'autre, cherchait à distinguer quelque chose dans la cohue d'êtres qui grouillaient, roulant d'une sorte de grand mouvement houleux, irrégulier.

En même temps une rumeur confuse, mélangée de cris, d'exclamations aiguës, de longues huées sourdes, arrivait jusqu'à lui.

Il fit, inquiet et mécontent, le cœur serré d'une angoisse qu'il ne s'expliquait pas :

« Taisez-vous donc, qu'on entende un peu !... Qu'est-ce qu'ils ont, ces braillards ?

— Il y a encore plus de braillardes que de braillards ! objecta un pêcheur, constatant que c'étaient surtout les femmes qui dominaient dans ce rassemblement, pendant que les hommes, ramassés par petits tas, se tenaient çà et là, un peu à l'écart.

— Le vent vient du nord-est, c'est vent debout pour leurs paroles, rapport à nous, pas étonnant qu'on n'entende point ce qu'elles disent ! »

Ils étaient assez rapprochés pour distinguer des bras levés dans de grands gestes violents, des poings crispés, des faces flambantes d'animation, toute une fort expressive mimique de fureur.

L'homme de la grand'voile raisonna :

« Sûr que ce n'est ni de plaisir ni de contentement qu'elles jacassent, pis qu'une troupe de gwilous en colère !... »

Entre temps, passant sur eux dans l'air, un autre bruit arrivait par bouffées, étouffé, se prolongeant interminablement en plainte.

Celui qui avait jeté l'ancre releva la tête, intrigué :

« La voix de la *Vandrée* qu'on croirait, si on ne se trouvait pas en plein port de Camaret !... C'est pas les femmes, bien sûr, qui font ce jacassement-là ! »

Pierrik, d'un dernier effort, bouscula les assaillantes.

Son voisin, tout en descendant dans le canot qu'il avait amené contre le bord, gouailla :

« Oh ! oh ! la *Vandrée,* tu veux rire ?... Elle n'a pas une musique à passer par-dessus la hauteur de Pen-hat et toute la montagne qui finit au Grand-Gouin, et avec une brise du nord-est, encore !... Ce serait drôle !... »

Mais le patron, la face assombrie, arraché à son absorption, s'exclama d'une voix découragée :

« Le glas !... Encore !... »

Tous, subitement rappelés à la réalité un moment oubliée, eurent un frisson de terreur ; le ricaneur lui-même balbutia :

« Toujours la maladie !... ce choléra de misère !... »

Il se tourna vers la chapelle de Notre-Dame de Roc-Amadour, murmurant tout bas, avec une supplication craintive, en appel de protection :

« Bonne-Dame du Roc ! »

Pierrik, sautant dans le canot, commanda à celui qui le manœuvrait :

« A terre, vite ! »

Et, s'adressant aux pêcheurs restés sur la barque :

« Vous autres, espérez un peu, que j'aille voir ce qui se passe. »

Toute sa joie du retour tombait, cette satisfaction de l'heureuse pêche qu'il avait faite, du bon prix qu'il espérait en tirer, du plaisir de revoir sa bien-aimée Marine.

Il se sentait anxieux, une fièvre par tous les membres, et, debout à l'avant, s'impatientait du lent mouvement balancé qui faisait avancer le canot, répétant constamment au godilleur :

« Plus vite !... Plus vite !... »

Du gros du tumulte des syllabes se détachaient, plus distinctes, assaillant ses oreilles :

« A l'eau !... A l'eau !... A mort la... »

Puis quelque chose de plus sourd, dont la terminaison seule sonnait nettement :

« ...ouche ! ...ouche !... »

Enfin, brusquement, au moment même où il sautait d'un bond sur les galets, il fut souffleté du nom tout entier :

« Catouche !... Catouche !... »

Il eut un arrêt, les jambes tremblantes, la respiration coupée, n'avançant plus, interrogeant, en se retournant vers son compagnon :

« Hein ?... Je rêve !... Que crient-elles donc ? »

Mais la clameur redoublait, aussi farouche, aussi éclatante qu'il l'avait entendue autrefois :

« Catouche !... »

Il se crut reporté de plus de vingt ans en arrière, quand, tombé presque sans connaissance au bas de l'escalier naturel taillé dans le Beg-ar-Gac, il pleurait son père, et que soudain l'imprécation terrible était venue l'arracher à sa douleur :

« Catouche !... Catouche !... »

C'était la même intonation de fureur et d'horreur, la même haine sifflante, les mêmes voix.

De traînantes huées arrivaient, sauvages, par rafales, en grandes bourrasques de voix humaines hurlant à la mort.

Malgré son courage, Danielou se sentit froid au cœur, tellement cela ressemblait à la terrible curée qu'il se souvenait d'avoir vue, à la fin de certains combats, là-bas, au fond des pays d'Extrême-Orient. Il lui semblait respirer la vapeur de sang qui accompagne les massacres.

En quelques rapides enjambées il gravit l'amoncellement des galets, entra dans la foule furieuse des femmes, sous les poings levés, sous les griffes tendues, qui tous menaçaient la même personne, et se trouva en présence de Marine, pâle, défaillante.

Seule, la soutenant de ses pauvres bras tremblants, de son vieux corps cassé par l'âge, Angélique Brézellec, adossée à la porte de l'usine, essayait de défendre, de protéger la jeune fille.

« Marine !... Toi !... »

Pierrik, d'un dernier effort, bouscula les assaillantes, grondant, formidable, tous ses membres ramassés pour la lutte :

« Qu'y a-t-il ?... Que lui voulez-vous ?... Arrière, toutes, ou je croche en grand dans le tas !... »

Comme le râle de l'Océan venant s'écraser sur les plages, un grand rugissement s'étala autour de lui, sur lui :

« Catouche !... Catouche !... Catouche !... »

Il regarda tour à tour la foule et la jeune fille, haussa les épaules, essayant de rire :

« Que voulez-vous dire ?... Je ne comprends pas... Elle, Catouche ?... C'est de la folie !... Une jeune fille, quand l'autre, ah ! ah ! ah !... L'autre, une vieille, vieille !... »

Mais alors, très claire, de loin, par-dessus les têtes houleuses des femmes, une voix d'homme clama, implacable :

« C'est la fille à Catouche ! »

Les gosiers de femmes recommencèrent, aigus et féroces, entassant les griefs, expliquant leur fièvre de meurtre et s'excitant à la tuerie :

« C'est sa faute !... C'est elle qui a apporté le mal de son île de misère !... Elle a fait périr nos hommes, tout comme sa mère, la Catouche, faisait périr nos pères !... La fille à Catouche que c'est !... A mort ! à mort !... Qu'on la jette à la mer !... Sorcière, fille de sorcière !... »

Un moment, les bras étendus, la poitrine bombée, placé entre la pauvre enfant et celles qui l'attaquaient, Pierrik protesta :

« C'est faux ! Je vous jure !... Je sais bien, moi !... Je la connais depuis longtemps !... Je... »

Mais, tout en la défendant de son mieux, au milieu des cris, des injures, des coups, une lumière peu à peu se faisait dans les ténèbres de son esprit. Il continuait, très énergiquement, à crier :

« Ce n'est pas vrai !... »

Déjà, au fond de lui, le doute naissait, le doute terrible ramené par les souvenirs d'autrefois, par les mystérieux entretiens d'enfance, dans cette île de Sein ; une douleur atroce tordait son cœur dans sa poitrine, car il commençait, lui aussi, à se répéter mentalement les mots terrifiants :

« C'est la fille à Catouche ! »

La voix qui avait accusé, il la reconnaissait ; il la distinguait encore parmi les autres, non pas enragée celle-là, non pas folle, mais froide, convaincue, précise : c'était la voix de Yves Lagadec, un îlien lui aussi comme Marine était une îlienne, et qui peut-être savait le secret de sa naissance, la vérité sur elle, sur sa mère.

Danielou eût voulu pouvoir l'interroger immédiatement, le prendre à part pour le faire parler ; un ardent besoin de savoir, plus brûlant encore qu'au temps de son enfance, le dévorait.

Pour le moment, il lui fallait déployer toute sa vigueur pour faire reculer les plus violentes du troupeau des femmes, mettre son corps entre les coups lancés et Marine, qui, blottie entre les bras de tante Angélique, la figure pâle, les yeux pleins de larmes douloureuses, restait le front haut sous les outrages.

Cependant l'énergique intervention de Pierrik Danielou avait produit une certaine hésitation parmi les femmes acharnées après Marine.

Déjà quelques-unes de celles qui la serraient de plus près, semblant avoir regret de leur conduite, la raison ou quelque autre sentiment finissant par l'emporter sur la superstition, montraient moins d'ardeur dans leurs attaques, criant moins fort, écoutant la vieille Angélique, qui protestait, indignée :

« Quand je vous répète que c'est une sainte que vous martyrisez !... Vous n'avez pas honte, toutes après elle !... Oh ! une martyre que c'est !... »

Elle énumérait de sa pauvre voix chevrotante que les clameurs avaient jusqu'alors dominée et étouffée :

« Il y en a plus d'un à Camaret qui lui doit la vie !... Elle passe ses jours, ses nuits à soigner les malades !... Elle n'a pas peur, elle !... »

Il y en eut une qui osa riposter, dans l'affolement de la colère, dans sa rage de superstitieuse :

« Pas de danger qu'elle attrape le mal, elle est sorcière !... »

Angélique répondit :

« Et moi, qui ne la quitte pas, qui ne suis point malade non plus, je suis-t-y aussi sorcière, comme vous dites d'elle, la pauvre créature du bon Dieu ? »

Les injures diminuaient, n'osant plus se produire, car c'était vrai que Marine et Angélique n'avaient pas cessé de se prodiguer, jour et nuit, sans reculer devant aucune des hideurs du terrible mal. Était-ce parce qu'elle n'avait pas peur de la contagion, qu'on devait la récompenser de son dévouement en la jetant à la mer ?

Des hommes maintenant s'étaient rapprochés, qui, moins superstitieux ou plus braves que les femmes, commençaient à parler en sa faveur, demandant qu'on la laissât tranquille, sermonnant les plus enragées, bousculant les récalcitrantes.

Ils donnaient l'exemple de cette vieille Angélique Brézellec, qui, toute faible qu'elle était, n'avait pas hésité à leur tenir tête, à défendre la jeune fille contre leur bande entière.

Ce qu'ils n'avouaient pas, c'est que, ayant jusque-là assisté avec une certaine indifférence malveillante à cette scène cruelle qui ne déplaisait pas trop à leur brutalité, ils avaient eu une espèce de remords de leur lâcheté, en voyant Pierrik Danielou se jeter entre Marine et la foule ameutée contre elle.

Fille à Catouche ou non, peu leur importait. Il fallait des esprits encrassés de nuit, enténébrés de superstition grossière comme ceux de Lagadec ou de Trémor, pour attacher une valeur quelconque à un fait semblable. Parmi eux quelques-uns, s'ils n'avaient pas été soignés eux-mêmes par Marine, avaient eu un des leurs guéri par ses soins, par sa vaillance, par son dévouement ; et tous pouvaient l'avoir vue à l'œuvre, au chevet des malades, des mourants, qu'elle n'hésitait pas à frictionner pour combattre le mortel froid de la mort, avec autant d'héroïsme simple que le médecin ou le vicaire, lorsque eux, des hommes, des marins, n'osaient pas le faire.

Sans vouloir discuter ce qui se passait à l'instant même dans le secret de son âme troublée, Pierrik, venant en aide aux paroles courageuses de la vieille Angélique, appuya :

« Vous devriez l'admirer, cette enfant ; c'est votre sauvegarde, tout comme la Bonne Dame du Roc !... »

Et doucement, écartant les plus proches de lui, il entraînait peu à peu Marine dans la direction de la chapelle pour y chercher un refuge, disant :

« Allons, faites place à cette martyre !... »

En ce moment arrivaient Yan Cosquer et le vicaire, qu'on avait enfin prévenus de ce qui se passait.

Le prêtre supplia :

« Mes enfants !... Mes filles !... C'est mon aide la meilleure !... C'est une sœur de Charité !... Ayez pitié d'elle, pitié de vous-mêmes !... »

Complétant l'œuvre de Danielou, comprenant que cette diversion pouvait sauver Marine et tourner vers un autre point ces cerveaux fiévreux et bouleversés, il commanda :

« Oui ! oui ! A la chapelle !... Venez tous implorer Celle qui

La foule suivait docilement le prêtre.

tient notre sort entre ses mains, et qui a donné à cette pauvre fille l'abnégation dont vous la récompensez si mal!... Venez remercier le Ciel de l'avoir placée parmi nous en ces jours de deuil!... »

Les derniers grondements s'apaisaient, tandis que la foule suivait docilement le prêtre ; à peine çà et là put-on entendre quelque récalcitrant murmurer encore :

« La fille à Catouche, pourtant, que c'est !... »

V

C'était tout un concours de circonstances imprévues qui avait amené, en coup de vent de folie soufflant l'esprit de meurtre à travers Camaret, la scène qui venait d'avoir lieu.

D'abord, depuis la mise en quarantaine du port, encore aggravée par la défense de communiquer avec Brest, et par l'espèce de cordon sanitaire que les paysans commençaient à établir autour du petit pays, refusant de laisser passer ceux qui en arrivaient, refusant d'apporter comme d'habitude les œufs, les légumes, les fruits et toutes les provisions dont s'alimentaient les Camaretois, une certaine exaspération sourde grondait, de plus en plus menaçante, au milieu de l'infortunée population, ainsi traitée en pestiférée.

Les bruits les plus bizarres se répandaient de maison en maison, les racontars les plus extraordinaires y trouvaient créance, avec un retour contagieux des esprits vers toutes les superstitions, plus ou moins oubliées, mais endormies seulement dans ces âmes simples, et remontant facilement à la surface, au moindre bouleversement des esprits.

Ensuite, en dépit des précautions prises, de la sortie des barques suspendue, des nettoyages ordonnés, le mal augmentait, les victimes devenaient plus nombreuses, et, symptôme terrifiant, tous ceux qui étaient atteints mouraient.

Que le ciel fût gris ou ensoleillé, que le temps fût calme ou orageux, que le vent soufflât en tempête, balayant la région de torrents de pluie, ou qu'il eût la caresse d'une brise rafraîchissante, la mortalité ne diminuait pas.

C'étaient, à quelques heures de distance, les deux frères, deux pêcheurs herculéens, toujours gais, aimés de tous, d'une santé superbe, emportés en pleine force, en pleine jeunesse. C'était un matelot du *Borda*, venu en permission pour le pardon de Camaret, frappé le soir du jour où il avait aidé à porter un des cercueils au cimetière. C'était un des voituriers du pays, un bon enfant jovial, qui mourait côte à côte avec sa femme, tous deux dans la même nuit, entraînant leur enfant nouveau-né dans la mort.

Puis encore, le frère de l'un, le père de l'autre, une jeune fille, une grand'mère, un enfant de trois ans, un de dix ans, au sortir de l'école, même jusqu'à un pauvre être doux et inoffensif, un fou.

Ancien marin, dont le cerveau avait été dérangé par une injustice dont il prétendait avoir été victime étant au service, une médaille militaire gagnée par lui au Mexique et qu'on aurait donnée à un autre, celui-là travaillait toujours. Portant de l'eau, faisant tous les travaux grossiers et répugnants que personne ne voulait faire, il racontait sans cesse aux uns, aux autres, même aux pierres du chemin, sans aigreur, son histoire de médaille.

On le nommait aussi *l'ordureux*, ce qui caractérisait bien le genre de besogne dont on le chargeait, et peut-être était-ce ce travail, en pleine épidémie, qui lui avait communiqué l'affreuse maladie. Misère des choses et misère des êtres! Misère de ce pauvre être humain, qui n'était plus qu'une chose, qu'une loque dont la raison avait fui, et que la mort était venue prendre, inconscient, ne comprenant pas, sans défense contre tout, sans défense contre elle, étant sans raison.

Sa sœur, sa femme suivirent ; des maisons entières se vidaient ainsi, tandis que là-bas, à mi-côte, au cimetière devenu trop étroit, les fossoyeurs n'arrêtaient pas de creuser des tombes et que le glas pleurait tout le jour.

Bientôt, pour diminuer l'épouvante, on enterra à la tombée du jour, la nuit, aux flambeaux, comme en cachette ; on enterra une heure après le décès, et, dans leur cour, des mourants purent voir leur bière toute prête, apportée d'avance, les attendant.

C'est alors que la contagion du soupçon avait commencé à s'ajouter à la contagion du fléau, et que, de bouches à oreilles, des propos s'étaient tenus, cherchant les raisons de ce mal qui ne voulait pas céder, raisons mystérieuses sans doute, raisons d'au delà de la nature certainement, puisque nulle raison naturelle ne pouvait en être donnée.

Parmi ceux-là qui contribuaient, par superstition, à propager la terreur, en cherchant dans le mystère, en soulevant les voiles auxquels on ne doit pas toucher, en première ligne se trouvaient Lagadec et Trémor.

Bien que soutenus contre la peur par l'espèce de fatalisme inné leur servant de philosophie et les courbant résignés, dans l'attente de ce qui pouvait arriver, sans qu'ils cherchassent même à se protéger ou à se défendre, ils ne pouvaient s'empêcher de préconiser aux autres, à ceux qui les écoutaient, angoissés et tremblants, la méfiance aux remèdes du médecin et l'aveugle croyance aux vieilles coutumes du pays.

Pour eux, ce n'était pas une maladie comme les autres qui frappait Camaret, c'était une punition, ou mieux, un sort jeté par quelque invisible malfaisant.

Tandis que, dans le port, on en était déjà beaucoup revenu de cette pesante superstition, qui autrefois faisait reconnaître sans discussion le pouvoir de mauvais génies rôdant autour des humains, le capiste et l'îlien étaient restés les mêmes, aussi arriérés qu'à l'époque où le père de Pierrik Danielou avait péri en mer, en revenant de l'île de Sein.

Parfois ils échangeaient leurs réflexions à ce sujet, mécontents du nom que Pierrik avait donné à sa barque, comme s'il eût pris plaisir à braver le péril inconnu, mécontents plus encore de lui avoir vu amener dans le pays et installer parmi eux, car ils le soupçonnaient d'avoir aidé à cela, cette fille aux yeux et aux cheveux si noirs, couleur de coaltar, couleur d'enfer, aux lèvres de braise ardente.

Dès que la présence du choléra fut officiellement constatée à Camaret, ils avaient eu tous deux un entretien de quelques instants, la communication d'instinct d'une même pensée, qui devait naturellement les hanter, étant donnée l'idée fixe si solidement ancrée en eux.

Trémor, tout d'abord, après certaines circonlocutions, comme une hésitation suprême à aborder un pareil sujet, avait questionné son camarade :

« Pour toi, Lagadec, à ton idée, qu'est-ce qui serait bien cause de ce qui nous arrive, rapport à tous ces morts, hein ?... Un mauvais air peut-être, ou l'eau, comme le dit le major ? »

Le ton méprisant dont il termina sa phrase indiquait suffisamment en quelle pauvre estime il tenait l'opinion du médecin de la marine.

Yves avait regardé son fidèle matelot dans les yeux, ripostant tout droit :

« Ni l'air, ni l'eau !...

— Ah ! avait continué l'autre, balançant la tête avec embarras. Ce serait-il point quelqu'un, des fois ? »

Son interlocuteur, reculant devant une accusation directe que rien ne justifiait encore, insinua :

« Quelquefois on prétend que ce mal peut être apporté d'ailleurs, par quelqu'un d'étranger au pays ; même les médecins l'assurent. »

Ils n'en avaient pas dit davantage, ce jour-là, ni l'un ni l'autre ; mais ils s'étaient certainement compris, car ils avaient, chacun de leur côté, commencé à surveiller Marine, épiant ses démarches, cherchant à se rendre compte de ses moindres actions, des relations qu'elle pouvait avoir.

Toujours ils ne découvraient rien, dépités, ne s'avouant pas leur déconvenue, ne voulant pas admettre qu'ils pussent se tromper dans leurs secrètes suppositions.

Un moment même ils avaient dû se croire bien près d'être vaincus, forcés de renoncer à leur méfiance, en voyant la jeune fille se mettre à la disposition des malades, aller de maison en maison portant des secours, consolant les mourants, ne ménageant ni son temps ni sa peine ; ils n'osaient pas, comme ils en sentaient l'envie, insinuer que c'était elle qui portait le mal de l'un à l'autre.

Enfin, un soir, assez tard, Lagadec, qui se rendait au sémaphore de la Pointe-des-Pois, dont le chef guetteur était un de ses amis, avait presque failli tomber, sur la route, à la hauteur de Kerbonn, dans une bande de pêcheurs de Douarnenez.

Ceux-ci, sachant l'entrée du port de Camaret interdite en ce moment à tout ce qui venait de Douarnenez ou des îles, avaient sournoisement débarqué au Veryhac'h, sous la Pointe-des-Pois, et, leurs paniers pleins de sardines accrochés aux bras, arrivaient par la route, espérant ainsi forcer la consigne et apporter leur pêche aux *fritures* camaretoises.

Lorsque le pêcheur de l'*Etoile-Polaire* les aperçut, ils étaient arrêtés près d'une des maisons de Kerbonn et semblaient parlementer avec quelqu'un, une femme, autant que le crépuscule permettait d'en juger.

On entendait leur voix colère s'enfler peu à peu, jetant des syllabes furieuses, comme si ce que leur disait leur interlocutrice les contrariât énormément.

Brusquement ces mots éclatèrent, lancés par l'un d'eux :

« Toi, la Gadouna, tu pourrais donc pas leur faire entendre raison à ces Camaretois de malheur ?... »

Lagadec s'arrêta net, grommelant :

« Gadouna !... Un nom que je connais, oh ! diable !... »

Les Douarnenéziens poursuivaient :

« C'est pas nous qui leur apporterions la maladie, peut-être ?

— Pour sûr, puisqu'elle est chez eux !... »

La femme répondait :

« Oui, mais vous pourriez venir des îles, et il y a défense de rien laisser entrer de ce qui arrive de par là ! »

Un gros rire malveillant résonna, tandis que la première voix reprenait :

« Avec ça que tu n'en es pas des îles, toi, la Gadouna, et de l'île de Sein, encore !... C'est pas la meilleure, puisque la maladie a croché surtout dans ceux qui en revenaient !... »

Yves n'entendit pas ce que la femme répondait. Il eut un haut-le-corps, en se demandant :

« Gadouna !... L'île de Sein !... Ce serait-il point la femme à Gadouna, qu'a péri en mer, dans les temps ?... Gadouna, Anne Gadouna que ce serait !... Je l'ai assez connue en mon enfance... »

Et, cherchant à distinguer la forme dressée en travers de la blancheur de la route :

« C'est pas elle cependant... Trop vieille qu'elle doit être, à c't'heure, si elle vit encore !... A moins que ce soit son *intersigne?* »

Il hésitait à poursuivre son chemin, combattu entre sa curiosité et la terreur d'une rencontre avec un être décédé.

Mais là-bas, l'ayant peut-être aperçu aussi et craignant de soulever tout le pays contre eux, les Douarnenéziens se décidaient à regagner leurs barques, bougonnant, lançant des injures, où revenait l'insulte :

« Faillis chiens de Camaretois ! »

Puis, en adieu, un souhait féroce :

« Qu'ils crèvent donc tous, dans leur Camaret de misère !... »

Les voyant s'éloigner, la femme, après quelques mots adressés à l'habitant de la maison près de laquelle elle se tenait, se dirigeait maintenant droit sur Camaret ; elle cria encore :

« Je reviendrai vous voir demain... Il n'a rien de rien, votre petit, une indigestion seulement ; il aura mangé trop de fruits... Vous verrez qu'il sera tôt guéri, que je vous assure... Allons, bon courage, et surtout n'ayez pas peur !... »

« C'est une voix de jeunesse, cela ! raisonna Yves, cherchant à distinguer celle qui venait vers lui. Pas possible que ce soit la vieille Anne, ni sa figuration, si elle n'est plus de ce monde... Une vivante, celle-là, et il me semble même que je connais cette voix... Ils ont bien dit « Gadouna » cependant !... »

Prenant une brusque décision, il se campa au milieu de la route, sur le sol blanc de laquelle il se détachait nettement.

La femme qui arrivait, tête baissée, ne l'ayant pas encore vu, l'aperçut au moment de se heurter à lui ; elle eut un léger cri de surprise, un mouvement pour se jeter de côté :

« Jésus !... Qu'est-ce qui est là, à ne point bouger ?... »

Mais Lagadec poussait une exclamation stupéfaite, où tremblait un peu de crainte :

« Marine !... Oh ! diable !... »

La jeune fille l'avait reconnu, et, bien qu'elle fût souvent gênée par les regards qu'il faisait peser sur elle chaque fois qu'il la rencontrait, des regards paraissant toujours vouloir lui fouiller le cœur, elle se sentit rassurée, reprenant :

« Ah !... c'est monsieur Lagadec !... Je ne vous voyais pas ; vous m'avez fait peur !... »

Elle riait, poursuivant :

« Je viens de chez ces pauvres Le Meur, de Kerbonn, dont on disait le dernier enfant malade. Il y a eu plus de crainte que de mal heureusement, et j'ai hâte de retourner à Camaret, pour rassurer ma tante, qui espère après moi. »

Le pêcheur, au lieu de se ranger sur le côté pour lui laisser le chemin libre, resta planté en plein milieu du passage ; il questionna, narquois :

« Ta tante, que tu dis comme ça, la Marine !... Qui ça, ta tante ?

— Hé oui ! vous savez bien, tante Angélique que c'est. »

Elle sentait le rire se glacer sur ses lèvres, de l'effroi monter en elle.

Le pêcheur resta planté en plein milieu du passage.

Il ricana grossièrement :

« Ah ! ah !... Es-tu bien sûre que Angélique Brézellec soit ta parente ?... Pourrais-tu me dire comment ?... C'est curieux, ça ! Moi qui la connais, on peut dire depuis l'enfance, je ne lui savais pas une nièce dans sa famille, surtout une nièce née dans les îles !... »

Elle balbutia, tendant les mains devant elle :

« Laissez-moi, je vous prie, monsieur Lagadec !... J'ai hâte d'être de retour. »

Yves était tenace ; le besoin de savoir accru en raison même de cette espèce de résistance, il répondit, la cervelle têtue :

« Pas avant que tu m'aies donné des nouvelles de l'île, tu sais bien, l'île de Sein, où je suis né également.

— Que... que voulez-vous?... Des nouvelles ! Mais je n'en sais pas, moi ; il y a si longtemps que j'ai quitté, des années ! Comme vous, ainsi... »

Il y avait comme une tentative de révolte dans ces derniers mots.

Lagadec, sans s'en émouvoir, fit l'étonné, les yeux luisants entre les paupières :

« Ah! bah! tant de temps!... Alors tu ne pourrais me renseigner sur une certaine... Anne Gadouna, la veuve à Yves Gadouna, un camarade de jeunesse à moi ! »

La jeune fille se couvrit le visage de ses doigts joints, disant très bas et très vite, la voix coupée de larmes :

« Elle est morte, elle aussi ! »

Un instant, malgré son cœur rude, le pêcheur resta interdit devant ce réveil de tristesse provoqué par lui, devant cette douleur, à laquelle il ne s'attendait pas. Il surmonta pourtant son embarras, pour ajouter d'un ton volontairement rude et méfiant :

« Tu la connaissais, cette Anne Gadouna ? »

Comprenant que Lagadec avait dû entendre la conversation qu'elle venait d'avoir avec ces Douarnenéziens, dont certains se rappelaient l'avoir vue dans les usines de Douarnenez, au moment où, encore enfant, elle arrivait directement de l'île de Sein, Marine avoua simplement :

« C'était ma mère.

— Ta mère!... Anne Gadouna!... Tu dis bien ta mère? »

Il y avait en même temps de l'étonnement et une sorte de sourde satisfaction dans l'intonation du pêcheur, quand il prononça cette phrase.

Dans le bouillonnement des idées de toute nature qui tourbillonnaient en ce moment dans son cerveau, ce qui dominait c'était le plaisir, un contentement sauvage à voir se vérifier si simplement ses soupçons, à avoir deviné qu'il existait un certain mystère dans le passé de cette fille, à qui Trémor et lui en voulaient de ne pas ressembler aux autres.

Ce qu'il avait surtout contre elle, c'étaient toutes les superstitions qui noyaient son esprit de leurs épaisses ténèbres, déformant les choses, dénaturant les événements, et emplissant son âme d'une fantasmagorie terrible, dont il était la victime et l'esclave.

Pour lui, maintenant qu'il savait son nom, la présence de Gadouna à Camaret se rattachait étroitement au fléau qui ravageait le petit port. Avant sa venue, tout allait bien, tout était tranquille; depuis qu'elle habitait au milieu d'eux, c'était le malheur, c'était la mort!

Il allait si loin dans ce sens, que, déjà oublieux de son origine d'îlien qui faisait de Marine sa compatriote, il en oubliait même la date à laquelle avait éclaté la maladie, date assez postérieure à l'arrivée de la jeune fille dans le pays pour qu'on ne pût établir aucune coïncidence entre ces deux faits.

Pour lui, le bouleversement datait du jour où il s'était produit dans sa propre cervelle hallucinée, c'est-à-dire dès qu'il avait vu Marine et constaté sa ressemblance avec la femme aperçue dans la grotte de la fontaine Rouge, auprès de Pierrik Danielou.

Savoir enfin que Marine était la fille d'Anne Gadouna, c'était la révélation complète, celle qui expliquait tout, qui justifiait tout, lui arrachant le cri féroce :

« Pas étonnant que le mal soit sur nous!... Comme sa mère qu'elle doit être, bien sûr!... »

Aussi, après avoir laissé passer librement Marine, au lieu de poursuivre sa route jusqu'à la Pointe-des-Pois, il était revenu sur ses pas, la tête baissée, l'esprit dans les ténèbres, n'ayant plus qu'une pensée, retrouver le plus tôt possible son inséparable Hervé

Trémor, pour le mettre au courant de la découverte qu'il venait de faire.

S'il agissait ainsi, ce n'était pas qu'il éprouvât aucune haine personnelle contre la malheureuse fille, mais plutôt c'était la joie de sentir qu'il avait raison vis-à-vis de ceux qui parfois le raillaient de son entêtement dans les idées du passé, dans les croyances des anciens.

Il avait un petit frisson de plaisir, en se rappelant que c'étaient surtout les jeunes qui le narguaient, rendus plus sceptiques par les années passées au service; il allait pouvoir leur faire la leçon et leur montrer le danger qu'il pouvait y avoir à ne plus croire comme croyaient ceux d'autrefois.

Quand Trémor, qu'il rencontra dans le premier débit de boisson où il entra, eut connaissance de la nouvelle, il s'exclama, surpris :

« La fille à Anne Gadouna, t'es certain?

— Elle me l'a avoué elle-même.

— Oh! diable!... En voilà une mauvaise aventure pour le Pierrik!... »

Jusqu'à ce moment, tout à sa découverte, Lagadec n'avait pas pensé à ce dernier; il eut un sursaut, fit un geste de terreur :

« Misère du ciel, c'est vrai!... Le Danielou, qu'est-ce qu'il va bien dire, lorsqu'il saura?... Heureusement qu'il est en mer, à c't'heure ! »

Ils étaient là tous deux, lèvres plissées, faces muettes, hochant la tête d'un même mouvement pensif, réfléchissant qu'aucun n'oserait jamais aller informer le malheureux garçon de ce qu'ils venaient d'apprendre.

Et, assis en face l'un de l'autre, ils s'étaient mis à boire pour s'étourdir, pour oublier, continuant à échanger leurs confidences d'une voix de plus en plus empâtée, avec des sursauts, des éclats de gosier fouettés par l'alcool.

Assis en face l'un de l'autre, ils s'étaient
mis à boire.

Avant la fin de la soirée, grâce à l'ivresse des deux amis, ivresse roulée de débit en débit, tout le long du quai, leur secret s'était déjà répandu dans une partie du pays, et, si les pêcheurs n'y attachaient qu'une importance relative, les femmes, plus faciles à troubler, avec l'instinctive rancune intérieure qu'elles conservaient contre l'étrangère venue à Camaret, déclaraient nettement :

« C'est elle qui a empoisonné le pays !... C'est la fille à Catouche !... »

VI

Dans le premier moment, après avoir arraché Marine à cette foule furieuse, Pierrik Danielou, forcé de s'occuper à débarquer sa pêche, encore sous la secousse d'âme causée par cette terrible scène, n'avait pu se trouver seul avec la jeune fille et obtenir l'explication de ce qui s'était passé.

Il s'était donc contenté de la confier à Angélique Brézellec, à Yan Cosquer et au vicaire, qui, eux, se chargeaient de la protéger et de la reconduire chez elle, où elle serait en sûreté. Plus tard, sa besogne terminée, sa barque nettoyée et ramenée à son corps-mort au milieu du port, il s'empresserait d'aller la rejoindre et aurait tout le loisir de connaître l'aventure.

Du reste, la tourmente semblait définitivement apaisée, et à part quelques criailleries encore aigres et violentes çà et là, surtout dans des groupes de vieilles femmes, les pêcheurs étaient paisiblement retournés à leurs affaires, la plupart haussant les épaules et souriant de la futilité de la cause de cette grosse émotion, les autres indifférents.

La nuit tombée, comme il s'acheminait vers sa maison, il se trouva subitement, au pied du Beg-ar-Gac, en présence de Lagadec et de Trémor arrivant en sens contraire.

Ceux-ci eurent un mouvement vague pour l'éviter, pour passer rapidement, en le saluant d'un bonsoir assez bref.

Pierrik ne paraissait d'abord pas disposé à les arrêter, quand il se ravisa, se souvenant d'avoir reconnu la voix de Lagadec parmi les hurlements de femmes, qui dominaient surtout, dans les injures adressées à Marine.

Il alla droit à lui, plutôt ému et triste que colère, et questionna résolument :

« Lagadec, qu'est-ce que tu criais donc si fort, ce tantôt que j'étais près de Marine ? »

Celui-ci, qui avait déjà avalé à plusieurs débits, avec son camarade Trémor, un certain nombre de verres d'alcool, comme il en avait pris l'habitude depuis l'épidémie, lui si sobre et si raisonnable en d'autres temps, eut un peu d'hésitation, balbutiant :

« Pourquoi que tu veux savoir, Danielou ? »

Et Trémor, prévoyant des choses pénibles, hoqueta, roulant déjà d'ivresse attendrie :

« De la peine que ça te ferait, des fois!... Et nous t'aimons, vois-tu, Pierrik!... T'es toujours notre petit gars..., notre mousse, quoi!... Alors, quand on aime les amis, on... »

Le jeune homme, impatienté, fit :

« J'ai besoin de savoir, parce que Marine est ma fiancée, parce qu'elle sera ma femme bientôt. »

Lagadec recula, les prunelles rondes, les lèvres hésitantes :

« Ta fiancée, que tu dis?... Ta femme?... Ce serait donc vrai? »

Danielou affirma :

« Tout le monde le sait, je ne m'en suis jamais caché; ainsi... »

Yves se cala sur ses deux jambes, une main balancée devant lui à hauteur du visage, comme pour mieux rassembler ses esprits :

« J'ai dit,... j'ai dit comme ça... Écoute bien, mon fi, écoute-moi... Il s'agit de ta perdition éternelle... C'est la fille à Catouche!... Alors, tu comprends bien, n'est-ce pas?... »

Pierrik lui avait planté sa main sur l'épaule, comme une gaffe mordant un rocher :

« A Catouche !... A quelle Catouche?... réponds vite!... »

L'ivrogne s'étonna :

« Il n'y en a qu'une, oh! diable!... La Catouche de l'île de Sein!... celle qui a été cause que ton pauvre père... »

Il ne put achever, bousculé si rudement qu'il faillit tomber à la renverse, tandis que le jeune homme s'écriait :

Il ne put achever, bousculé si rudement qu'il faillit tomber à la renverse.

« La vérité!... La vérité vraie, que je te demande, ou bien... »

Son poing se levait, formidable, comme s'il eût espéré renfoncer dans la gorge de Lagadec les paroles désespérantes.

Mais Trémor intervint, pas plus solide sur ses jambes, de plus en plus larmoyant :

« Sur la Bonne-Dame du Roc, Pierrik, c'est du vrai qu'on te dit à c't'heure, du plein vrai, tu peux croire. C'est des amis qui te causent, des bons amis de ton enfance, que t'étais mousse avec eux, qu'ils aimaient ton père, qu'ils t'aiment, et que la vérité, c'est... »

Yves, remis de la secousse, expliquait à son tour :

« La fille à Anne Gadouna pourtant, ça ne peut être que la fille à Catouche, vu que Anne Gadouna, eh bien! c'était la Catouche... Tous les anciens te le diront, mon fi... Oh! pas à l'île de Sein... Ils ne veulent plus avouer, les îliens d'à présent; ils ne croient plus, eux! Ils n'aiment pas à causer de ces choses... Mais je suis un îlien d'autrefois, moi, du bon temps où on avait les croyances, comme Trémor est un capiste des mêmes époques, ce qui fait que nous savons, nous, et qu'on ne peut pas dire le contraire. »

Hervé pleura :

« Du moment que c'est Marine Gadouna, voyons, mon fi... Tu vois bien que Lagadec, qu'est un brave homme, a raison... C'est pas parce qu'on a aujourd'hui un peu de vent dans les voiles, qu'on dirait des mensonges... La *goutte*, c'est fameux contre le mal!.. Eh bien! c'est la fille à Catouche, voilà... »

Danielou porta ses poings crispés à ses yeux, qu'un brasier brûlait :

« Marine Gadouna!... Marine Gadouna!... Oh! mon Dieu!... »

Laissant là, sans plus s'en occuper, les deux compagnons qui s'arrêtèrent interdits, vacillants à la même place, il s'éloigna à grandes enjambées dans la direction de Pen-hat, s'exclamant :

« Mon père!... mon père!... La fille à Catouche, est-ce possible ? »

Trémor se rapprocha de son ami, la bouche en lippe pleurnicheuse, les yeux rouges, faisant :

« Du chagrin qu'il a tout de même, le pauvre petit gars!... »

Yves haussa les épaules, décidant :

« Pas possible qu'il l'épouse, pas vrai, celle qu'est cause de la mort de son père?

— C'est-y malheureux! soupira Hervé. Quand on pense que c'est juste celle-là qu'il a été choisir, lorsqu'il y en a tant d'autres du pays qu'auraient eu plaisir à devenir sa femme, au Pierrik! »

L'autre, à travers sa demi-ivresse, n'oubliant pas ses griefs d'autrefois, raisonna :

« Oui, mais c'est un Danielou, tu sais, un Danielou!... Alors il n'est point son maître, il obéit à des choses qu'on ne sait pas... Un Danielou!... »

Le capiste baissa la tête, forcé de s'incliner devant cet argument irrésistible pour lui, et avoua :

« C'est vrai, il n'y a qu'un Danielou pour aller aimer une fille qui a des fréquentations de corbeaux, quand les corbeaux, on connaît que c'est signe de mort!... Enfin, pas moins que c'est dommage et qu'il va falloir pas mal de *gouttes* pour que je ne me fasse point trop de peine au sujet de notre pauvre mousse. »

Tous deux titubant, se soutenant d'un bras incertain, gagnèrent l'un des débits les plus voisins pour achever d'éteindre en eux tout souvenir de cette scène, toute tristesse, toute crainte, tout remords.

Là-bas, sur la route escarpée qui gravit la côte montant à travers la lande vers le sémaphore de Pen-hat, Pierrik Danielou s'en allait, en pleines ténèbres, si bouleversé, si faible, que ses pieds trop lourds buttaient à chaque pas contre les cailloux du chemin, que tout son corps flageolait et qu'il semblait un être privé de raison ou assommé d'alcool, tellement ses gestes étaient désordonnés, tellement sa marche était hésitante et incertaine.

Ainsi c'était vrai, Marine, cette Marine qu'il adorait, qui le possédait tout entier, et sans laquelle, maintenant qu'il l'avait retrouvée, l'existence ne lui paraissait plus supportable, était la fille de celle que la clameur publique accusait d'avoir fait périr son père!

Après les révélations de Lagadec et de Trémor, il ne pouvait plus y avoir pour lui, à ce sujet, de doute possible.

En même temps ses propres souvenirs corroboraient exactement non seulement les paroles des deux pêcheurs, mais les soupçons de mauvais sort, d'influence néfaste qu'ils avaient, et dont, en dépit du scepticisme acquis dans ses voyages, en dépit de la raison peu à peu entrée dans son cerveau, Danielou lui-même ne pouvait parfois se défendre.

Il revoyait Marine, telle qu'elle lui était apparue la première fois, subitement, près de lui, sans qu'il pût se rendre compte du chemin par lequel elle avait pu venir; telle qu'il l'avait vue, la dernière fois, toute seule en barque, se fondant dans la brume de l'Atlantique; telle qu'il l'avait retrouvée, la nuit, près de Kerloc'h au milieu d'un cercle de foyers, étrangement disposés autour d'elle; ou bien encore, dans la grotte de la fontaine Rouge, enveloppée d'un vol tournoyant de corbeaux à pattes et à bec rouges.

Tout cela était-il naturel? Tout cela n'impliquait-il pas des relations suspectes entre elle et les choses invisibles, les choses que l'on ne peut expliquer?

Le mot redoutable, le mot que sous une impulsion secrète il avait peint sur son bateau, le hantait, flambait devant ses yeux, résonnait dans le silence de la nuit; il l'entendait, il le répétait :

« Sorcière!... »

Pourquoi sa mère, cette Catouche redoutée des pêcheurs, n'eût-elle pas eu réellement cette influence néfaste, ce pouvoir meurtrier, qui peut-être allait se révéler quelque jour chez sa fille? Pourquoi ne serait-ce pas la vérité, l'accusation portée contre elle autrefois?

Puis il essayait de lutter contre cet envahissement des ténèbres dans son cerveau, se la représentant, sa chère Marine, telle qu'il la voyait depuis quelques mois, dévouée, bonne, entourant de tant de soins, d'affection, la vieille Angélique Brézellec, que la pauvre femme ne pouvait plus se passer d'elle.

Il chassait énergiquement les fantômes qui l'assiégeaient, essayant de se moquer de lui-même, combattant l'hallucination malsaine, en activant sa marche au hasard à travers la nuit.

Subitement il se trouva à l'extrême limite de la falaise du Toulinguet, près du phare, où il était arrivé sans le savoir, sans s'apercevoir du chemin parcouru, ayant dépassé le sémaphore, descendu dans les dunes et machinalement gravi le rude chemin qui mène au-dessus des grottes.

Il faisait si noir, sous ce ciel sans lune, sans étoiles, qu'il était impossible de rien distinguer, et qu'il avait fallu, brusquement devant lui, la sensation devinée de l'immensité, avec le grand souffle accouru du large, pour qu'il s'arrêtât à la limite même de l'abîme. Quelques pas de plus, il s'engloutissait dans la mer ou se brisait sur les roches à fleur d'eau.

Écrasé de douleur, se demandant s'il n'eût pas mieux valu pour lui marcher encore, s'avancer et se perdre pour toujours dans l'Océan, il se laissa tomber sur un des blocs de la pointe la plus proéminente.

Au-dessous de lui, dans les grottes, le tapage du flot montant grondait formidable, tandis que le vent, accru, lui jetait au visage de légers flocons d'écume balayés par la rafale et ramassés à la cime des énormes lames, qui se succédaient sans cesse pour se briser furieusement sur les murailles d'inébranlable quartzite.

Au loin les phares brillaient, étoiles immobiles et fixes, étoiles scintillantes, dont les rayons s'élançaient des profondeurs de la nuit.

Soudain, au moment où il se sentait perdu dans un tel gouffre de désespoir, que de nouveau la pensée du suicide s'insinuait en lui, comme la seule manière de trouver l'éternel oubli et de se soustraire à la torture qu'il endurait, il lui sembla que, venu de l'horizon, un de ces rayons pénétrait sa nuit, arrivait jusqu'à son cœur.

Il leva la tête, s'orienta quelques instants et murmura :

« Le phare de l'île de Sein ! »

Ce fut comme une lueur s'étalant, éclairant les replis de sa pensée. Il se rappela cette vieille femme si âgée, qu'il avait vue priant dans le cimetière de l'île.

Pourquoi ne retournerait-il pas là-bas, à Sein, et ne s'informerait-il pas, sérieusement cette fois, de ce qu'avait été Anne Gadouna durant sa vie, de ce qu'on savait, de ce qu'on disait d'elle?

Lagadec lui avait bien assuré que les îliens d'aujourd'hui n'avoueraient rien sur la Catouche; cela ne le découragea pas.

Il lui semblait que s'il pouvait retrouver la vieille femme qui l'avait déjà renseigné, et à laquelle il n'avait demandé que des choses assez vagues, puisqu'il ignorait alors que Anne Gadouna fût cette même Catouche du *Bateau-des-Sorcières,* elle lui apprendrait du nouveau.

Elle était du vieux temps, de l'époque des croyances, celle-là; il saurait mieux et plus habilement la questionner.

Peut-être aussi quelqu'un des habitants de l'île, quelque ancien avait-il connu son père à lui, avait-il gardé souvenir de ce naufrage de la *Reine-des-Anges,* si vieux qu'il fût? Ce qu'on n'avait dit à personne, peut-être par indifférence, peut-être parce que personne non plus n'avait demandé à le savoir, on le raconterait sans doute au fils, à Pierrik Danielou?

Il se redressa, un peu réconforté par les espoirs nouveaux qui venaient de se succéder dans son esprit, et d'un pas plus solide, d'une allure plus décidée, après un dernier regard à ce rayon bienfaisant qui avait éclairé son cerveau et réchauffé son cœur, il regagna Camaret.

« Demande à Catouche elle-même ! »

C'est ce que lui disaient autrefois, d'un ton narquois, ces deux mêmes pêcheurs, qui venaient de lui causer une telle douleur, en faisant remonter devant lui le souvenir de cette abhorrée Catouche de son enfance, le souvenir de ce *Bateau-des-Sorcières,* chargé de tant de crimes, cause de tant de deuils !

Ç'avait été l'obsédante idée de ses premières années.

S'il ne l'avait jamais mise à exécution, c'est que les circonstances s'y étaient toujours opposées ; c'est que, ou l'occasion ne s'en était pas présentée, ou lui-même n'avait pas osé, par crainte de se faire moquer de lui, par crainte aussi de subir le sort de son père.

Cette fois, rien ne l'empêcherait plus de réaliser son dessein ; terreurs morales ou peurs physiques, il était résolu à tout braver pour arriver à ses fins : ce qu'il n'avait pu savoir de Catouche vivante, il l'arracherait à Catouche morte, à sa tombe.

Dans le premier mouvement il avait eu l'intention de courir chez Angélique Brézellec, d'aller trouver Marine.

Maintenant qu'il se rapprochait du port, il sentait les doutes, les hésitations l'envahir avec une violence dont il ne pouvait se défendre.

Que dirait-il à la jeune fille ? Comment parler de ce qui s'était passé ? Comment surtout lui avouer de quels soupçons, de quels doutes affreux son âme était ravagée ? Si ses suppositions étaient injustes, ne serait-il pas désolé de l'avoir cruellement blessée en les lui communiquant, en lui montrant sa faiblesse, son manque de confiance en elle, et ne l'éloignerait-il pas à jamais de lui ?

Si, par malheur, elles étaient confirmées par quelque terrible aveu venu de l'île même, si Anne Gadouna était bien réellement Catouche, et si Catouche était cause de la triste fin de son père, il valait mieux qu'elle ne le sût jamais ; il ne se reconnaissait pas le droit de faire retomber sur elle, une innocente enfant, la responsabilité de ce meurtre.

Seulement, dans ce dernier cas, lui, disparaîtrait, ou bien il partirait bien loin, sans jamais chercher à la revoir, ou encore, un jour de grosse mer, il s'en irait tout seul, au large, sur sa *Sorcière*, rejoindre son père.

Cela décidé, il sentit un grand calme tomber sur son cœur, en

La nuit les prit,
les enveloppant de ses voiles de deuil.

apaiser les sauts tumultueux et une force singulière raidir ses muscles.

Sans prévenir personne, sans faire d'adieux, sans surtout s'approcher de la maison où reposaient Angélique Brézellec et Marine

Gadouna, il alla chercher, un par un, les hommes de son équipage et les emmena, prétextant le désir de se soustraire à l'interdit imposé au port et d'aller à la pêche.

Lorsque tous eurent rallié le bord, il fit lever l'ancre, hisser les voiles, en pleines ténèbres, commandant :

« Démarre !... »

La nuit les prit, les enveloppant de ses voiles de deuil.

VII

« Possible que ce soit la grosse fatigue de son travail et puis cette chaleur que nous avons eue toute la nuit, qui l'ait empêché de venir à la maison ! » fit Angélique Brézellec, lorsque, dès la première heure du matin, elle arriva avec Marine Gadouna sur le Beg-ar-Gac, en vue de la demeure de Pierrik Danielou.

« Vous pensez, tante Angélique ? » murmura la jeune fille d'une voix si lasse, si changée, que la veuve l'examina un moment avec inquiétude avant de répondre.

Du découragement, de la douleur, une crainte frémissante de ce qu'allait lui révéler le jour naissant, se lisaient clairement dans la pâleur de son visage, dans la meurtrissure de ses paupières, dans l'eau troublée de ses yeux si brillants d'habitude.

Certainement elle avait passé sa nuit à pleurer.

Sa compagne, qui distinguait mieux sa physionomie, maintenant que l'aube blémissait le ciel, que, derrière la haute falaise de Roscanvel et les lignes de Quelern, une sorte de vapeur rose annonçait le prochain lever du soleil, joignit les mains, stupéfaite de ce bouleversement qu'elle n'avait pas encore remarqué :

« Mais, toute malade que tu parais, ma fille !... Que t'arrive-t-il ? C'est-il que tu souffres encore de ce qu'on a osé te dire hier, ou que tu as crainte qu'on ne recommence ?... N'aie pas peur, nous sommes avec toi, tu sais bien, et tonton Yan Cosquer, et M. le vicaire, et notre Pierrik, si brave, si fort !... Va, à lui seul, celui-là, il saurait bien te protéger, quand tout Camaret s'y mettrait !... »

Avec un bon sourire de confiance, elle indiquait de la tête la maisonnette du Lannic, à quelques pas du Beg-ar-Gac.

Marine dit faiblement, essayant de sourire :

« Pierrik ?... »

Puis, presque défaillante :

« Tout est fermé chez lui ; il n'est pas là ! »

Angélique eut une moue d'étonnement :

« Eh bien ! quand même !... Tu ne les connais donc point encore, nos pêcheurs de par ici, que tu t'étonnes de cela ? Lorsqu'il fait chaud comme cette nuit, ils aiment bien mieux rester dehors, coucher dans leur barque en plein air, plutôt que de s'enfermer entre les quatre murs où on ne peut respirer. Ils ont besoin du grand air, vois-tu, surtout en revenant de passer quelques jours en mer. Et Pierrik plus que les autres ! Celui-là, il l'aime tant, son bateau, qu'il y vivrait quasiment jour et nuit, sans jamais le quitter. Oh ! l'amour de l'Océan, c'est dans leur sang à ces Danielou ; ça leur a coûté assez cher, aussi !... »

Elle essaya de plaisanter, pour égayer sa compagne :

« Faut croire qu'il a encore besoin d'être bercé pour dormir, le grand enfant ! Ah ! ah !... Allons, viens à sa rencontre ; je parie que nous allons le trouver à moitié chemin, et qu'il va être tout pris de voir que c'est nous les premières debout, ce matin. »

Maintenant elles atteignaient le bord de la falaise, d'où l'on découvrait tout le port, avec ses barques endormies, balancées par le flot.

Sachant où se trouvait le corps-mort de la barque de Danielou, elles essayèrent de la reconnaître au milieu de cette flottille serrée, dont les mâts se confondaient presque, formant comme un mouvant champ de lances énormes qui hérissaient la mer.

Sur le miroitement dansant des vaguelettes commençant à refléter les premières teintes rosées du ciel dans le vert tendre des eaux, les coques sombres s'alignaient, serrées les unes contre les autres, difficiles à démêler pour un œil peu exercé.

Cependant la veuve, après une minute d'attention, avait acquis la certitude que la barque qu'elle cherchait ne se trouvait pas à son poste. Une ride mince creusa son front, entre les sourcils joints, ramassés par un léger commencement d'inquiétude.

Ses prunelles couraient d'une embarcation à une autre.

Elle murmura, pas assez haut pour que la jeune fille pût l'entendre :

« Pas dans ses habitudes, pourtant, d'aller s'amarrer ailleurs !... Où donc qu'il serait parti hier soir ? »

Ses prunelles couraient d'une embarcation à une autre, visitant tous les points d'attache, glissant du côté de l'usine du Styvel, fouillant les côtes, sans rien découvrir.

Elle expliqua sa déconvenue :

« Mes yeux vieillissent, que je crois ! »

Mais Marine, de son côté, avait vainement cherché, avec l'intuition que lui donnait la secrète angoisse dont son cœur était serré, et sa voix se brisa en une phrase sanglotante :

« Non, tante Angélique ; vos yeux voient bien. Ils voient comme les miens... Pierrik n'est plus là... Il est parti, parti pour toujours !... »

Elle ne pouvait plus contenir ses larmes, tordant ses mains d'un geste machinal et fébrile qui les nouait devant elle.

Angélique Brézellec bougonna d'un ton fâché :

« C'est impossible !... Tiens ! regarde plutôt ; tous les autres sont là, et assez malheureux de cette défense qui leur est faite d'aller en mer. Pierrik doit être comme eux, avec eux... Il n'a pas le droit de partir, quand il y a ordre de rester... Parti, lui, Pierrik ! Eh bien ! et nous alors ?... »

Elle montrait sur le quai, sur les galets, sur la falaise même, des groupes de pêcheurs, semés çà et là, bras croisés, silencieux ou bavards, gesticulants, furieux de se voir forcés de rester à terre par ce beau temps, quand il n'y avait plus de pain à la maison, que la misère s'aggravait chaque jour davantage chez eux, et que le poisson passait, tout près, narguant leurs filets inactifs.

Là non plus Danielou ne se trouvait pas, ni aucun des hommes de son équipage, et justement quelqu'un venait d'en faire la remarque, car une phrase de réponse monta jusqu'aux deux femmes, expliquant :

« En plein milieu de la nuit qu'il a dû lever l'ancre... »

Un autre ajoutait :

« Il ne fait jamais rien comme les autres, qu'on peut dire. Aller en mer, au large, quand c'est sur l'eau qu'on attrape le mal, en voilà une idée ! »

Une voix enrouée d'ivrogne balbutia :

« Oh ! diable !... Vous savez..., vous savez... C'est Danielou qu'il se nomme, et son bateau, c'est la *Sorcière !*... »

Marine se pencha pour mieux entendre, pour mieux voir, attirée malgré elle.

Reconnaissant celui qui venait de prononcer ces mots, elle se rejeta en arrière, la gorge serrée d'angoisse, une houle de désespoir soulevant ses traits :

« Lagadec !... Encore !... Oh ! c'est lui, c'est lui, bien sûr !... Il aura parlé... Il aura dit... Qu'a-t-il pu dire, inventer contre moi ?... »

Et, s'abandonnant entre les bras de la veuve, qui dut employer toutes ses forces pour l'empêcher de tomber à terre :

« Jamais, jamais je ne reverrai Pierrik !... Il a voulu me fuir !... Ce sont les paroles, les menaces d'hier !... Je lui fais horreur !... Oh !... oh !... Qu'ai-je donc fait ?... Pourquoi est-on après moi ?... »

Des mots confus sortaient de sa bouche, entrecoupés des hoquets d'une douleur si violente, si inconsolable, que tante Angélique ne savait plus comment faire et essayait vainement, de ses baisers, de son étreinte, d'étouffer l'exclamation désolée :

« Parti pour toujours !... Parti !... Il ne veut plus me voir, et je ne sais pas, moi !... Mon Dieu ! mon Dieu !... Oh ! Pierrik !... »

Ce fut avec beaucoup de peine que la pauvre vieille put arriver à emmener Marine, à lui faire quitter le Beg-ar-Gac, sur lequel elle voulait rester, pour se convaincre mieux encore de son malheur, risquant par ses cris, par ses plaintes, de rassembler autour d'elle tous ces désœuvrés, qui avaient déjà commencé à remarquer les deux femmes et à s'apercevoir de l'émotion dont elles semblaient agitées.

Il eût alors suffi de la moindre chose, peut-être d'un mot pris en mauvaise part, d'un reproche de la jeune fille à Lagadec, pour renouveler les scènes sauvages de la veille, et cette fois leur donner un dénouement tragique, d'autant plus que de nouveau le glas tintait dans le clocher et qu'on apprenait qu'il y avait eu quatre décès dans la nuit.

Il valait mieux ne pas réveiller la férocité latente dans les âmes épeurées, cette férocité qui, quelques jours auparavant, avait poussé les voisins du voiturier, mort du choléra, à précipiter son chien du haut du Grand-Gouin dans la mer, par peur de la contagion.

Toute la journée se passa pour les deux femmes dans ce morne désespoir, sans qu'elles songeassent, pour la première fois depuis le début de l'épidémie, à sortir pour aller soulager les victimes du fléau.

Rien ne semblait plus exister pour Marine, qui vivait d'une existence machinale, automatique, allant et venant sans voir, sans entendre, tressaillant seulement lorsque quelque bruit de pas s'approchait de la porte de leur maison.

Vers le soir, on heurta au volet; Marine, qui s'était levée d'un rapide élan pour aller ouvrir, retomba sur sa chaise, les jambes coupées, ne respirant plus, bégayant :

« Je ne... peux pas !... Si c'était... ? »

Elle comprimait à deux mains son cœur, dont les battements l'étouffaient.

Angélique, la porte ouverte, dut répondre, la voix sombre :

« Non, ce n'est pas lui ! »

C'était Yan Cosquer.

La jeune fille, qui l'aimait cependant beaucoup, le regarda à peine; il s'approcha d'elle, apitoyé, lui saisit les mains dans les siennes, et dit :

« Du courage, ma fille !... Pierrik reviendra. Ce n'est point un mauvais gars ; s'il est parti ainsi, sans prévenir, eh bien ! c'est que sans doute il avait affaire avant de revenir te voir. C'est un homme d'honneur, un homme sur lequel on peut compter, et je suis bien certain, moi... Il me disait encore récemment que tu étais sa fiancée, sa femme !... Ainsi, tu vois ?... »

Bien qu'ayant essayé de mettre dans son accent toute la conviction possible et de réconforter la malheureuse fille, il n'acheva pas. Au fond de lui-même, il n'espérait pas beaucoup, très surpris de ce coup de tête subit de Danielou, inquiet de ce qu'il savait de lui du passé, et craignant tout de ce cerveau ardent, passionné, qui pouvait si facilement devenir visionnaire.

Malgré ses premières préventions contre Marine, il s'était pris d'affection pour elle, d'abord à cause de Pierrik, maintenant à cause d'elle-même, et plus encore depuis l'attaque féroce dont elle avait failli être victime.

Mis au courant de la disparition de Danielou, de son mystérieux départ en barque, il avait voulu savoir exactement ce qui s'était passé ; ce fut en vain que, jugeant Lagadec et Trémor au courant de tout, il tenta de tirer d'eux la vérité.

Lagadec, encore hébété par l'ivresse, avouait assez facilement qu'il avait rencontré Pierrik Danielou, la veille au soir, et qu'ils avaient causé ; mais impossible de connaître le sujet de leur conversation. Lui et Trémor ne trouvaient que cette réponse, dont ils ne parvenaient pas à sortir :

« Le Pierrik et nous, on a causé en bons amis qu'on est... Voilà tout... On est amis, quoi !... On a été ensemble autrefois... ; alors on cause... »

Yan Cosquer, comprenant bien qu'il ne saurait rien, que les deux camarades ne se souvenaient certainement eux-mêmes de rien, avait résolu de venir voir la jeune fille et de lui apporter des paroles d'espoir.

Ne sachant pas ce qui pouvait arriver, il pensait que le principal était de gagner du temps, de calmer l'aigu de cette douleur, comptant se montrer ensuite assez persuasif pour ramener et convaincre Danielou, dès que celui-ci reviendrait. Le reverrait-il? Cela, il ne pouvait l'affirmer.

Quand il quitta les deux femmes, Marine paraissait un peu plus calme ; elle avait fini par répondre à ses questions, et même, pour la première fois depuis la veille, s'était de nouveau intéressée aux malades, à la marche de l'épidémie. Elle y avait même mis une ardeur plus grande encore que d'habitude, comme si elle eût agi sous le coup de fouet de quelque secrète et nouvelle idée.

Sa nuit fut assez paisible ; Angélique n'aurait pu assurer qu'elle avait parfaitement dormi, ayant elle-même succombé à une telle fatigue, qu'elle n'avait pas fait un mouvement de la nuit; mais, en tout cas, Marine ne s'était pas levée.

Dès le petit jour elles avaient couru au port, et, après avoir constaté que Danielou n'était pas revenu, la jeune fille alla se mettre à la disposition du médecin pour visiter les cholériques, leur porter des remèdes et les soigner.

Elle montra un tel zèle, que celui-ci voulut même la modérer, expliquant :

« Ne faites pas d'imprudences ; vous tomberiez malade vous aussi. »

Déjà le vicaire avait été obligé de s'aliter, à la suite d'une légère attaque du mal, dû à un excès de fatigue, et le médecin se sentait à bout de force.

Marine eut un sourire exalté :

« Ne craignez rien pour moi, je suis forte. J'irai jusqu'au bout. »

Et, plus bas :

« Pourquoi vivre maintenant ? »

Deux jours plus tard, après une journée accablante, où elle avait fait une longue tournée dans les petits hameaux voisins, Kermeur,

Pierrik s'écrasa sur le corps inerte de Marine.

Lagatjar, Kerbonn, Pen-Hir, en revenant d'ensevelir une femme, morte entre ses bras, et qu'elle n'avait pas voulu quitter, malgré tous les conseils de ceux qui se trouvaient avec elle, elle était atteinte à son tour, et son état devenait immédiatement si grave, que tout espoir paraissait perdu.

Dans les instants de connaissance qu'elle avait encore entre les crises, elle se penchait vers Angélique, qui se tenait baignée de larmes à son chevet, et questionnait :

« Est-il de retour ? »

Après la réponse, toujours négative, elle retombait dans une sorte d'épaisse torpeur, balbutiant parfois :

« Il me pleurera peut-être... Si malheureuse que j'aurai été !... Pourtant je ne lui avais rien fait de mal... »

Dans le pays, un revirement se faisait en faveur de la jeune fille ; celles-là même qui s'étaient montrées les plus acharnées après elle déclaraient :

« Une sainte, que c'est ! »

Et Angélique ajoutait, lamentable :

« Martyre !... »

Un matin, à la suite d'une nuit terrible, une nuit d'épouvante, où son cercueil avait même été apporté par le menuisier, elle ouvrit les yeux et se dressa à demi, disant :

« Écoutez, tante Angélique, écoutez !... »

Un bruit précipité, roulant, de lourds sabots, battait l'empierrement de la rue.

Brusquement la porte s'ouvrit, comme défoncée du poing ; un homme entra, haletant, vint s'abattre devant le lit, râlant :

« Marine !... Marine !... Ma femme !... »

La jeune fille jeta un cri de joie, d'amour :

« Pierrik !... Mon Pierrik !... »

Puis une expression de terrible souffrance envahit son visage, tandis qu'elle bégayait, des larmes plein les yeux :

« Pourquoi... si tard ?... Oh ! si tard, mon Dieu !... »

Elle défaillit complètement, s'abandonnant, renversée en arrière, livide :

« J'aurais... voulu... vivre... encore !... »

Avec un rugissement de désespoir, Pierrik Danielou s'écrasa sur le corps inerte de Marine.

VIII

« La barre... toute !... Le cap sur l'île de Sein ! »

Lorsque Pierrik Danielou, la pointe du Toulinguet dépassée, la pleine mer s'ouvrant largement devant lui, lança ce commandement inattendu à celui qui le remplaçait momentanément au gouvernail, tandis que lui-même, tout en aidant à la manœuvre des voiles, cherchait à reconnaître la passe, il y eut parmi les hommes de son équipage une légère rumeur et quelques instants d'hésitation.

Jusque-là ils n'avaient fait aucune observation, demandé aucun renseignement sur ce départ de nuit que rien n'avait annoncé et qui les emportait ainsi à l'aventure.

Satisfaits de la part de pêche qu'ils avaient touchée pour leur précédente sortie, alors que toutes les autres barques restaient peureusement au port et que Camaret criait la misère, ils s'étaient sentis alléchés par l'espoir du gain nouveau qui serait la certaine récompense de leur hardiesse.

Tous pensaient, du reste, à voir la direction prise, au delà du Grand-Gouin, qu'on allait vers le large, qu'on retournait du côté du banc de sardines, que seuls en ce moment les Douarnenéziens poursuivaient, l'exploitant à leur aise, sans la concurrence des Camaretois, et qui devait se trouver entre la Parquette et les Pierres-Noires.

L'ordre de changer de route les prenait en pleine confiance, en pleine sécurité. Le plus hardi, lâchant à demi son écoute, de surprise, répondit :

« L'île de Sein, que vous dites, patron ?... C'est donc plus la sardine à c't'heure ?... »

Ses compagnons attendaient, immobiles, ne manœuvrant plus, les mains laissant mollir les cordages; les voiles, abandonnées, fazillaient.

Sentant la résistance, Danielou releva la tête :

« On ira à la sardine au retour. »

Mais un autre, dévoilant la pensée secrète qui remuait au fond d'eux, grommela :

« Pourtant pas l'instant d'aller aux îles, rapport à ce mal qu'on en ramène. »

D'habitude ils ne faisaient jamais d'objections, n'ayant qu'à se louer de la manière dont Danielou agissait avec eux, plutôt en camarade, en matelot, qu'en maître, ne lésinant jamais sur les parts de pêche, les augmentant souvent à son détriment, sous prétexte que vivant tout seul, sans femme, sans enfants, et ayant ramassé quelques économies dans son service à l'État, il avait moins de besoins, moins de charges qu'eux.

Aussi fallait-il de graves raisons pour les émouvoir ainsi et les montrer, sinon rebelles aux ordres de leur patron, du moins hésitants, inquiets, avouant enfin leur secrète crainte de ce choléra, contre lequel il les avait crus plus courageux.

C'est que ce but, donné subitement à leur voyage, en plein milieu de la nuit, leur rappelait ces morts successives frappant, au début de l'épidémie, les équipages des bateaux revenant de Sein.

Si jusque-là ils avaient pu surmonter quelque répugnance à s'aventurer sur mer, à cause de ce que certains racontaient, assurant que la maladie flottait sur l'eau et se prenait ainsi, ils se sentaient absolument terrifiés à la perspective d'aller affronter le fléau, à sa source même, pour ainsi dire chez lui.

Cette fois, c'était trop audacieusement braver l'ennemi; on en serait puni. A cette pensée, leur bravoure peu solide faiblissait.

Pierrik comprit que s'il essayait de les raisonner, de vouloir les persuader, il n'y parviendrait pas, et que lui, si conciliant d'ordinaire, il devait, cette nuit-là, agir énergiquement pour dominer ces peurs.

Les voiles pendaient le long des mâts, la barque roulait bord sur bord, à la merci d'une traîtrise du vent ou d'une sournoiserie du courant.

Il déclara nettement, répétant son ordre :

« Le cap sur l'île, que j'ai dit!... »

Puis, se dirigeant rapidement sur le pêcheur qui avait lâché la barre, laissant le gouvernail en déroute :

« Allons, toi, à ton poste, et vivement, que je reprenne le mien! »

L'autre, n'osant résister ouvertement, céda sa place sans dire un mot, interdit.

Danielou, pesant sur la barre, tandis que les voiles prenaient le vent, donna à l'embarcation la direction voulue, la jetant juste à temps entre la Louve et l'énorme rocher du Guest, dans la passe, où elle s'engagea avec un tapage d'écume et d'embruns.

Un peu rassuré par la docilité de son équipage, qui obéissait, tête basse, mais sans nouveaux murmures, il ajouta :

« Je réponds de tout, les enfants!... Soyez sans crainte, il n'y a que les peureux qui attrapent le mal!... C'est un tour de promenade que nous faisons. Du reste, là-bas, vous resterez à bord, notre provision d'eau est suffisante pour qu'on n'ait pas besoin d'aller aux puits de l'île. Il n'y a que moi qui descendrai à terre, parce que j'ai affaire par là, et si je tombe malade, vous m'y laisserez, voilà!... »

La barque s'enfonça silencieusement dans les ténèbres, sans qu'aucune autre parole fût échangée entre le patron et ses hommes.

Peut-être ces derniers, quand on eut dépassé le Guest et que, en approchant des Tas-de-Pois, ils purent entendre assez distinctement derrière eux, un peu sur leur droite, le tintement triste de la *Vandrée*, apporté par le vent, songèrent-ils au glas de l'église de Camaret et durent-ils réprimer un secret frisson ; mais nul ne l'avoua, nul ne le dit aux autres, et ils allèrent, muets, résignés, à travers la nuit, comme s'ils allaient au tombeau.

A cause du vent qui avait changé et des nombreux bords qu'il fallut tirer, en évitant les courants ou en s'aidant d'eux, ils n'arrivèrent en vue de l'île de Sein que vers le matin.

Mais, au moment où ils se dirigeaient enfin vers le port, qu'une dernière bordée allait leur permettre d'atteindre, un canot de la douane vint à leur rencontre et leur intima l'ordre de reprendre le large.

Vainement Danielou insista, le douanier répondit :

« Il y a défense aux barques de Camaret, de Brest, de Molènes et des îles d'aborder à Sein !... Vous êtes de Camaret ?... Alors, au large !... »

Si les hommes de son équipage ne se montraient pas autrement fâchés de ce contretemps, Pierrik, lui, en paraissait désespéré.

Comme il ne pouvait enfreindre ouvertement la quarantaine qu'on lui faisait subir, il renonça à forcer l'entrée du port et se résigna à attendre, courant des bordées en vue de l'île, espérant, ou bien qu'on finirait par lui permettre de descendre à terre, ou bien qu'il trouverait un moyen détourné d'éluder cette défense.

Ce ne fut qu'à la tombée de la nuit que, ayant rencontré un patron de Douarnenez, de ses amis, il put, en passant à son bord, se faire transporter à l'île et prendre pied à terre, pendant que son bateau, la *Sorcière*, continuait de croiser en vue, à une certaine distance, s'occupant à pêcher en l'attendant.

Toute la nuit encore, il dut rester avec les Douarnenéziens, comme s'il eût fait partie de leur équipage, pour ne pas éveiller les soupçons chez les îliens, dont fort peu heureusement le connaissaient.

Il put s'assurer ainsi, du reste, que le fléau qui ravageait Camaret et tout le nord-ouest du Finistère avait épargné l'île de Sein, et que c'était bien à tort que les Camaretois soupçonnaient le choléra de venir de là.

Le lendemain, il fit quelques discrètes et prudentes tentatives pour retrouver ceux des habitants qui pouvaient avoir gardé souvenir d'Yves Gadouna.

Le premier vieillard qu'il interrogea chercha un certain temps au fond de sa mémoire avant de dire :

« Yves Gadouna, que c'était !... Oui... oui... J'ai eu connaissance de celui que vous dites ; mais c'est du si vieux, que je ne sais plus trop comment il a fini...

Le premier vieillard qu'il interrogea chercha longtemps dans sa mémoire.

— Péri en mer, » répondit laconiquement Pierrik.

L'ancien ajouta :

« Possible que c'est, vu qu'il y en a bien peu de nous qui finissent dans leur lit, et même, notre île de Sein, c'est encore quasi la mer, tant elle est dans l'eau, de partout... Quand nous partons pour le grand voyage, que nous allons à notre cimetière, on pourrait aussi mettre sur nos tombes : « Péri en mer !... »

La réponse du vieillard, si elle n'avait rien appris de nouveau à Danielou sur ce qu'il désirait savoir, lui avait du moins donné l'idée de retourner à cet humble cimetière de Sein, dont les pierres, verdies par la mousse, constamment baignées par les embruns, semblent, en effet, quelque chaussée sous-marine que les grandes marées découvrent de temps en temps et que les tempêtes d'équinoxe recouvrent de leurs vagues géantes.

C'était là, à peu de distance de la tombe d'Anne Gadouna, qu'il avait rencontré cette vieille femme, avec laquelle il avait échangé quelques mots. Certainement elle devait être contemporaine de la mère de Marine; peut-être avait-elle connu la défunte et pourrait-elle lui donner les renseignements qu'il était venu chercher.

Il lui semblait que, avec une femme, il se sentirait moins gêné, moins troublé, et que dans ce lieu sacré, en présence de cette sépulture, il lui serait plus facile de savoir la vérité.

Ce jour-là, par un temps assez beau, sous un soleil brillant, le cimetière semblait presque gai, n'évoquait plus les pensées de naufrage, de désolation, qui serraient d'habitude le cœur des visiteurs; Pierrik le visita tombe par tombe, et termina par celle sous laquelle dormait Anne Gadouna.

Longtemps il resta courbé devant cette pierre, que ne couvrait aucune couronne, qui n'était visitée par personne. Il lut, relut les lettres du nom gravé dans le granit, à moitié disparu sous la mousse; l'énigme de ce nom, l'énigme de cette vie lui restèrent cachées. Nul autre pas que le sien ne troubla le lieu d'éternel repos.

Le jour suivant, le vent soufflait du sud-ouest, des menaces de tempête couvaient sous les vapeurs lointaines de l'Atlantique.

Aussi loin qu'il put regarder, Pierrik chercha vainement sa barque; sans doute elle avait trouvé un refuge dans quelque port de la côte, puisque celui de l'île lui était fermé. Il rencontra le patron du bateau de Douarnenez, qui l'informa que, en effet, la *Sorcière* avait gagné Morgat.

Rassuré de ce côté, tranquille sur le sort de ses hommes et de son bateau, il se rendit encore au cimetière.

Cette fois l'aspect était tout autre, et l'âpre désolation de l'île ressortait terrible, ce sol de misère prenant comme une face d'éternelle douleur sous ce ciel plombé, couvert de grands nuages échevelés par un vent furieux, qui augmentait de violence d'instant en instant, pendant que l'Océan soulevé semblait se ruer, victorieux, impossible à arrêter, à la conquête de l'île.

Les rafales, ramassant la cime extrême des vagues, les semaient en pluie d'écume sur les tombeaux.

Au milieu d'eux, Danielou restait debout, tout frissonnant d'une invincible horreur, lui qui avait cependant assisté à tant de sinistres, bravé tant d'orages, lutté avec tant de mers démontées ; il ne pouvait résister à l'ensemble tragique des impressions de toute sorte qui le bouleversaient à fond d'âme.

Il était si absorbé, qu'il eut presque un mouvement d'effroi en entendant, tout près de lui, ces mots prononcés par une voix tremblante et usée :

« C'est point souvent qu'elle a des visites, notre Anne Gadouna. »

Il faillit pousser un cri de surprise et de joie en reconnaissant la vieille femme qu'il avait vue, quand il était venu pour essayer de retrouver Marine, celle qu'il désirait tant voir.

Il questionna, tremblant :

« Vous ne me reconnaissez pas ? »

La vieille, ses yeux fondus d'âge et de larmes, l'examina un moment, en clignotant de ses paupières à mille plis, puis termina :

« Non, mon fi ! »

Et, toute soupirante, montrant le cimetière d'un geste de son bras desséché :

« J'ai plus de connaissances ici dessous que sur la terre, à c't'heure ! »

Pierrik se reprit d'espoir, en l'entendant parler ainsi. Après avoir essayé de lui rappeler qu'il l'avait déjà rencontrée quelque temps auparavant, qu'ils avaient causé ensemble, il demanda :

« C'est rapport à Anne Gadouna, que vous avez connue, qui a été de votre temps, que je suis ici. »

La vieille l'écoutait attentivement, remuant approbativement la tête, un pâle sourire courant en tremblotante lumière dans le fourmillement de ses rides, soudain mises en mouvement.

Comme si elle eût été attirée par un besoin de confidences, elle répondit :

« On était des amies, Jésus, oui ! il y a des années et des années !... Pauvre Anne Gadouna, tant de misères qu'elle a eues !... »

Danielou frémissait, impatient d'en venir à des paroles plus précises, à des questions plus nettes, plus serrées.

La première fois qu'il avait vu l'îlienne, elle avait été très brève de renseignements, comme défendue contre lui par une certaine défiance instinctive. Aujourd'hui elle lui parut tout autre, un peu en enfance ou sous l'influence de cette tempête abattue sur l'île, tourbillonnant autour d'eux et les enveloppant de son vertige.

Il osa murmurer, semblant se parler à lui-même :

« Catouche ! »

Elle fit un mouvement, le regarda quelques secondes d'une manière bizarre et avec une sorte d'ironie :

« Ah ! tu sais ce nom, mon fi ?... Un nom oublié maintenant, un nom qui lui a fait tant de mal, quand les méchants l'appelaient ainsi !... C'étaient des idées que certains avaient sur elle, parce qu'elle savait beaucoup de choses ; mais elle n'a jamais fait que du bien, aussi elle repose ici, en terre bénite, comme tous les braves gens !... »

Ces derniers mots pesèrent particulièrement sur le jeune homme. Etait-il supposable qu'on eût laissé inhumer une sorcière dans le même endroit sacré que les chrétiens ? Lui eût-on donné les secours de l'Église, le repos parmi les fidèles ? Il n'y avait pas jusqu'alors songé, et cela lui sembla la réponse la plus catégorique à faire à ceux qui, comme Lagadec, Trémor, accusaient la malheureuse créature de maléfices.

Dévoré à présent d'un besoin de justice, d'une soif de réhabilitation pour celle qui avait été si accusée, si condamnée, il dit tout haut :

« C'était une brave femme, n'est-ce pas ?

— La meilleure des créatures, tu peux m'en croire, mon fi ! Nous ne nous quittions quasi pas, du matin au soir, toujours à travailler ensemble ; seulement la mort de son Yves, péri en mer, lui avait un peu troublé la raison, car elle répétait des choses que je ne comprenais point toujours. Elle était parfois comme une *affligée !* »

Un espoir grandit dans le cœur de celui qui la questionnait. Peut-être, si elles étaient si liées, avait-elle eu connaissance de ce que cette Anne Gadouna avait pu dire à son père à lui et le lui apprendrait-elle si elle en avait entendu parler ; peut-être se souvenait-elle de ce naufrage de la *Reine-des-Anges?*

Il saisit l'une des mains de son interlocutrice, suppliant :

« Dites-moi, par pitié, n'avez-vous point connu autrefois, il y a plus de vingt ans, un bateau de Camaret, perdu en quittant l'île ?... la *Reine-des-Anges,* montée par le patron Danielou ? »

Une émotion colora le visage tanné de l'îlienne, tandis qu'elle montrait les nuées sombres, la mer blanche d'écume ; elle semblait quelque prophétesse inspirée, soudainement grandie, les bras tout droits en l'air, et les phrases jaillirent tumultueuses de ses lèvres :

« Le temps d'aujourd'hui que c'était... Toute la mer démontée !... Des hurlements à Tévennec ! Des hurlements à la Vieille ! Des hurlements à Ar-Gador ! Des hurlements au Pont-des-Chats !

Des hurlements à la Tête-du-Chat !... Une ceinture de mort tout autour !... Pas une barque dehors !... »

Une flamme traversa ses yeux, quand elle poursuivit, semblant voir réellement comme elle avait vu, une vingtaine d'années auparavant :

« Si,... en voilà une !... Une seule, partant malgré l'avis de nos anciens, malgré Anne Gadouna, qui se tenait près de moi, et si affolée de tant d'imprudence !... Je l'entends ; elle criait plus fort que tous : « Danielou !... « Danielou, ne pars pas !... « Tu n'iras pas jusqu'à Ca- « maret, Danielou ! »

— Elle a dit cela ? Elle le connaissait donc ? » murmura le jeune homme, troublé profondément.

La vieille femme se calmait un peu, suivant ses souvenirs avec ordre, prenant plaisir à conter :

Danielou tomba à deux genoux sur la pierre recouvrant Anne Gadouna.

« C'était un ami à son pauvre défunt, à Yves Gadouna, et, comme elle était un peu à déraisonner quand une émotion la remuait, comme je vous ai dit, il lui semblait sans doute que c'était son mari qui partait à la mort. Elle espérait que, s'il n'écoutait pas les autres, il l'écouterait, elle !... Et alors elle mêlait les noms, parce que, depuis la perte de son Yves, elle voyait souvent le Danielou, pour causer du mort avec lui... Ils étaient toujours en conversation, elle

Danielou était seul au milieu des tombes.

et lui, chaque fois que Danielou venait à terre ; même on prétendait qu'elle lui avait confié un secret, un secret de fortune qu'elle tenait de son homme, qui l'aurait eu des Anglais, avec lesquels il faisait commerce de langoustes et de homards !... »

Pierrik redoubla d'attention, demandant en voyant qu'elle semblait s'interrompre :

« Un secret ? »

Elle reprit :

« Oui, mon fi, un secret de trésor !... Ça faisait rire les uns, parce qu'on savait bien que sa tête était restée malade de son deuil, et qu'il ne fallait pas trop chercher au fond ce qu'elle disait ; mais il s'en trouvait qui avaient crainte d'elle, l'appelant à cause de cela la Catouche, et la soupçonnant d'une vie de nuit, sur la mer, dans la tempête, d'une existence en dehors de nous !... »

La vieille s'apitoya :

« Jésus ! C'était pourtant une sainte femme du Seigneur, qui a bien souffert !... Qu'elle repose en paix, comme elle le mérite !... Si c'est pour prier sur elle que tu es venu, mon fi, c'est que tu es un brave homme !... »

Pierrik déclara, bouleversé d'émotion :

« Je suis le fils du patron Danielou.

— De celui qu'elle a voulu essayer d'empêcher d'aller à la mort ?... Alors tu fais ton devoir en priant pour elle... »

La vieille, levant le bras droit avec une sorte de solennité religieuse, l'abaissa au-dessus de la tête du jeune homme.

L'obsession de son enfance, de sa vie entière, était donc enfin satisfaite ; il avait retrouvé Catouche, il pouvait lui parler, non pas vivante, mais morte, et, interrogée par lui, elle avait répondu.

Tombé à deux genoux sur la pierre recouvrant Anne Gadouna, Pierrik Danielou, le front dans ses mains, les yeux gonflés de larmes, se sentait le cœur serré de remords, en songeant à tout ce qu'il avait pu croire au sujet de cette malheureuse femme, qui, si elle n'avait pas sauvé son père, avait du moins tenté de faire pour cela ce qui était en son pouvoir. Et c'était elle que tant de Camaretois avaient accablée de leurs malédictions, elle qu'ils avaient accusée de sa mort, elle qu'on lui avait appris à maudire !

Autour de lui la tempête redoublait, le vent soufflant avec une croissante fureur, et la grande voix de l'Atlantique couvrant tous les autres bruits de ses formidables mugissements de chaudière en ébullition.

Il lui semblait voir, au milieu des vagues, dans les tourbillons d'écume, la *Reine-des-Anges*, telle qu'elle avait dû être, au moment terrible de l'engloutissement, et il restait dans sa vision lugubre, devant cette sombre lame de granit verdissant, écrasé par les souvenirs, si troublé, qu'il en avait oublié et l'endroit où il se trouvait et les raisons qui l'y avaient conduit.

Quand il revint à lui, comme évadé d'un épouvantable cauchemar, il était seul au milieu des tombes, et la nuit venait.

Il se releva, encore tout chancelant, brisé par les révélations que lui avait faites la vieille amie d'Anne Gadouna, et n'ayant plus qu'une hâte, regagner Camaret, qu'un désir, revoir Marine.

Il lui fallut attendre encore que la mer fût devenue plus maniable, pour que la barque de Douarnenez pût aller le débarquer au plus près, sur la plage du Veryhac'h, au bas du sémaphore de Pen-Hir.

Ce fut de là qu'il gagna à pied, par la route, Camaret, et qu'il arriva pour trouver sa fiancée atteinte de la maladie, mourante.

IX

Dans Camaret, depuis que la maladie s'était abattue sur Marine Gadouna, plus aucun autre cas ne s'était déclaré. Quelques malades, gravement atteints avant elle, avaient succombé ; les autres se remettaient lentement, tandis que le médecin, le troisième qu'on eût dû faire venir pour remplacer ceux que de Brest on avait successivement envoyés, commençait à laisser entrevoir l'espoir que le pays serait bientôt délivré du terrible fléau.

Seule la situation de la jeune fille restait grave. Elle empira même si rapidement, que, le lendemain du retour de Pierrik Danielou, le docteur la considéra comme désespérée et que le vicaire lui apporta l'extrême-onction.

Après sa visite, le médecin venait de déclarer :

« Ce sera la dernière victime !... »

Il ajouta, un peu mélancolique, en s'adressant sur le quai à Yan Cosquer, qui se dirigeait vers sa barque, en compagnie de Lagadec, de Trémor, de Le Fur, de Jean-Marie Cosquer et du mousse :

« On peut dire que c'est son dévouement qui l'a tuée, celle-là !

— C'est-y donc la Marine que vous voulez dire, monsieur le major ? » questionna Trémor avec plus de curiosité que d'attendrissement.

Celui qu'il interrogeait répondit :

« Marine Gadouna, oui ! La pauvre fille est perdue, les extrémités se refroidissent ; c'est la fin. »

Lagadec bougonna tout bas des mots qu'on ne distinguait pas ; il haussa la voix, après une légère hésitation et un regard de connivence à son camarade, pour conclure :

« Tout de même, puisqu'elle a apporté le mal, elle le remportera en s'en allant avec lui, ce n'est que juste ! »

Mais, sans laisser au médecin le temps de relever ces mots, dont le sens ne lui paraissait pas très intelligible, Yan Cosquer, avec une révolte de tout le corps, une indignation subite, s'exclama :

« Lagadec, tu as grand tort de dire des paroles pareilles, quand tous maintenant nous savons bien que Marine Gadouna est innocente de tout ce qu'on a conté sur elle !... »

Il continua d'un ton de mélancolie :

« Je ne suis point l'ennemi des croyances de nos anciens, qui étaient gens de valeur et de bon jugement ; mais cependant il n'y a pas de mal à reconnaître son erreur quand on s'est trompé... Marine est venue chez nous, par terre, bien avant la maladie, et le mal est arrivé par mer ; ainsi, tu vois bien ?... »

L'autre grommela, entêté, se défendant :

« La fille à Catouche, que c'est, on ne peut pas dire le contraire !... Alors ?... »

Le vieillard haussa les épaules, poursuivant :

« Si, comme moi, tu avais entendu causer Pierrik Danielou, qui est de retour de l'île de Sein d'hier soir, tu en saurais à présent tout aussi long que chacun sur cette Anne Gadouna, que tu appelles la Catouche !... »

En quelques phrases, Cosquer mit ses hommes au courant de ce que Pierrik lui avait appris sur cette pauvre femme, plus malheureuse et plus à plaindre qu'à blâmer, dont l'égarement d'esprit, les allures peut-être bizarres, les paroles incompréhensibles avaient contribué à la faire passer pour ce qu'elle n'était pas, et à lui donner ce renom redoutable, qu'elle ne méritait pas.

Un peu interdit, gêné, Lagadec balbutiait de vagues excuses ; il objecta, tenace :

« Je suis un îlien, moi aussi, pourtant, et on sait bien, chez nous, qu'il y a des veuves qui ont le mauvais œil. »

Le patron fit, avec l'autorité de son grand âge :

« Celle-là, une *affligée,* que c'était, voilà tout !... Personne ne peut l'accuser de la perdition en mer de la *Reine-des-Anges !*... Elle est innocente de la mort de Danielou !... »

Trémor et Lagadec inclinèrent la tête sous la semonce de leur patron, n'osant plus faire ouvertement d'opposition, avec la vague lueur d'un commencement de remords dans les ténèbres de superstition où flottaient leurs grossiers cerveaux.

Du reste, par tout Camaret, un revirement d'opinion s'était fait peu à peu en faveur de Marine Gadouna, depuis que le mal l'avait atteinte, et que l'épidémie en même temps paraissait en sérieuse décroissance, terminée.

C'était à qui s'informerait d'elle, s'intéresserait à son état, et il y avait comme une stupeur, dans le pays, à savoir que le médecin la disait perdue. Des femmes, parmi celles qui s'étaient montrées les plus violentes contre elle, allaient même brûler des cierges à l'église en sa faveur et prier pour sa guérison.

On se souvenait du bien qu'elle avait fait, on racontait ses actes de dévouement, on citait ses traits de courage. Avec cette même promptitude qu'on avait mise à l'accuser, à la charger de la responsabilité de toute cette grosse misère de Camaret, on la défendait, à présent que le mal disparaissait et que la terreur de l'épidémie s'effaçait.

Le cauchemar cessait de planer sur le petit port, qui reprenait son aspect habituel, son mouvement de barques entrant et sortant, sans crainte de se heurter à quelque sinistre épave frappée du pavillon jaune.

Plus de lamentations de la cloche dans la tourelle à jour de l'église ; plus de chargements de planches s'acheminant vers le chantier ; plus de cercueils circulant à travers les ruelles ou le long du quai. C'est à peine si la continuation prudente des nettoyages et une persistante odeur de désinfectants rappelaient les mauvais jours passés.

Pierrik, lui, depuis le moment où il était venu tomber, fou de douleur, à deux genoux devant le lit où reposait la malheureuse fille, ne quittait plus le logis d'Angélique Brézellec. Toute autre préoccupation avait fui de son cerveau ; il ne s'était pas même informé de ce qu'étaient devenus sa barque et son équipage, qui l'attendaient toujours à Morgat.

Ç'avait été pour lui un tel coup de retrouver mourante celle qu'il avait quittée pleine de vie, qu'il se demandait s'il n'était pas pour quelque chose dans ce malheur, et que, sanglotant au chevet de la malade, il ne cessait de s'accuser, répétant :

« C'est moi, moi qui t'ai mise là, Marine !... »

Celle-ci, dans les rares moments de lucidité et de compréhension que le mal lui laissait, n'avait pour le jeune homme pas un reproche, pas un mot de plainte, heureuse de le sentir là, près d'elle.

Même lorsque le délire s'emparait d'elle, bouleversant son cerveau, le secouant de vagues fiévreuses, c'étaient encore des souvenirs de tendresse qui remontaient à ses lèvres, des rappels d'autrefois, et la phrase de promesse :

« Mari et femme !... »

Désespéré, Danielou essayait de se faire comprendre d'elle, pour lui affirmer :

« Oui, ma chérie, ma femme !... »

Mais lorsque le médecin, vers le matin, eut remarqué ce froid terrible qui s'emparait des extrémités de la malade, et que Pierrik lui-même eut constaté le fait, le pauvre garçon crut que sa raison le quittait.

Il avait saisi les pieds glacés entre ses mains, les chauffant de son haleine, de sa poitrine brûlée de fièvre, criant :

« Si tu t'en vas, Marine, je veux partir aussi !... »

Avec un sombre espoir, se refusant à écouter le médecin, qui parlait de prudence, de contagion, il souhaitait d'attraper le mal impitoyable, afin de mourir avec celle qu'il aimait.

Cependant, lorsque, le soir tombant, le docteur, qui était revenu visiter Marine Gadouna, sans penser la retrouver vivante, se fut rendu compte que l'état restait stationnaire et que le refroidissement n'avait fait aucun progrès, Danielou, qui avait passé toute la journée à frictionner énergiquement la malade et à employer tous les moyens imaginables pour ramener la chaleur, se reprit à espérer.

Il osa questionner le major, lui rappelant :

« Là-bas, en Extrême-Orient, j'ai vu des camarades qu'on croyait perdus, dont la fosse était creusée, et qui vont aussi bien que moi aujourd'hui !... Vous avez pu en voir aussi... Elle est si jeune, si forte !... »

Celui-ci ausculta soigneusement la jeune fille, lui fit avaler une potion apportée à tout hasard, et s'installa à son chevet pour y passer la nuit avec Danielou et Angélique.

Ce fut la lutte désespérée, pied à pied, contre les moindres manifestations du mal, sans que l'un des assistants prît un instant de repos.

Au matin, comme le soleil commençait à éclairer le ciel, que tout revenait à la vie, à la lumière et au mouvement, Marine Gadouna ouvrit lentement les yeux, les promena autour d'elle avec une sorte d'étonnement, et voyant Danielou, dont les prunelles bleues ne quittaient pas ses yeux, balbutia :

« Qu'y a-t-il donc?... Ah! Pierrik!... Merci!... merci!... »

Puis ses paupières retombèrent, plus lourdes, éteignant cette lueur de vie.

Les membres s'abandonnaient sur le lit de douleur, la physionomie se marmorisait, les traits soudain immobilisés prenaient une placidité saisissante.

Elle était si pâle, avec ses yeux clos, sa tête renversée au milieu des cheveux noirs épars sur l'oreiller, que Pierrik poussa un cri d'angoisse :

« C'est fini!... Plus d'espoir!... Elle s'en va!... »

Le médecin avait saisi le bras de la malade, étudiant les battements du pouls ; après quelques instants d'attention, il déclara :

« Elle est sauvée! »

Durant cette longue nuit d'agonie, l'amélioration inespérée avait sourdement continué, faisant d'insensibles progrès, la maladie reculant peu à peu devant les efforts assidus de ces trois êtres dévoués luttant contre la mort; la réaction s'était produite, et maintenant la guérison était assurée.

Le choléra, qui avait décimé l'infortunée population de Camaret, enlevant en deux mois près de cent personnes sur dix-neuf cents, n'emporterait pas cette dernière victime.

Danielou s'écria :

« C'est un vrai miracle! »

Et il songea, se souvenant de son dernier voyage à l'île de Sein, de sa visite au cimetière, où dormait Anne Gadouna :

« J'ai bien fait de dire une prière sur la tombe de cette malheureuse abandonnée, ça m'a porté bonheur. Catouche a sauvé sa fille !... »

Angélique s'exclamait, radieuse :

« La main de Dieu est sur elle!... La Bonne-Dame du Roc l'a prise elle-même sous sa protection, bien sûr!... »

X

Cette année-là, la grande marée de mars fut tellement forte, que Camaret ne dut vraisemblablement son salut qu'au nouveau quai construit et qui éloigne suffisamment la mer des maisons pour les défendre d'une de ces terribles invasions d'équinoxe, véritables raz-de-marée, si redoutables quand le vent souffle de l'ouest, du sud-ouest ou du nord-ouest.

En se retirant, elle découvrit entièrement le port, jusqu'au delà de la cale des basses mers, voisine du fortin de Vauban, et laissa un très large espace vide entre l'eau et la base des falaises qui s'étendent entre Camaret et Quelern.

La plage de Trez Rouz particulièrement, depuis l'endroit appelé la Mort anglaise jusqu'aux premières roches des hauteurs qui vont former plus loin la pointe de Tremet, sembla doublée d'étendue, comme si la rade entière de Camaret eût menacé de se vider jusqu'au Grand-Gouin, mettant à sec même le pied du phare.

Tandis que, dans la vase du port et sur les roches plates mises à nu sous le Corréjou, une foule de pêcheurs, de pêcheuses fouillaient activement les flaques d'eau, les goémons et les varechs, à la recherche de crabes, de crevettes, de petits congres, du côté de Trez Rouz il n'y avait personne.

Lorsque Pierrik Danielou et Marine, au retour d'une longue course poussée jusqu'à Roscanvel, atteignirent ce point de la côte, ils en firent la remarque.

« Mauvais coin, faut croire! s'exclama Marine en riant. C'est bien sûr pas par ces côtés qu'on pourrait faire fortune!... »

Ne connaissant point le pays, elle questionna encore :

« Comment s'appelle cette grève qui a un si beau sable? »

— Trez Rouz! » répondit machinalement Danielou, ne songeant qu'à étreindre tendrement le bras appuyé sur le sien.

Mais la jeune femme devint subitement sérieuse, et, regardant son mari :

« Tiens! c'est curieux. Ça existait donc? »

Puis :

« Ça ne te rappelle rien? »

Et d'un son de voix tout particulier, d'une intonation à la fois enfantine et grave :

« *Trez Rouz...*, *Sable Rouge*, que c'est!... »

Mais, aussitôt, reprenant son accent, en se serrant contre lui avec un léger frisson :

« On dirait du sang! »

Danielou s'était frappé le front; il s'écria :

« C'est vrai! c'est vrai!... Ah! bien! J'y ai assez souvent pensé cependant, si souvent que ça ne m'a pas quitté la cervelle pendant des années et des années!... »

Il continua en riant, imitant la prononciation de sa compagne :

« *Ta fortune... est... dans... le sable...* Ah! ah! ah! Me les suis-je assez répétés, ces mots! Me suis-je assez souvent demandé ce qu'ils signifiaient!... »

Marine soupira :

« Oui, ma pauvre mère avait coutume de les redire tant de fois, que, toute gamine que j'étais, je les avais retenus, et que, pour m'amuser, les trouvant drôles, je les répétais... Des mots, quoi!... »

Le jeune homme songeait à son tour, murmurant :

« Des mots!... des mots!... C'est tout de même étonnant que j'y aie pensé si fort, quand j'ai aperçu Alan Coz, tu sais bien, ton ancien patron de Kerloc'h, le chercheur d'épaves, le naufrageur, en train de fouiller par ici! »

Il demanda, plaisantant à moitié :

« Si nous cherchions aussi? »

Il l'entraînait doucement; elle céda, très amusée de cette idée.

Tout en suivant l'extrême limite où venait mourir le flot, encore en train de descendre, ils se mirent tous deux à remuer le sable du bout d'un bâton, riant comme des fous, jouant comme des enfants en se montrant successivement des trouvailles de cailloux, de brins d'algues, de crabes, jusqu'au moment où Marine, qui venait de remarquer un objet brillant, fit :

« Oh! un joli coquillage!... »

Elle le ramassa pour le montrer à son mari.

Celui-ci, après l'avoir examiné, s'exclama, surpris :

« Une monnaie, qu'on dirait plutôt!... Et fameusement bizarre, pas pareille à nos pièces à nous!... Tiens! il y a des mots écrits dessus, et même des noms d'anglais qu'on croirait.

— Des noms d'anglais, tu dis? questionna la jeune femme, qui sembla chercher un moment dans ses souvenirs.

— Oui, je t'assure; je reconnais bien ces monnaies, vu que j'ai eu assez souvent occasion de fréquenter des matelots d'équipages anglais, là-bas, en Chine, en Cochinchine. Pas moyen de s'y tromper, c'est du charabia de par chez eux, une monnaie d'*English*, et fameuse, en or!... »

En poursuivant leurs recherches, alléchés par cette première découverte, ils finirent par trouver encore deux autres pièces, de forme irrégulière, une triangulaire et une carrée, avec des inscriptions en grande partie dévorées par le frottement du sable, par l'usure des années.

Danielou expliqua :

« C'est du tout vieux temps... Possible que ça vienne de ce

grand désastre d'une flotte anglaise, qui a trouvé sa perdition par ces côtés, il y a pas loin de deux cents ans, même que j'ai entendu des anciens appeler l'endroit l'Anse de la Mort, et que les roches d'ici, que tu vois, se nomment toujours, en mémoire de cela, la Mort anglaise!... Leur trésor de guerre, quoi! qui aura coulé en grand avec eux!... »

Marine, qui réfléchissait, tout en l'écoutant, fit un mouvement, disant :

« Voilà que ça me revient mieux maintenant et que je commence à comprendre. J'étais toute petite, toute petite, que j'entendais ma mère causer de ces choses, parler d'une fortune qu'on pourrait faire si facilement, qu'il n'y aurait qu'à se baisser pour la ramasser... Oui, oui... Il était question de marins, d'Anglais, c'est bien cela... Je croyais me souvenir mal, avoir rêvé!... »

Pierrik s'émouvait à son tour; il ajouta :

« Tout devient clair, alors... Ce n'était pas des paroles de déraison que tu avais écoutées et que tu rapportais ainsi, sans savoir, par manière de plaisanterie; même que tu les as racontées, sans te douter, devant quelqu'un qui a été plus finaud que nous. Tu sais bien ce qu'on disait, ces temps-ci, qu'Alan Coz avait acheté des terrains, des fermes, des bestiaux, et qu'on pensait qu'il avait dû faire quelque héritage? Ah! son héritage, je le connais à c't'heure! Un héritage ancien! un héritage de butin! C'est toi qui le lui as donné; il n'a eu que la peine de le ramasser, à pleins poings sans doute, ici sur la grève. C'est lui qui a trouvé la *fortune dans le sable,* dans le *sable rouge.* Il a été plus avisé que nous, avec son nez de pilleur d'épaves... C'est comme s'il avait entendu crier : *Pase so en od!... Epaves à la côte!...* Dire que j'avais presque compris, en le voyant, ce soir déjà où je revenais de Brest, et où il est passé si près de moi, avec cette récolte qu'il venait de faire sous le goémon, quand il m'a semblé voir briller de l'or dans sa main!... Ah bien! qui

« Une monnaie, qu'on dirait plutôt ! »
s'exclama Danielou.

aurait pu se douter?... Même, lorsque je t'en ai parlé, lors de notre rencontre à Kerloc'h, tu as tellement ri, que je n'y croyais plus !... »

Un peu d'amertume fouettait ses paroles, le cinglant de légers regrets.

Ce trésor de Trez Rouz, ils avaient maintenant tous deux la conviction, la preuve qu'il avait réellement existé.

Sans doute Anne Gadouna en avait eu vaguement connaissance, sans indications tout à fait précises, soit qu'elle le tînt d'histoires racontées devant elle à son mari, soit par des conversations de naufragés anglais, et à travers l'égarement de son esprit elle avait conservé l'espoir de le découvrir, d'en faire la fortune de sa fille.

Et voilà que c'était cet Alan Coz, ce corbeau de grèves, qui en avait profité !

Danielou se releva, cessant de fouiller le sable :

« Inutile de chercher là où Alan Coz a passé... C'est fini, nous ne trouverons plus rien ; la *fortune du sable rouge* n'est plus pour nous. »

Marine l'enlaça doucement de ses bras :

« Notre fortune, c'est nous qui la ferons... Celle-là vaudra mieux... »

Toutes pensées amères s'envolèrent, chassées de l'esprit du jeune homme, qui céda à la douce étreinte, ramené au présent :

« Tu as raison, Marine, ma tendre aimée, notre vraie fortune, c'est d'avoir pu nous retrouver après tant d'années difficiles, c'est que notre amour ait surmonté tous les obstacles ! »

Que leur importait cet or, quand ils étaient jeunes, vigoureux et braves, quand ils avaient devant eux toute une existence de joie, de travail, le véritable trésor, celui-là, et qui ne se perd pas, décevant, à travers le sable ?

Sans regrets, ils abandonnèrent la plage trompeuse et reprirent la route de Camaret, s'engageant dans le petit sentier étroit qui court en haut des falaises, à l'extrême bord de l'abîme, et suit toutes les sinuosités du terrrain.

La mer remontait, rapide sur cette grève plane, commençant à déferler dans les roches avancées, avec un long murmure sauvage et doux, qui était comme le naturel accompagnement des paroles d'espoir et d'amour se déroulant sur leurs lèvres en une caresse infinie.

Tandis qu'ils revenaient ainsi, tendrement liés, Pierrik Danielou songeait à tout ce qu'il avait souffert depuis le moment où on lui avait annoncé la triste fin de son père.

Lentement le passé si sombre défilait devant ses yeux, lui ramenant les moindres péripéties de son existence d'enfant, ses petites joies humbles, allant de son premier

« Le bonheur est là! »

ami, Misère, ce lamentable chien aveugle, sauvé et recueilli par lui; d'Angélique Brézellec, la pauvresse, sa bienfaitrice, sa mère adoptive, jusqu'au rayon de soleil mis dans toute cette brume par l'apparition de Marine, à l'île de Sein.

Le jour où il l'a aimée, c'est-à-dire du premier jour où il l'a vue, il a trouvé le réel arrachement aux misères de sa vie ; et il ne peut séparer son souvenir de celui de ce *Bateau-des-Sorcières*, réel ou imaginaire, qu'importe! dont il a été le fidèle passager, le matelot intrépide, s'y embarquant sans crainte, tout enfant, malgré sa terrifiante légende, malgré son nom d'épouvante : c'est lui qui l'a conduit au bonheur.

Dans l'obscur de son esprit, en ce moment, tout s'éclairait, et il lui semblait qu'une flamme étincelante s'élevait de son cœur pour le charmer, le réchauffer, flamme d'idéal, flamme de rêve, le consolant de l'amertume morale, de la brutalité physique des réalités de la vie.

Assurément, ce *Bateau-des-Sorcières*, personne ne l'a vu, personne ne l'a touché, pas même ces grossiers visionnaires, Lagadec, Trémor, qui affirment si hautement son existence ; mais, ainsi que les autres légendes, celle-là persiste chez eux à côté de la croyance religieuse, à cause de leur sauvagerie primitive, et achève de donner à ces humbles superstitieux la sensation de quelque chose au-dessus d'eux, plus fort qu'eux.

En ces régions de deuil et de mort, pour oublier sa souffrance, sa misère, l'homme a besoin d'un refuge créé par lui, d'une consolation tirée de son âme inventive, et que ce refuge, que cette consolation soient toujours hors de la portée de ses mains, tout en demeurant à la portée de son cerveau d'imaginatif, de ses yeux particuliers de voyant ; il ne les touche pas, et cependant il croit les toucher ; il ne les voit pas, et pourtant il croit les voir : ils sont sa terreur, et ils sont aussi sa joie. C'est tout le secret de la nostalgie si spéciale des âmes de Bretagne.

Le soleil couchant, jetant ses derniers reflets dans le ciel, incendiait le sommet des falaises de Roscanvel, les hauteurs de Quelern, et les ombres du soir noyaient la vaste grève, lorsque, arrivant près de Camaret, les jeunes gens se retournèrent une dernière fois pour regarder l'endroit d'où ils venaient.

Danielou montra à Marine les sables déjà perdus dans une vapeur violette et envahis par l'Océan :

« Tu vois, plus rien, la mer a tout effacé... La mer !... »

Sur le relief du Beg-ar-Gac, un peu au-dessus du port et des autres toits, la maisonnette du Lannic se détachait, très nette, se découpant sur les pourpres de l'occident; il la désigna, enivré, enveloppant sa femme d'un embrassement plus étroit :

« Le bonheur est là ! »

Depuis deux mois, en effet, il était pour eux enfermé dans cette modeste demeure, depuis que de ce clocher de Camaret, où tant de glas avaient pendant si longtemps pleuré, le carillon joyeux et pimpant des cloches avait annoncé à tous leur mariage, l'union du Camaretois Pierrik Danielou avec l'îlienne Marine Gadouna.

La réalité s'unissait au rêve. Lui, le pêcheur rude, vivant de sa pénible et matérielle existence, l'épousait, elle, la fille de cette Catouche qui avait pu passer autrefois pour sorcière, comme si, par un atavisme singulier, les antiques prêtresses de l'île de Sein dussent laisser jusque chez les Bretons d'aujourd'hui le persistant souvenir, l'obstinée vision des fées.

Mais c'était surtout l'éternelle alliance du Breton des côtes avec l'Océan, que le mariage de l'enfant de Camaret avec une fille de l'île de Sein, de cette île désolée et farouche, qui, dans sa ceinture d'écume neigeuse, dans son enveloppement de tempêtes et de vapeurs énigmatiques, fait corps avec la tumultueuse Atlantique.

FIN

www.ingramcontent.com/pod-product-compliance
Lightning Source LLC
Chambersburg PA
CBHW060642170426
43199CB00012B/1639